普通高等学校应用型教材·金融

投资银行学

INVESTMENT
BANKING

金　虹　主　编
叶　民　李佳俐　陈玉凤　副主编

中国人民大学出版社
·北京·

出版说明

随着金融成为现代经济运行的核心，社会对金融教育和人才培养提出了更高的要求：分层培养人才。既要着力培养研究型人才，又要着力培养大批应用型人才，这已是共识。许多非研究型院校师生反映，市场上现有的金融学教材大多重理论轻实践，重国际化轻中国化。根据这些院校的特点和培养目标，他们认为在教材内容上不仅要包含本领域的基本理论问题，让学生对基本概念、基本原理有完整的掌握，而且要包含本领域的基本实践问题，让学生掌握一定的实务操作方法，以应对未来工作的挑战。本着这一要求，由李小牧教授和李嘉珊教授牵头，中国人民大学出版社组织中国人民大学、西安交通大学、北京第二外国语学院、北京外国语大学、首都经济贸易大学、对外经济贸易大学、北京工商大学等若干所学校以及国家外汇管理局、保险公司、证券公司、商业银行等的专家，设计和推出了这套普通高等学校应用型教材。该套教材突出了以下三点：

第一，所列课程完全根据教育部“高等教育面向21世纪教学内容和课程体系改革计划”编写。

第二，根据应用型人才培养目标，教材强化了各项业务的操作规程和实践做法，通过对案例的分析和点评让学生对实务操作有一个真切的体验。

第三，压缩教材的篇幅，学习资料、习题等相关内容学生可以通过网络获取，减轻学生负担。

这里要说明的是，出于对应用型人才培养探索的要求，出版社并没有提出过分严格的要求，只是在教材的定位、篇幅、编写体例上提出了一些原则性建议，具体编写工作则实行主编负责制，由各位主编和作者全权处理各教材的编写工作，并对各自的内容负责。

教材的出版凝结了所有参编专家、教授的辛劳和智慧，在此一并表示感谢。

真诚地期待广大教师、学生和其他读者的批评和意见。

中国人民大学出版社

推荐序一

在资本市场上，投资银行是灵魂、核心和枢纽。现代投资银行已经突破了证券发行与承销、证券交易经纪、证券私募发行等传统业务框架，企业并购、项目融资、风险投资、公司理财、投资咨询、资产及基金管理、资产证券化、金融创新等都已成为投资银行的核心业务组成。

我国投资银行始于20世纪80年代，随着中国开放证券流通市场，原有商业银行的证券业务逐渐被分离出来，各地区先后成立了一大批证券公司，形成了以证券公司为主的证券市场中介机构体系。在随后的十余年里，券商逐渐成为中国投资银行业务的主体，一大批业务范围较为宽泛的信托投资公司、金融投资公司、产权交易与经纪机构、资产管理公司、财务咨询公司等也从事投资银行的其他业务。

随着社会主义市场经济的发展，我国投资银行业正处于朝气蓬勃的创新发展时期，中国从金融大国走向金融强国是必由之路。面对蓬勃发展的“新兴＋转轨”的中国资本市场，投资银行业的创新发展迫切需要具备坚实的理论基础、创新思维和国际视野的应用型、复合型、创新型高质量金融人才。

考虑到专业金融人才的培养，本书在编写上力求规范分析、实证案例和项目教学相结合，做到理论联系实际，旨在通过项目和案例教学，弥补过于侧重理论教学的短板，增强理论的实操性，力图启发学生的创新思维，培养他们的创新意识。

周海晨

推荐序二

我们身处一个伟大的时代，社会主义市场经济是一个伟大的创造，社会主义市场经济中必然会有各种形态的资本。2021 年 12 月，中央经济工作会议指出，要正确认识和把握资本的特性和行为规律。要发挥资本作为生产要素的积极作用，建设中国特色现代资本市场，更好服务于构建新发展格局、推动高质量发展。有着资本市场业务灵魂之称的投资银行迎来了重要的革新自我、探索创新的新机遇。

金融机构和金融市场的变化标志着金融学科可以预见的未来。现代意义上的投资银行产生于欧美，主要是由 18、19 世纪众多销售政府债券和贴现企业票据的金融机构演变而来。近半个世纪以来，现代金融系统中的机构与市场发生了深远的革命性变化。投资银行是与商业银行相对应的一类金融机构，是以资本运营为核心业务的一类专业性金融机构，其业务范围涉及证券发行与承销、证券交易经纪、企业并购、投资分析、风险投资、项目融资等。这类金融机构因其植根于不同资本运营的场景而获得了多样化的称谓，如美国的投资银行、英国的商人银行、中国和日本的证券公司等等。

投资银行业发展日新月异，投资银行学的知识内涵和业务操作内容也不断丰富发展，对投资银行的内涵外延的讨论一直是理论和实践不断拓展的问题。我们已经开启了一个伟大的时代。党的二十大报告提出以中国式现代化全面推进中华民族伟大复兴。中国式现代化是中国共产党领导的社会主义现代化，既有各国现代化的共同特征，更有基于自己国情的中国特色。因此关注东西方投资银行发展的共性特征，并挖掘中国特色社会主义资本运营规律，总结中国投资银行的实践故事，是投资银行学努力的方向。

鉴于此，黑龙江工程学院研究团队在金虹教授的带领下，在借鉴既有教材和研究成果的基础上，经过多年的潜心研究和多轮课堂实践，编写了本书。本书注重系统性、实用性和创新性。

第一，本书立足于投资银行学的基本概念和基本理论，系统梳理了如下内容，便于学生把握投资银行业务的特点和运行规律，了解不同业务的操作流程：投资银行概述，股票首次公开发行，上市公司再融资，债券的发行与承销，股票、债券和基金的交易，公司并购，项目融资，风险投资业务，资产管理业务与基金业务，投资银行的风险控制。

第二，本书关注了我国投资银行的实践特征，注重实用性，挖掘了大量中国投资银行的业务案例。在编写过程中，研究团队聘请我国头部证券公司从业人员为本书顾问，甄选适用和实用的具有实操意义的投资银行业务案例；同时，也通过征询相关企业投资者的建议来提升业务案例的现实性。

第三，本书压缩了对西方投资银行业务的描述，创新性地将核心业务梳理为独立模块，在教材中植入具体的中国案例，便于教与学围绕独立模块深入浅出，为教与学的拓展提供了余地，有助于激发学生兴趣，提高学生对投资银行业务的掌握和应用能力，提升学生分析和解决问题的能力。

本书的使用对象为全国投资学、金融学专业的本科生和硕士生，也可供非投资学、金融学专业的学生在学习投资银行知识时选用。另外，本书对从事投资银行业务的相关人员也具有一定的参考价值。

王千红

前　言

发达的市场经济必须有发达的资本市场作为支撑，而投资银行是资本市场的核心与灵魂。投资银行不仅提供股票首次公开发行服务，帮助企业上市融资，而且担任证券交易中介和并购顾问等。我国投资银行业是随着中国经济市场化的发展而出现和逐步发展起来的，目前已初步形成以专业证券公司为主体，由证券公司、信托投资公司、资产管理公司、财务咨询公司等共同组成的投资银行体系。随着我国市场经济的深入发展和完善，我国的投资银行业务将会从以证券发行与承销、证券交易经纪为主，不断扩展到兼并收购、资产管理、风险工具的创设和交易等标准的投资银行业务。作为世界第二大经济体，我国金融体系的规模已经相当庞大。我国从金融大国走向金融强国，是投资银行业参与者的重要使命，且任重而道远。我国的投资银行正在抓住机遇不断进取。

投资银行学是一个实用性、创新性很强的新兴学科。面对蓬勃发展的"新兴＋转轨"的中国资本市场，我国需要大量的应用型、复合型和创新型金融人才。本教材在编写上力求规范分析和实证分析相结合，做到理论联系实际，注重行业实际案例的引入，尽可能安排多个案例，并进行详细的分析讲解。与此同时，本教材针对执业岗位需求，配套了实训练习等实验课程资源，帮助学生完成模拟训练。本教材旨在通过案例教学和实训模拟，弥补以往过于偏重理论教学的短板，易于激发学生的思维活动，使学生在分析思考中理解和掌握基本理论，直观、形象地掌握和应用相关的投资银行理论知识。本教材可更好地激发学生的参与热情，激励学生主动提出问题、多角度寻找答案，从而培养学生的创新意识和提高学生的解决问题能力，为学生今后继续学习和走上实际工作岗位做好前期准备。本教材符合应用型、复合型、创新型金融人才的培养目标。

本教材在内容上尽量反映国内外最新研究成果，紧跟我国经济改革实践的步伐，反映我国投资银行业务发展的现状和趋势，做到体系完整、内容丰富、融汇中西、实用性强。

另外，本教材邀请投资银行业内专家参与编纂，保证了案例的可靠性。

全书的整体框架由黑龙江工程学院的金虹设计，叶民为首席顾问。编写工作具体分工为：第1～4章（约12万字）由黑龙江工程学院的李佳俐编写；第5章（约3万字）由黑龙江工程学院的陈玉凤编写；第6～10章（约22万字）由黑龙江工程学院的金虹编写。全书由金虹最终定稿。最后的校对工作由陈玉凤完成。全书由金虹任主编，叶民、李佳俐、陈玉凤任副主编。感谢新道科技股份有限公司海南分公司总经理李毅飞提供的建议。

本教材主要是为满足全国高等学校经济学类本科相关专业的需求编写而成的，建议学生在修读完金融学概论、金融市场、公司理财等课程后使用。

由于投资银行业务处于不断发展、变化之中，加之编者学识有限且编写时间仓促，书中不足之处在所难免，敬请专家、广大读者批评指正，以便日后不断完善。

目　录

第 1 章 投资银行概述

本章提要

投资银行是最典型的投资性金融机构，是资本市场上的主要金融中介。本章首先定义了投资银行的概念，介绍了投资银行的经营业务，接着比较了投资银行与商业银行，从经济学角度阐释了投资银行的功能，最后介绍了我国投资银行的发展。

重点与难点

1. 投资银行的定义和经营业务。
2. 投资银行与商业银行的区别与联系。
3. 从经济学角度阐释投资银行的功能。
4. 了解我国投资银行的发展历史及发展特点。
5. 理解投资银行对经济的促进作用。

1.1 投资银行的定义和经营业务

1.1.1 投资银行的定义

投资银行（investment bank）业务萌芽于 15 世纪的欧洲，其名称来自美国，在国际投资银行的发展过程中，英国和美国的投资银行发展历程最具特色。在 20 世纪之前，“银行”只是一个笼统的名称，凡是从事存贷款、投资、证券发行等业务的金融机构，都可以称为银行。1929—1933年世界历史上空前的大萧条使美国银行界受到了巨大的冲击，1933年，美国国会通过著名的《格拉斯-斯蒂格尔法》(Glass-Steagall Act)，对金融业分业经营模式以法律条文加以明确规范，分隔了商业银行和投资银行的业务界限，明确禁止商业银行从事证券经纪业务，投资银行亦不得从事吸收存款及办理放款等商业银行的业务，分业型模式从此开始。许多大银行将两种业务分离开来，分别成立了专门的商业银行和投资银行。例如，老牌的银行J. P. 摩根拆分为J. P. 摩根银行和摩根士丹利公司，前者继续其商业银行业务，后者另起炉灶，专门从事投资银行业务。而在1933年之前，美国银行业处于混业状态，并没有明确的商业银行与投资银行之分，商业银行既经营存贷款业务，也经营投资银行业务。比如，花旗银行在早期是以承销作为其主要业务的。此后，花旗银行成为专门的商业银行，而所罗门兄弟、美林和高盛等则选择了投资银行业务。1947年，美国正式成立了投资银行协会，由此投资银行的名称基本成形。

在经济全球化浪潮中，投资银行对国际经济的正常运行发挥着越来越重要的作用，日益成为推动全球经济融合的重要力量。由于投资银行业务与经济和金融环境的变化密切相关，因此对投资银行的界定较为困难。

《韦氏词典》将投资银行定义为一种向市场销售新发行的股票、债券等证券的公司，它常常与同类公司联手合作，将某种新发行的证券整体买下，然后再加价出售给投资者。

《不列颠百科全书》对投资银行的解释是：投资银行是指发起、认购与分销公司和政府机构新发行证券的商号。投资银行以某价格买进某种新发行的全部证券，再以包括其推销费和利润的价格将小额新发行证券转售给投资大众。在认购和分销新发行证券过程中，大多组织一个投资银行辛迪加。

人们对投资银行的定义尚未达成一致意见，其中比较有影响力的是美国著名投资银行学家罗伯特·劳伦斯·库恩（Robert Lawrence Kuhn）在《投资银行学》一书中的定义。该书根据业务涵盖范围的大小，提出投资银行的定义可以分为四个层次。

最广泛的定义包括了金融机构的全部业务，从国际承销业务到零售交易业务以及其他金融业务，如不动产经纪和保险等。

第二广泛的定义包括了资本市场的所有活动，从证券承销、公司融资，到企业并购、基金管理和风险投资等，但不包括不动产经纪、保险和抵押贷款业务等。

第三广泛的定义将投资银行业务只限于某些资本市场业务，着重于证券承销和公司并购，但不包括基金管理、风险投资、商品交易、风险管理交易等。

最狭义的定义将投资银行业务仅限于从事一级市场证券承销和资本筹措、二级市场证券交易和经纪业务。

普遍被接受的是第二广泛的定义，较符合投资银行的现实状况。在资本市场高度发展的今天，投资银行已经从单纯地经营证券买卖的机构发展成为资本市场上最活跃、最具影响力并具有高级形态的中介机构。第二广泛的定义比较准确地描述了当今投资银行的业务范围，即投资银行业务是指以资本市场为主的金融业务，它主要包括资本市场上的融资、证券承销、企业并购，以及基金管理和风险投资等业务，而主要从事这种活动的金融机构，则被称为投资银行。现实中的证券公司、并购重组顾问公司、基金管理公司、投资管理公司、风险投资公司等都是投资银行机构。

1.1.2 投资银行的经营业务

经历了近百年的发展，现代投资银行已经突破了证券发行与承销、证券交易等传统业务框架，基金管理、企业并购、资产证券化、项目融资、私募投资等都已成为投资银行的核心业务。全球各家投资银行的业务虽各有侧重，但主要业务相似，如表1-1所示。

表1-1 投资银行的主要业务

一级市场业务	为企业融资 为政府部门筹资 证券承销（公募、私募、批发、零售）
二级市场业务	充当经纪商 充当做市商 充当自营商
基金管理业务	基金设立与证券组合管理 合伙基金管理 受托理财
企业并购业务	企业兼并 企业收购 企业改组
资产证券化业务	抵押贷款型 抵押转付型 资产支持型
项目融资业务	融资租赁 建设—运营—移交（BOT）融资 项目债券融资
私募投资业务	设立私募基金 股权投资或者证券投资 推动企业上市或者并购
其他业务	金融衍生工具业务 金融工程业务 投资咨询业务

1. 证券发行与承销业务

证券发行与承销业务，是投资银行最本源、最基础的业务活动之一，也是投资银行为政府机构或公司等融资的主要手段之一。

（1）证券发行。

证券发行也称一级市场业务。投资银行的一级市场业务一般由市场开发部、公司融资部、市场销售部等部门合作完成。投资银行发行和承销的证券范围很广，包括本国中央政府发行的债券、地方政府发行的债券、各种公司发行的股票和债券，以及外国政府和外国公司在东道国和其他国家发行的证券、国际金融机构发行的证券等。按照面向投资者的范围不同，证券发行可分为两种形式：一种是公募（public placement），主要指面向社会公众投资者（即不特定对象）发行证券的行为。其中股票的公募包括拟上市公司股票的首次公开发行（initial public offering，IPO）及上市公司再融资所进行的增资发行和面向老股东的配股发行。最常见的公募主要是股票、公司债券、政府债券、投资基金等的发行。另一种是私募（private placement），主要指通过非公众渠道，直接向特定的机构投资者发行的行为，主要发行对象包括共同基金、保险公司、社保基金、投资公司等。私募不受公开发行的规章限制，除能节约发行时间和发行成本外，还能够比在公开市场上交易相同结构的证券给投资银行和投资者带来更高的收益率，但是私募也有流动性差、发行面窄、难以公开上市、难以扩大企业知名度等缺点。

（2）证券承销。

证券承销是投资银行帮助证券发行人就发行证券进行策划，并将公开发行的证券出售给投资者以筹集所需资金的业务活动。它是投资银行的本源业务和传统业务，也是这一行业独特的、区别于其他金融行业的标志性业务，至今仍然是许多提供全面服务的投资银行的主营业务和核心业务之一。投资银行在承销过程中一般要按照承销金额及风险大小来选择承销方式，通常有三种：第一种为包销，包括全额包销和余额包销两类，是指证券投资银行主承销商和它的辛迪加成员同意按照协议的价格全部购入发行的证券（全额包销），或者在承销期结束时将售后剩余证券全部自行购入，再把这些证券卖给客户（余额包销）的承销方式。发行人不承担风险，风险转嫁到了投资银行身上。第二种为代销，即投资银行只接受发行人的委托，代其销售证券，如在规定的期限内计划发行的证券没有全部销售出去，则将剩余部分返回给证券发行人，发行风险由发行人自己负担。采用这种发行方式的证券一般是信用等级较低、承销风险较大的证券。第三种为投资承销，是指投资银行通过参加投标承购证券，再将其销售给投资者。采用这种发行方式的证券通常都是信用较高、颇受投资者欢迎的证券。

2. 证券交易业务

证券交易业务，又称二级市场业务，同样是投资银行最本源、最基础的业务活动之一。在二级市场业务中，投资银行扮演着经纪商（broker）、做市商（market maker）和自营商（dealer）三种角色。

（1）经纪商。

作为经纪商（也称经纪人），投资银行是以委托代理人的身份为客户买卖证券。它接受客户的委托，按照客户的委托指令为其安排交易，尽可能保证委托指令获得足额执行。投资银行作为经纪商，从委托人处收取佣金作为报酬，自己不持有所交易的证券，因而在证券价格变更或市场利率变动时不承担风险。经纪商加速了资金从盈余者到短缺者的流动和转换，降低了买卖双方的交易成本。

（2）做市商。

作为做市商，投资银行通过参与证券交易，为其所承销的证券或某些特定的证券建立流动性较强的二级市场，并维持市场价格平稳。做市商的目的还在于为新证券的发行定价积累经验和提供依据，便于投资银行发挥和保持良好的定价技巧。

（3）自营商。

作为自营商（也称交易商），投资银行以买者和卖者的身份出现在市场上，用自己的资金和账户从事证券买卖，为自营交易的证券确定买进和卖出的价格和数量。投资银行从事证券自营交易，动机是为了赚取买价和卖价之间的价格差，期望从证券价格变动中获利。此外，投资银行还在二级市场上进行无风险套利和风险套利等活动。二级市场业务受到市场波动的影响非常大，因此，风险控制是二级市场业务的重心。部分投资银行同时还参与货币市场的业务，如组建货币市场基金、参与买卖银行承兑汇票和大额定期存单、参与回购业务等。在我国，证券公司被允许参与回购业务和同业拆借市场，以其证券为抵押按照相关规定向商业银行借款。

3. 基金管理业务

基金是一种重要的投资工具，它由基金发起人组织，吸收大量投资者的零散资金，聘请有专门知识和投资经验的专家进行投资并取得收益。投资基金是一种金融信托形式，自1940年美国《投资公司法》实施后逐步发展起来。从广义范围而言，投资基金涵盖了证券投资基金、风险投资基金、产业投资基金等。美国的共同基金和货币市场基金的资产规模已经基本与商业银行的资产规模相当，如果加上养老基金等，则已经超过了商业银行的资产规模。

投资银行在基金管理中发挥了重要作用，尤其是在证券投资基金的运作和管理方面更为广泛和深入。首先，投资银行可以充当基金的发起人，发起和建立基金；其次，投资银行可以充当基金份额的承销人，帮助基金发起人向投资者发售基金份额来募集资金；最后，投资银行可以受基金发起人的委托成为基金管理人，这是投资银行资产管理业务的一个体现。自20世纪90年代起，基金市场上资本额迅速扩张，许多投资银行开始不断渗入传统上由投资公司控制的基金管理业务。

4. 企业并购业务

并购即兼并与收购（merger and acquisition，M&A），是企业产权变动和产权交易的基本形式。兼并是指任何一项由两个（或两个以上）企业实体形成一个新经济单位的交易。收购是指一家企业与另一家企业进行产权交易，由一家企业获得另一家企业的大部分（或全部）股权或资产，其实质是为取得控制权。兼并与收购的共同点是：将不同企业实体的资源整合成一个整体来运营，且企业的结构发生了重大变化。所以，人们习惯上将两个术语结合使用，将两者简称为并购。从19世纪末至今，美国发生了多次大规模的并购浪潮，直接导致了大型企业与跨国公司的产生。并购本身就是产业和经济结构的调整，对美国经济产生了深远的影响。投资银行在历次并购浪潮中都发挥了关键作用，特别是20世纪70年代以后，企业并购业务得到长足发展，越来越成为投资银行的核心业务和主要收入来源之一。

投资银行可以以多种形式参与企业的并购活动，如寻找并购对象、向猎手公司和猎物公司提供有关买卖价格或价格条款的咨询服务、帮助猎手公司制订并购计划或帮助猎物公司针对恶意收购制订反收购计划、帮助安排资金融通和过桥贷款等。此外，投资银行还可以采用杠杆收购、公司改组和资产结构重组等方式参与企业并购过程。

5. 资产证券化业务

资产证券化最初出现于20世纪70年代的美国住房抵押贷款市场，并得到持续发展。它是近几十年来国际金融市场领域中最重要的金融创新之一，是被西方金融实务领域广泛认同的业务发展大趋势之一。它是将资产原始权益人或发起人（卖方）不流通的存量资产或可预见的未来现金流量，构造和转变成为资本市场可销售和流通的金融产品的过程。资产证券化是一项以增强资产流动性和融资为目的的金融创新，它对原本流动性较差的金融资产进行组合，使其产生长期稳定的现金流收益，再配以相应的信用担保，把这种未来现金流的收益权转变为可在金融市场上流动、信用等级较高的证券，其实质就是将金融资产的未来现金流收益权进行转让的交易。在资产证券化发展中，投资银行一直是重要的推动者，担任着不同的角色，从而起到不同的作用。它既可以作为特殊目的载体（SPV）参与，也可以作为资产担保证券的承销商。

6. 项目融资业务

项目融资是对一个特定经济单位或项目策划安排的一揽子融资的技术手段，贷款者可以只依赖该经济单位或项目的现金流量及所获收益作为还款来源，并以该经济单位或项目的资产作为借款担保进行抵押贷款，或通过发行股票、债券、基金以及各种证券化产品来安排项目投资所需的资金融通。项目融资具有涉及方面及参与者众多、融资结构复杂、组织运作专业性强等特点，仅依靠项目投资者自己很难独立操作，必须依靠具有项目融资经验的融资顾问的指导和帮助。在某种程度上可以说融资顾问是决定融资能否成功的关键，而投资银行是担任这一角色的最合适选择。

投资银行在项目融资中的作用主要表现为：①项目的可行性与风险的全面评估；②确定项目的资金来源、风险和筹措成本；③估计项目投产后的成本超支风险及项目完工后的投产风险和经营风险；④通过贷款人或从第三方获得承诺，转移或减少项目风险；⑤以项目融资专家的身份充当领头谈判人，在设计项目融资方案中起关键作用。

7. 私募投资业务

私募投资业务是近年来涌现出来的新的投资方式，是指通过私募的方式筹集资金来进行投资，所形成的基金称为私募基金。私募基金一般分为私募股权基金和私募证券投资基金，前者集中投资于未上市公司的股权，后者则投资于金融市场中交易的流动性较强的证券。私募投资业务由于投资方式灵活、所受监管和限制较少，因而业绩一般比公募基金好一些，从而成为金融领域的一个新的趋势。

投资银行会在三个阶段参与私募投资业务：第一个阶段是资金募集阶段。投资银行利用其广泛的客户资源，帮助发起人进行私募，投资银行经常会直接投资认股。第二个阶段是投资管理阶段。在私募股权投资中，投资银行往往会帮助寻找项目、选择项目和管理项目，而在私募证券投资中，投资银行往往会提供投资标的以及投资参考意见，出具投资研究报告等。第三个阶段是推动所投资企业上市或并购阶段。投资银行往往会利用其在证券发行和企业并购方面的优势，帮助私募基金所投资企业上市或寻找收购方，通过上市或收购实现投资退出。

8. 其他业务

投资银行的其他业务主要包含金融衍生工具业务、金融工程业务及投资咨询业务等。其中，金融衍生工具业务按照产品类型划分，一般可以分为远期、期货、期权和掉期四大类；按照金融衍生工具的原生资产性质划分，一般可以分为股票类、利率类、汇率类和商品类等。金融衍生工具业务具有跨期性、杠杆性、联动性、不确定性和高风险性等特点。使用金融衍生工具的策略主要有套期保值和投机套利。通过金融衍生工具的设立与交易，投资银行进一步拓展了业务空间和资本收益来源。金融工程业务通过灵活使用金融衍生工具进行金融创新以保值获利。事实证明投资银行可以通过金融工程为客户提供更加令人满意的服务，因为金融工程业务可以通过对金融衍生工具的组合创新，使金融活动达到流动、获利和避险三个目标的最佳配置。投资咨询业务是投资银行所承担的对公司尤其是上市公司的证券市场业务的策划和咨询业务的总称，主要是指投资银行在公司股份制改造、上市、二级市场再融资以及发生并购、资产重组等重大交易活动时提供专业性意见。投资银行作为专业性的金融服务机构，可以为客户提供资产管理、负债管理、风险管理、流动性管理、投资组合设计、标的估值等多方面的咨询服务。投资咨询业务是联结一级市场和二级市场，沟通证券市场投资者、经营者和证券发行人的纽带和桥梁。

案例1-1

中信证券的主要业务

中信证券：国内券商龙头，业务规模行业领先。

历史沿革：首家A+H股上市券商，多次资本运作做大做强。

中信证券前身为中信证券有限责任公司，是中国证监会核准的第一批综合类证券公司之一。该公司成立于1995年10月，1999年公司改制为中信证券股份有限公司。它于2003年和2011年分别在上海证券交易所（简称上交所）和香港联合交易所（简称香港联交所）上市，是中国第一家A+H股上市券商。该公司经过多年科学的经营和资本运作，成为我国资产规模最大的证券公司。“熊市并购，牛市再融资”等有效的资源配置手段使该公司不断做大做强。在行业低迷时期，该公司把握逆周期布局机遇，先后收购了万通证券、里昂证券、广州证券，低成本扩大了市场份额，迅速确立了行业龙头地位。在市场整体较为乐观时期，该公司亦善于抓住机遇，多次通过增发、配股等方式不断扩张自身净资产，同时撬动更高杠杆率做大做强公司资本金业务，实现资产规模与利润规模的双重增长。截至2021年底，中国中信有限公司（简称中信有限）为中信证券的第一大股东，其直接持有公司15.47%已发行股份，中国中信股份有限公司（简称中信股份）则直接持有公司2.91%已发行股份。中信有限与中信股份均为中信集团子公司，因此中信集团合计持有中信证券18.38%已发行股份。

盈利情况：轻、重资产业务均衡，业务规模行业领先

杠杆率持续提升，净资产收益率（ROE）行业领先。2016年以来，公司杠杆率持续提升，从2016年的3.41倍提升至2020年的4.81倍，高于行业的3.86倍。2021年公司杠杆率为5.07倍，较2020年提升5%。我们认为杠杆率的提升驱动了ROE的上行，2018年以来公司ROE持续提升，2021年公司加权ROE为12.07%，在头部券商中处于领先水平。

龙头地位稳固，收入结构均衡。中信证券的各项经营指标稳居行业头筹，大平台地位稳固，各项业务常年位居前列。公司收入结构较为均衡，轻、重资产业务协同发展。近年来，中信证券收入结构保持平稳，各项业务均呈现出较好的成长性与稳定性。2021年，包括经纪、资管、投行的轻资产业务占比44%，包括资本中介、自营的重资产业务占比37%，其中经纪、投行、资管、自营、资本中介、其他业务的收入占比分别为18%、11%、15%、30%、7%、19%。

业务情况：多点开花，各项业务均为行业标杆

（1）经纪业务：议价能力强大，深度布局财富管理。

佣金率高于行业，市占率逐步提升，显示出强大议价能力。在券商佣金率普遍下行、“一人多户”政策及互联网金融的发展背景下，境内券商佣金率持续下滑。行业平均佣金率由2008年的0.166%下降到2021年上半年的0.025%。中信证券佣金率在这样的背景下也开始下滑，但中信证券佣金率自2016年以来一直高于行业平均水平。2021年上半年，中信证券佣金率为0.043%，比行业整体水平高出1.8个基点。在高佣金率的情况下，中信证券代理买卖证券业务的市占率仍在不断提升，从2016年的11.8%提升至2021年的14.3%，显示出了强大的议价能力。

（2）投行业务：市占率+明星项目展现实力，优势可向其他业务进一步传导。

承销规模稳步提升，市占率稳居高位。自2016年以来，中信证券承销总规模持续多年位居行业第一位，并且首发、再融资、债券承销金额市占率均呈现出提升趋势。中信证券在业务规模上的绝对优势持续推动投行业务收入提升。2021年前三季度，中信证券投行业务收入达81.6亿元，同比增长19%。

（3）资管业务：主动转型完成度高，公募巨头利润贡献可观。

在经历资管新规后，行业和公司资管规模大幅下滑，之后中信证券资管规模保持稳定。自2018年资管新规出台以来，资管行业从监管套利、利差套利的盈利模式逐步回归主动管理，券商资管经历阵痛，整体规模持续下滑，从2017年末的18.5万亿元下降至2021年的7.15万亿元。在此背景下，中信证券积极转型业务，持续压降通道业务及资金池业务，公司资管规模从2016年的18 152亿元下降至2018年的13 431亿元。此后中信证券资管规模保持稳定，主动管理规模占比快速提升。2021年公司资管规模合计16 257.35亿元，包括集合资产管理计划、单一资产管理计划，规模分别为6 604.85亿元、9 652.50亿元。2021年，资管新规下中信证券私募资管业务市场份额约为15.87%，排名行业第一，预计未来资管规模有望稳步提升。

拓展阅读

高盛公司的主要业务

2021年中信证券的业务构成如表1－2所示。

表1－2　中信证券的业务构成（2021年）

业务单元	营业收入（元）	营业收入所占比重（%）	营业支出（元）	营业支出所占比重（%）	营业利润率（%）
经纪业务	18 289 371 602.00	23.90	10 637 991 336.33	24.12	41.84
资管业务	13 514 151 654.57	17.66	6 811 867 335.63	15.45	49.59
证券投资业务	18 385 691 259.85	24.03	7 616 206 163.60	17.27	58.58
证券承销业务	7 752 532 496.11	10.13	3 516 505 952.06	7.97	54.64
其　他	18 581 969 514.40	24.28	15 515 656 128.95	35.18	16.50
合　计	76 523 716 526.93	100.00	44 098 226 916.57	100.00	42.37

1.2 投资银行与商业银行的比较

在现代金融体系中，投资银行和商业银行构成了金融市场的主体部分，是最基本、最核心的两类金融机构。虽然在不同国家因为法律制度的不同，这两类金融机构业务范畴的划分有所不同，但是很多金融机构已经表现出混业经营的特点，商业银行可能在从事投资银行的业务，投资银行也可能在从事商业银行的业务。

1.2.1 投资银行与商业银行关系的历史进程

按照历史的发展，投资银行和商业银行的关系基本上可以分为四个阶段。

（1）早期的自然分业阶段。

较为典型的投资银行在开始的时候是作为独立形态存在的。在这一阶段，投资银行和商业银行是各自独立的，这种分离不是依靠法律来规定的，而是历史自然形成的。它们各自的业务较为明确，投资银行的业务主要是发行证券和承销票据，商业银行则经营资金存贷和其他信用业务。

（2）19 世纪末 20 世纪初的自然混业阶段。

19 世纪末 20 世纪初，西方国家经济的持续繁荣带来了证券业的高速增长，银行业与证券业的混业经营特点非常明显。在商业银行业务向投资银行业务大力扩张的同时，投资银行业务也在极力向商业银行业务拓展。在这一时期，商业银行与投资银行在业务上几乎不存在什么界限。

（3）20 世纪 30 年代大萧条后的现代分业阶段。

商业银行与投资银行的最终分离是在 1929—1933 年大萧条之后开始的。为了保护银行业的全面发展，美国国会通过了《格拉斯-斯蒂格尔法》，第一次明确了投资银行在国民经济中的地位，同时确立了接下来约半个世纪美国银行业与证券业分业经营的模式。一般认为，摩根士丹利公司的成立标志着现代投资银行的诞生。1948 年日本的《证券交易法》对银行业务和证券业务的分离亦作了法律上的规定，该法也促成了日本的商业银行与投资银行的正式分离。

（4）20 世纪 70 年代以来的现代混业阶段。

从 20 世纪 70 年代开始，各国金融当局纷纷对本国金融体制实行重大改革，其中一个重要内容就是打破商业银行与投资银行的分界线，出现了商业银行与投资银行融合的趋势。这一阶段西方各国金融改革的基本特征是放松管理，业务更趋于自由化和国际化。这一阶段是商业银行与投资银行的高级融合阶段，尤其是 1999 年，美国通过了《金融服务现代化法》，银行控股公司所能从事的业务被扩充至证券承销及自营买卖业务、保险代理及承销业务、商人银行业务等，可以兼跨证券、保险、银行三个业态。

1.2.2 投资银行和商业银行的相同点

从本质上讲，投资银行和商业银行都是资金盈余者与资金短缺者之间的中介，一方面使资金盈余者能够充分利用多余的资金获取收益，另一方面又帮助资金短缺者获得所需资金以求发展。从这个意义上讲，二者的功能是相同的。二者都充当了资金媒介的作用，促进了社会资源的更有效配置。随着信息技术的发展、金融领域的创新和金融管制的放开，二者的区别日渐模糊。在金融市场发展过程中，尤其是在过去的30多年里，由于二者业务不断扩张、出现交叉，投资银行和商业银行在新的金融市场和金融工具等方面竞争非常激烈。商业银行为了自身的发展，大量介入投资银行的业务，如介入金融衍生工具业务等。二者利用各自的优势，为机构和个人投资者提供投资咨询服务。商业银行利用高水平的金融人才、丰富的业务经验、熟练的金融技能，在投资银行原本的业务领域与其展开激烈的竞争。

1.2.3 投资银行和商业银行的区别

尽管在某些方面投资银行和商业银行具有相似性，但是在发挥金融中介作用的过程中，投资银行的运作与商业银行有很大的不同。投资银行是直接融资的金融中介，而商业银行则是间接融资的金融中介。投资银行作为直接融资的金融中介，仅充当中介人的角色，它为筹资者寻找合适的融资机会，为投资者寻找合适的投资机会。但在一般情况下，投资银行并不介入投资者和筹资者之间的权利与义务关系之中，只是收取佣金，投资者与筹资者直接拥有相应的权利和承担相应的义务。例如，投资者通过认购企业股票投资于企业，这时投资者就直接与企业产生了权利与义务关系，但投资银行并不介入其中，因此这种融资方式称作“直接融资方式”。

商业银行则不同，商业银行同时具有资金需求者和资金供给者的双重身份：对于存款人来说它是资金需求者，存款人是资金供给者；而对于借款人而言，商业银行是资金供给者，借款人是资金需求者。在这种情况下，资金存款人与借款人之间并不直接产生权利与义务关系，而是通过商业银行间接产生关系，双方不存在直接的合同约束，因此这种融资方式称作“间接融资方式”。

投资银行和商业银行的金融中介作用具体如图1-1和图1-2所示。

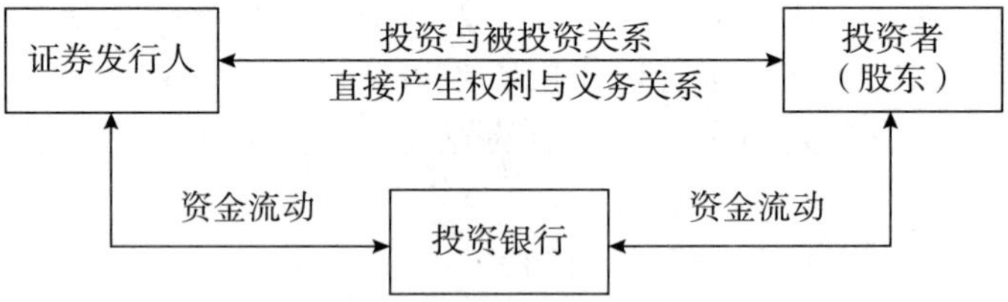

图1-1 投资银行直接融资的金融中介作用

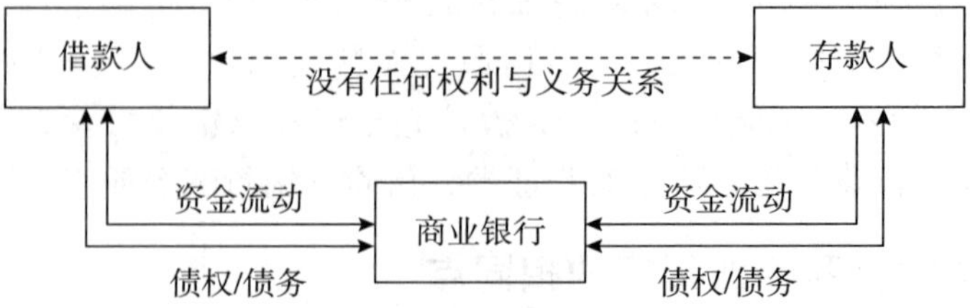

图1-2 商业银行间接融资的金融中介作用

此外，商业银行是以资产负债业务为主，主要活动于货币市场；而投资银行并不主要依靠资产负债业务，而是以中介业务为主，主要活动于资本市场。投资银行与商业银行在其他方面亦存在较多的差别，两者的比较如表 1-3 所示。

表 1-3　投资银行和商业银行的比较

	投资银行	商业银行
本源业务	证券承销与交易	存贷款业务
融资功能	直接融资	间接融资
活动领域	主要活动于资本市场	主要活动于货币市场
业务特征	难以用资产负债表反映	以表内与表外业务为基础
利润来源	佣金	存贷款利差
风险特征	一般情况下，投资者面临的风险较大，投资银行面临的风险较小	一般情况下，存款人面临的风险较小，商业银行面临的风险较大
经营方针	在控制风险的前提下，稳健与开拓并重	追求安全性、盈利性和流动性的统一，坚持稳健原则
监管部门	主要是证券监管当局	主要是银行监督机构

资料来源：罗伯特·劳伦斯·库恩. 投资银行学. 李申，薛伯英，赵家和，等译. 北京：北京师范大学出版社，1996.

1）本源业务不同。投资银行的本源业务是证券承销与交易；而商业银行的本源业务是存贷款业务。

2）融资功能不同。投资银行进行的是直接融资，并侧重长期融资；而商业银行进行的是间接融资，并侧重短期融资。

3）活动领域不同。投资银行主要是在资本市场开展业务；而商业银行主要是在货币市场开展业务。

4）业务特征不同。投资银行业务难以用资产负债表反映；而商业银行业务主要是表内与表外业务，其他业务是在此基础上的延伸和扩展。

5）利润来源不同。投资银行靠的是客户支付的佣金；而商业银行靠的是存贷款利差。

6）风险特征不同。对于投资银行，一般情况下，投资者面临的风险较大，投资银行面临的风险较小。对于商业银行，一般情况下，存款人面临的风险较小，商业银行面临的风险较大。

7）经营方针不同。投资银行的经营方针是在控制风险的前提下，稳健与开拓并重；而商业银行追求的是安全性、盈利性和流动性的统一，坚持稳健原则。

8）监管部门不同。投资银行的监管部门主要是证券监管当局；而商业银行主要受银行监督机构监管。

1.3 我国投资银行的发展

1.3.1 我国投资银行的发展历史

相对于西方发达国家，我国的证券市场和投资银行的形成时间较晚，荷兰早在17世纪初就成立了阿姆斯特丹证券交易所，发行和交易股票，英国和美国也在18世纪后期建立了证券交易所。我国最早的证券交易所是1905年设立的“上海众业公所”。新中国成立后，一度取消证券交易，直至1990—1991年，上海和深圳相继设立证券交易所。我国的证券市场历史相对于西方发达国家较为短暂；相应地，依赖于资本市场的投资银行和投资银行业务历史也很短暂。

拓展阅读

国外投资银行的发展历程

新中国成立以后，高度集中统一的银行信用形式代替了多种信用形式和多种金融机构的格局，财政拨款代替了企业的股票、债券及其他形式的直接融资，中国的金融市场特别是资本市场难以得到规范发展，自然也就无法建立经营证券业务的投资银行。改革开放以后，随着经济体制特别是金融体制改革政策的逐步推行，中国的金融市场逐步发展起来。从20世纪80年代初的国债发行，到之后银行系统的同业拆借；从20世纪80年代企业股票的发行，到20世纪90年代初，沪、深两市建立后的股票上市交易，中国证券市场的发展促成了中国投资银行的建立运营与发展壮大。

我们以证券公司为主体，对我国投资银行的发展历史作一简短的回顾。

（1）投资银行的萌芽阶段：1979—1991年。

在这段时间，我国尚未出现真正的投资银行，从事投资银行业务的主体是兼营证券业务的信托投资公司，典型的投资银行业务是国债的发行与承销。该时期我国证券市场规模很小，并且是以债券市场为主，股票市场还处于试验阶段，二级市场是以柜台市场形式出现的，还没有开设正式的证券交易所。

1979年10月，新中国第一家信托投资公司，即中国国际信托投资公司成立，标志着我国投资银行进入萌芽阶段。此后，各地方政府以及工、农、中、建四大国有银行等都成立了自己的信托投资公司。

当时，信托投资公司的主要业务包括委托存款、委托贷款和委托投资，以及信托存款、信托贷款和信托投资，还包括同业拆借、融资租赁、担保业务、境外借款、资本金贷款和投资、债券发行、证券承销和经纪、投资业务、基金管理、投资顾问等。可见，除活期存款、个人储蓄存款和结算业务外，信托投资公司的经营范围包括了银行业、证券业和信托业的所有业务，接近于欧洲的全能银行。此时，信托投资公司成为各银行拓展其他业务的主要平台。

1986年，沈阳信托投资公司试办以国债柜台转让为主的有价证券转让业务；1986年9月，中国工商银行上海信托投资公司静安证券营业部开办了第一笔代理股票买卖业务；

1987 年 9 月，新中国第一家证券公司深圳经济特区证券公司成立；1988 年 4 月，新中国第一家公开发行股票的股份制商业银行深圳发展银行的股票正式在深圳经济特区证券公司挂牌交易；1990 年年底，上海证券交易所成立；同年，深圳证券交易所（简称深交所）成立。两大证券交易所的成立，标志着我国资本市场的正式形成，投资银行开始步入正轨。

（2）投资银行的早期发展阶段：1992—1998 年。

1995 年，我国颁布《中华人民共和国商业银行法》（简称《商业银行法》），其中第 43 条规定：“商业银行在中华人民共和国境内不得从事信托投资和股票业务，不得投资于非自用不动产。商业银行在中华人民共和国境内不得向非银行金融机构和企业投资。”这在法律上限定了我国投资银行的发展模式，此举标志着银行业和证券业、信托业分业经营、分业监管的开始。我国投资银行早期发展阶段的特点是证券公司出现并成为资本市场和投资银行领域的主体，证券市场规模特别是股票市场规模不断壮大，资本市场上金融工具种类增加，相关法律法规相继颁布等。在这个时期，我国投资银行的发展可大致分为两个阶段。

1）第一阶段：数量扩张阶段（1992—1995 年）。

在这一阶段，我国证券公司从无到有，蓬勃发展，证券公司数量迅速扩张，规模不断扩大。我国早期的证券公司起源于三种途径：一是各地专业银行设立的证券公司和证券营业部，当时 80%以上的证券经营机构都属此列，比如交通银行设立的海通证券；二是各地信托投资公司设立的证券营业部；三是各地财政部门开设的证券公司。1992 年，中央组建三大证券公司，即华夏证券、国泰证券和南方证券，其注册地分别为北京、上海和深圳，它们又称中国证券业的中央军。

2）第二阶段：分业重组阶段（1996—1998 年）。

1995 年颁布的《商业银行法》确立了我国金融分业经营制度，银证分业和信证分业导致公司之间的兼并和重组，并催生出一批较大的重量级证券公司。1996 年 7 月，申银证券公司和万国证券公司合并成立申银万国证券公司，它是当时最大的证券公司。虽然我国证券公司注册资本金规模的最高纪录不断被打破，但是证券公司的总体规模仍然较小。1997 年年初，全国有证券公司近百家，但是其中资本金超过 10 亿元的证券公司仅有 7 家。

（3）投资银行的规范发展阶段：1999—2003 年。

1999 年 7 月，《中华人民共和国证券法》（简称《证券法》）正式施行，标志着证券行业进入规范发展阶段。其中规定：“国家对证券公司实行分类管理，分为综合类证券公司和经纪类证券公司，并由国务院证券监督管理机构按照其分类颁发业务许可证。”综合类证券公司可以经营证券经纪业务、证券自营业务、证券承销业务以及经国务院证券监督管理机构核定的其他证券业务，但注册资本不得低于 5 亿元，而经纪类证券公司注册资本最低限额仅为 5 000 万元，但只能从事证券经纪业务。

《证券法》颁布之初，我国大部分证券公司属于中小证券公司，按照分类标准达不到综合类证券公司的要求，只能从事证券经纪业务。《证券法》的颁布在我国掀起了一股证券公司增资扩股的浪潮。1999 年，湘财证券、湖北证券、中信证券等证券公司增资扩股，国泰证券与君安证券合并成立国泰君安证券。之后，券商增资扩股不断。2003 年，中信证券成功 IPO，成为首家上市的证券公司。之后，不断有新的证券公司通过买壳方式成为上市公司，这些证券公司有宏源证券、东北证券、国元证券、长江证券、国金证券、西南证券、太平洋证券、海通证券、华泰证券、招商证券、光大证券等。我国加入世界贸易组织（WTO）后，积极履行证券服务业对外开放的承诺。2002 年 6 月，中国证监会发布了《外资参股证券公司设立规则》，明确了外资参股证券公司的设立条件及程序，该规则自 2002 年 7 月 1 日起正式实施。2002 年以来，华欧国际、长江巴黎百富勤、海际大和、高盛高华、瑞银证券等多家合资券商先后设立。以高盛高华、瑞银证券为代表的合资券商已在中国证券市场上形成鲜明的外资系。

（4）投资银行的繁荣发展阶段：2004 年至今。

2004 年国务院印发《关于推进资本市场改革开放和稳定发展的若干意见》，明确提出大力发展资本市场是一项重要的战略任务，并提出把证券公司建设成为具有竞争力的现代金融企业。按照风险处置、日常监管和推动发展三管齐下、防治结合，以防为主、标本兼治，形成机制的整体思路，对证券公司进行综合治理。经过综合治理，证券公司长期积累的风险和历史遗留问题平稳化解，曾严重困扰证券行业发展的财务信息虚假、账外经营、挪用客户资产、股东及关联方占用等问题基本解决，初步建立了风险防范长效机制，各项基础制度得到改革和完善。随着我国政府对经济的积极调控和人民投资意识的提升，当前我国投资银行处于繁荣发展阶段。随着证监会全面支持新三板文件的出台、《亚洲基础设施投资银行协定》的签署，我国投资银行在经济发展的高速轨道上前行。

1.3.2　我国投资银行的发展特点

（1）投资银行的总体规模。

我国证券公司的总体规模比较小，虽然证券公司在这些年随着市场的发展增长迅速，但是总体规模依然较小。根据中国证券业协会数据，截至 2021 年末，行业总资产为 10.53 万亿元，净资产为 2.51 万亿元，分别较上年末增长 20.0%、12.5%；行业净资本为 1.99 万亿元，较上年末增长 10.7%。2021 年度证券行业业绩持续改善，全行业实现营业收入 4 967.95 亿元，实现净利润 2 218.77 亿元。2021 年证券行业净资产收益率为 9.23%，较上年提高了 1.4 个百分点。营业收入排名前三的证券公司分别是：中信证券（417.47 亿元），同比增长 22%；国泰君安（281.94 亿元），同比增长 17%；华泰证券（254.68 亿元），同比增长 20%。2021 年度净利润过百亿元的证券公司有 10 家，分别是：中信证券、国泰君安、华泰证券、海通证券、招商证券、广发证券、中金公司、银河证券、中信建投和国信证券。2021 年净利润排名前三的证券公司分别是：中信证券（231.00 亿元），同比增长 55%；国泰君安（150.13 亿元），同比增长 35%；华泰证券（133.46 亿元），同比增长 23%。如果将我国的投资银行与作为国际投资银行标杆的美国高盛公司相比较，2021 年年底，高盛的总资产是 1.46 万亿美元，约合 9.3 万亿元人民币，是我国最大的证券公司中信证券的 9.5 倍。2021 年度总资产最大、净资产最大、营业收入最多的 10 家证券公司分别见表 1-4、表 1-5 和表 1-6。

表 1-4　2021 年度总资产最大的 10 家证券公司　　单位：万元

序号	证券公司	总资产	序号	证券公司	总资产
1	中信证券	97 589 918	6	银河证券	47 389 016
2	华泰证券	64 154 278	7	海通证券	47 142 615
3	国泰君安	61 094 509	8	广发证券	46 984 165
4	招商证券	54 672 959	9	中金公司	45 808 368
5	申万宏源	49 846 625	10	中信建投	42 166 421

资料来源：中国证券业协会网站。

表 1-5　2021 年度证券公司净资产最大的 10 家证券公司　　单位：万元

序号	证券公司	净资产	序号	证券公司	净资产
1	中信证券	18 007 526	6	申万宏源	10 119 460
2	海通证券	14 736 151	7	广发证券	9 718 024
3	华泰证券	13 726 012	8	银河证券	9 655 822
4	国泰君安	13 631 048	9	国信证券	9 432 901
5	招商证券	10 723 865	10	中信建投	7 644 092

资料来源：中国证券业协会网站。

表 1-6　2021 年度证券公司营业收入最多的 10 家证券公司　　单位：万元

序号	证券公司	营业收入	序号	证券公司	营业收入
1	中信证券	4 174 672	6	中信建投	2 069 526
2	国泰君安	2 819 355	7	广发证券	2 025 783
3	华泰证券	2 546 750	8	中金公司	1 995 119
4	招商证券	2 268 695	9	国信证券	1 931 947
5	海通证券	2 219 109	10	申万宏源	1 923 814

资料来源：中国证券业协会网站。

（2）经营模式。

从经营模式的角度来分析，我国证券行业的外部结构是我国证券公司能够获利的主要途径，我国证券公司是依靠经纪业务和自己营销的业务来获得利润的，而这两种业务与市场交投的活跃程度是密切相关的。我国的证券市场会有一定的周期性，繁荣与低沉是交替进行的，当证券市场没有其他业务往来时，就会导致经营模式的周期性波动。有关数据显示，我国证券行业业绩稳健增长，资本实力不断增强。2021 年全行业 140 家证券公司实现营业收入 5 024.10 亿元，实现净利润 1 911.19 亿元。随着证券市场基础性制度的逐步完善、以净资产和流动性为核心的风险监管机制的建立，证券业的风险意识得到了很大的提高，证券业逐步进入规范发展阶段。另外，证券公司在经营传统业务的基础上，将逐步开展融资融券、做市、直接投资、并购融资等资本投资和资本中介业务，这将带来业务模式、盈利模式和收入结构的转型升级，开创传统业务和创新业务协同发展的新局面。因此，2021—2026 年预计我国证券业营业收入规模将持续增长，到 2026 年我国证券业将实现营业收入超过 6 000 亿元人民币。

（3）监管模式。

我国对证券业的监管分为两个层次：第一，中国证监会作为国务院证券监督管理机构，为国务院直属机构，是全国证券期货市场的主管部门，依法对全国证券期货市场实行集中（统一）的监督管理；第二，中国证券业协会和证券交易所等行业自律组织对会员实施自律管理。

1）中国证监会的集中（统一）监管。

经国务院授权，中国证监会及其地方派出机构依法对证券市场实行监督管理，维护证券市场秩序，保障其合法运行，并承担以下具体职责：依法制定有关证券市场监督管理的规章、规则，并依法行使审批或者核准权；依法对证券的发行、上市、交易、登记、存管、结算进行监督管理；依法对证券发行人、上市公司、证券公司、证券投资基金管理公司、证券服务机构、证券交易所、证券登记结算机构的证券业务活动进行监督管理；依法制定从事证券业务人员的资格标准和行为准则，并监督实施；依法监督检查证券发行、上市和交易的信息公开情况；依法对证券业协会的活动进行指导和监督；依法对违反证券市场监督管理法律、行政法规的行为进行查处；法律、行政法规规定的其他职责。

2）证券业协会的自律管理。

中国证券业协会（简称中证协）和各地方证券业协会是证券行业的自律组织。中证协实行会员制，会员主要是各证券公司、期货公司或从事证券行业的服务机构。中证协履行如下职责：教育和组织会员遵守证券法律、行政法规；依法维护会员的合法权益，向证券监督管理机构反映会员的建议和要求；收集整理证券信息，为会员提供服务；制定会员应遵守的规则，组织会员单位从业人员的业务培训，开展会员间的业务交流；对会员之间、会员与客户之间发生的证券业务纠纷进行调解；组织会员就证券业的发展、运作及有关内容进行研究；监督、检查会员行为，对违反法律、行政法规或者协会章程的，按照规定给予纪律处分；中证协章程规定的其他职责。各地方证券业协会对本地证券公司进行自律管理。

3）证券交易所的自律管理。

证券交易所是为证券集中交易提供场所和设施，组织和监督证券交易，实行自律管理的法人。进入证券交易所参与集中交易的，必须是证券交易所的会员。我国证券交易所包括上海证券交易所、深圳证券交易所和北京证券交易所（简称北交所）。证券交易所的主要职责如下：提供证券交易的场所和设施；制定证券交易所的业务规则；接受上市申请、安排证券上市；组织、监督证券交易；对会员进行监管；对上市公司进行监管；设立证券登记结算机构；管理和公布市场信息；中国证监会许可的其他职能。

1.3.3 行业竞争格局

第一，传统证券业务从成长期进入饱和期。

经纪业务：互联网释放成长潜力，高质量客户占比下滑。互联网扩大投资者覆盖面，释放增长潜力。2013—2021 年，A 股投资者总数从 6 669 万户增加到 19 741 万户，增长 196%。其中，近 5 年投资者年增长率始终保持在 10%左右，呈现较为稳定的增长势头，但高质量客户占比出现下滑。根据对中信证券渠道调研的数据估计，2015—2021 年，持仓投资者占投资者总数的比重从 41%降到 26%，信用投资者比重从 4.0%降到 3.1%。持仓投资者比重和信用投资者比重的下滑，体现了传统经纪业务增长乏力。

投行业务：注册制带来行业结构变化，股权融资总量受制于市场流动性。根据全球交易所联合会数据，2021 年上半年，亚太地区 IPO 数量占全球 55%，沪、深证券交易所分别以 140 家和 105 家的 IPO 数量，列全球证券交易所的第二、第三位。从长期看，大中华区域仍是全球股权融资的核心市场。但从短期看，股权融资受制于二级市场的流动性。历史上看，A 股年度股权融资规模大约是当年 A 股日均交易额的 2 倍左右。注册制推行后，对投行业务的研究、定价、销售能力的要求提高，必然会导致投行业务格局集中，核准制下的通道型投行模式前景不容乐观。

信用业务：需寻找两融业务和质押业务的新驱动。两融业务：截至 2021 年末，A 股市场两融余额为 18 322 亿元，占流通市值比重为 2.45%，随着散户机构化和更多的金融衍生工具的推出，融资余额市值占比可能逐渐下降。质押业务：2018 年质押风险暴露之后，监管部门引导券商收缩股票质押业务，预计未来的质押业务将限定于投行服务实体框架下，是小而精的模式，而非大规模的交易型信贷业务。

第二，高质量发展，证券业亟待突破。

证券行业总量繁荣，但边际效率出现下滑。2016—2021 年，中国证券行业营收增长 53%，净利润增长 55%，净资产增长 57%，总量呈现繁荣。但是效率指标表现堪忧，行业净资产回报率（也称收益率）出现下滑，从 7.53%下降到 6.44%。效率下降并非由股市活跃度下降导致，这是传统业务进入稳定期之后的必然结果。展望未来，证券行业已进入准入放开的新周期，竞争压力不容忽视。随着外资持股比例和业务牌照的放开，现有平衡的竞争格局将会被打破。根据日韩开放经验，外资券商主要依靠专业能力在资产管理、机构服务、交易业务和财富管理领域开展业务。而本土券商则是依靠资本和渠道能力在零售、投行、融资和投资业务领域进行防御。中国资本市场正在深化改革，金融管制进一步放松，新业务和新产品层出不穷，这样的周期更适合外资券商展业，本土券商未来将面临较大的压力。

第三，创新驱动的新周期已然开启。

未来会对券商创新能力进行检验，包括新业务、新产品以及传统业务的新模式。当下证券行业已经在政策、市场等方面迎来了创新改革的时间窗口。从政策方面来看，我们迎来了鼓励创新、扶优限劣的创新驱动的新周期。2019 年 9 月，证监会提出了全面深化资本市场改革的 12 个方面重点任务（简称“深改 12 条”），从参与者、市场规则和监管制度等方面对资本市场改革进行了系统性规划，再加上新《证券法》的落地，一个高质量和高效率的资本市场体系正在建立。2019 年以来出台的证券行业监管政策从纠偏过度从严政策，到延续既定改革，再到寻求新突破，已经回到放松约束和鼓励创新的轨道。从市场方面来看，机构化大幕开启，业务重心再调整。2020 年末与 2007 年对比，上交所散户投资者（持股 10 万元以下）持股市值从 0.6 万亿元降至 0.4 万亿元。同期，专业机构持股市值从 2.1 万亿元增加到 6.7 万亿元。未来在外资开放、注册制和税收优惠的共同作用下，A 股市场有望进入快速机构化的阶段。在机构化市场中，证券业务将呈现聚焦核心资产、衍生产品和场外业务高速发展以及从单一服务到综合服务三个特点。

1.3.4 抗风险能力

从我国证券市场的运行情况来看，证券公司主要面临以下五个方面的风险。

第一，承销风险。承销风险主要有以下三个方面：（1）证券公司往往要花费很多时间和精力来力争成为上市公司发行新股主承销商，但由于竞争激烈，许多证券公司即使投入再大，也难以获得主承销商资格；（2）已成为主承销商的证券公司也面临一个能否实现承销计划的问题，特别是在二级市场低迷的情况下，还存在因认购不足而不得不自己认购的可能；（3）在包销配股的情况下，证券公司极有可能买下销售不出去的股票，甚至对认购的转配股进行长期投资，这就是配股承销风险。

第二，自营风险。同一般的投资者一样，证券公司在二级市场上从事自营业务同样面临着多方面的风险。由于对市场上的行情判断失误，买进或卖出股票的时机不对，以及证券投资组合不当等，都可能遭受损失。

第三，资金流动性风险。资金流动性风险是以高负债水平为特征的金融机构面临的共同难题。证券公司的资金流动性风险指证券公司不能如期满足客户提款取现（如客户提取股票交易保证金），或不能如期偿还流动负债而导致的财务困境。香港百富勤集团的倒闭，就是由流动性风险的爆发导致的。我国投资者从事 A 股、国债和基金交易时，资金的清算和结算都是通过委托证券公司来完成的，资金账户也设立在证券公司，这给证券公司非法挪用客户保证金进行自营，允许客户透支或进行其他获利行为创造了机会，同时也潜伏着极大的流动性风险。如何解决这一问题，是进一步规范证券公司行为的重点内容之一。

第四，内部管理风险。其表现形式多种多样，如交易电脑系统出现故障，业务人员工作疏漏造成交易差错，业务人员从事内幕交易和违法违规操作而造成巨额损失，业务往来中出现金融诈骗，重大项目投资或新业务决策失误，等等。随着证券公司分支机构的不断增加和证券公司业务的逐步多元化，证券公司内部管理风险将越来越大。

第五，生存风险。我国证券公司的注册资本与发达国家的证券公司相比整体偏少，且大部分证券公司仅仅经营证券经纪业务，过分依赖于单一的佣金收入，一旦交易变少，这些证券公司的佣金收入就会锐减，一些证券公司连维持自身的运营都存在较大压力。

思考题

1. 如何理解投资银行的定义？
2. 投资银行和商业银行的差别体现在哪些方面？
3. 投资银行有哪些基本业务？
4. 根据历史的发展，投资银行有哪些组织形式？这些组织形式各有什么特点？
5. 投资银行对经济有哪些促进作用？
6. 投资银行的功能主要体现为哪些方面？
7. 我国投资银行的发展大致经历了哪几个阶段？发展特点是什么？

第2章 股票首次公开发行

本章提要

本章首先介绍了公司的组织形式，尤其是作为资本市场融资主体的股份有限公司，然后讲述了股票首次公开发行的基本制度和程序，以及投资银行的发行准备，也介绍了主板市场、创业板市场和科创板市场上市的主要条件，最后介绍了股票发行价格。

重点与难点

1. 公司的概念及类型。
2. 股票发行制度。
3. 证券发行的程序。
4. 投资银行在发行过程中的工作。
5. 主板市场、创业板市场和科创板市场上市的主要条件。
6. 股票发行方式。
7. 我国股票发行的定价方式。

2.1 公司的组织形式

公司是适应市场经济社会化大生产的需要而形成的一种企业组织形式。中国的公司是指依照《中华人民共和国公司法》（简称《公司法》）在中国境内设立的有限责任公司和股份有限公司。公司特有的组织结构形式使公司的资本、经营运作趋于利润最大化，以更好地实现投资者的目的，其主要形式为无限责任公司、有限责任公司、两合公司、股份有限公司、股份两合公司，其区别于非营利性的社会团体、事业机构等。现行中国公司法规定的公司分为有限责任公司和股份有限公司。

有限公司包括了有限责任公司和股份有限公司。有限责任公司是指由两个及以上股东（如果公司法允许一人有限责任公司存在，则单一股东也可以）共同出资，每个股东以其认缴的出资额对公司承担有限责任，公司以其全部财产对其债务承担责任的企业法人。有限责任公司实行资本金制度，但公司股份对股东不分成均等股份，股东仅以其出资额为限对公司负责。股东人数既有最低限也有最高限，我国为 1 人以上 50 人以下。股东向股东以外的人转让其出资时，必须经过半数股东同意；不同意转让的股东应当购买该转让的出资，如果不购买该转让的出资，视为同意转让。对于经股东同意转让的出资，在同等条件下，其他股东具有优先购买权。公司财务不必公开，但应当按公司章程规定的期限将财务会计报告送交各股东。

股份有限公司的全部资产分为等额股份，股东仅以其所持股份为限对公司承担责任，公司以其全部资产对公司的债务承担责任。股份有限公司采取公开向社会发行股票的方式筹集资本，为筹集资本开辟了广阔的渠道。股东人数不受限制，这样便于更多人向公司投资。我国对股份有限公司的发起人有限制，要求有 1 人以上 200 人以下为发起人。公司股票可以自由转让，只要交易双方接受转让的价格，即可成交，这使投资者有可能从股票交易中获利，从而使股份有限公司在投资者心目中具有极大的吸引力。而无限公司和有限责任公司的股东在转让股份时一般都受到限制。由于股份有限公司是公开向社会发股筹资，股东人数多，因此，各国法律都要求股份有限公司将其财务公开。

拓展阅读

高盛是如何炼成的？

2.2 股票首次公开发行概述

股票首次公开发行（initial public offering，IPO）是指股份公司通过证券交易所第一次向公众投资者发行股票的行为。

2.2.1 股票融资的优缺点

公司通过发行股票在资本市场上融资。这种融资方式对公司来说是利弊皆有的。与其他融资方式相比，股票融资具有以下优点。

（1）能为公司筹措永久性资本。

发行股票所获资金属于公司的永久性资本，无到期日，不需偿还，除非公司破产清算，否则在公司经营期内能够自行安排使用。发行股票可为公司筹措到安全稳定的长期资金，在一定程度上可以降低资金成本，对保证公司最低的资金需求具有重要意义。

（2）没有固定的利息负担。

股利的分配由公司的盈利状况和长远发展计划而定。当公司存在利润并认为适合分配时，可以向股东分配利润；当公司利润较少或虽有利润但有其他投资计划时，可以少分甚至不分配股利，因此公司面临的风险也相对较小。

（3）有利于公司增强信誉和拓展业务。

公司通过发行股票可以大大提高其知名度，形成强大的宣传效应，受到广大投资者的关注，而这些公众就有可能成为公司未来的客户，有利于公司扩大市场，拓展业务。

（4）有利于建立健全公司的管理制度。

公司上市有严格的限制条件，而且需要通过多层审批程序。公司被批准上市，这在客观上表明公司的经营和管理状况通过了公众的监督和检验。

尽管如此，股票融资也存在以下几方面的局限性。

（1）资金成本较高。

对公司而言，在发行股票过程中，公司要经过准备文件、申报、审核、发行等程序，会发生诸如资产评估费、股票承销佣金、律师费、会计师费、材料印刷费、登记费等大量成本。对投资者而言，股东的剩余财产清偿权列在其他债权人之后，其承担的风险较大，相应地，其所要求的投资收益率也较高。

（2）不利于上市公司保护商业隐私。

上市公司必须定期或不定期地公开其经营状况、投资计划及财务报表等重要资料，不利于保护商业隐私，容易被竞争对手了解其经营实力和市场策略。

（3）经营压力增大。

上市公司的股价受到各方面因素的影响而波动，往往偏离公司的真实市场价值，而投资者据此作出的预期和行动会对公司管理人员的重要决策产生影响。公司管理人员可能迫于压力注重短期效益而忽视公司长远发展。

（4）不利于掌控公司控制权。

公司上市之后管理层不可避免地会失去公司的一部分控制权，因而不利于对公司整体的控制。

综上来看，企业上市是一个经济、金融、管理等完全集合的过程，企业选择是否上市需要综合考虑各方面的因素。

2.2.2 股票发行制度

股票发行制度主要指政府管理当局对企业股票发行进行管理的框架制度。一般而言，股票发行制度分为审批制、核准制和注册制三种。

1. 审批制

审批制是核准制的一种特殊情况。在审批制下，政府部门按照严格实质管理原则，要求股票发行不仅要满足信息公开等各种条件，还要在计划指标前提下实行更为严格的实质审查。因此，审批制是一种具有浓厚行政色彩的计划经济管理模式。

2. 核准制

核准制又称准则制或实质审查制。核准制遵循实质管理原则，规定股份有限公司发行股票不仅要全部公开可供投资者判断的资料，而且要符合股票发行的实质条件，监管部门依据法律法规规定的限制性条件对发行人提出的申请及呈报材料做实质审查，发行人获得监管部门的批准后才能发行证券。未经依法核准，任何单位和个人不得公开发行证券。

核准制理论认为，由于市场信息不对称，即使投资者能读懂发行资料，但对于资料细节未必能了解透彻并进行合理判断，因此为了保护投资者的利益，监管部门有必要对公开发行行为进行严格监督。

核准制的优点是审核条件严格，注重对投资者利益的保护，能够将一些质量低劣、风险较大的公司排除在股票市场之外，因此降低了股票市场的投机风险。缺点是：在核准制下，投资者容易对证券机构的审核产生依赖心理，进而对其独立的投资判断产生影响；审核工作繁重，导致审核工作漫长，发行主体的市场效率低下。

3. 注册制

拓展阅读

注册制的优势

注册制又称申报制或形式审查制，即监督管理机构对发行人发行股票的行为事先不作实质审查，而仅对申请文件进行形式审查。在注册制下，只要发行人提供了正式、可靠、全面、真实的资料，即使是一些高风险、低质量的公司，监督管理机构也应当予以注册。注册制是市场化程度比较高的国家实行的一种证券制度。它要求发行人充分、客观地把发行人及发行证券的资料向证券主管机关提示并申请发行，证券主管机关对实施形式要件进行审查，合格后予以注册，发行人即可公开发行股票。注册制强调公开原则，即发行人必须真实、客观、全面地反映公司的一切资料，并向社会公开，以供投资者了解、判断、选择。

2016 年 3 月 1 日，注册制改革授权决定正式实施；2019 年，注册制首先在上交所科创板落地实施；2020 年，注册制在深交所创业板落地实施。市场最为关注的全面实行股票发行注册制改革于 2023 年 2 月 1 日正式启动，规章包括《首次公开发行股票注册管理办法》《上市公司证券发行注册管理办法》等。审批制、核准制和注册制的比较见表 2-1。

表 2-1　审批制、核准制和注册制的比较

	审批制	核准制	注册制
发行指标和额度	有	无	无
发行上市标准	有	有	有
保荐机构	政府或行业主管部门	中介机构	中介机构
对发行主体做实质判断的主体	证监会	证监会和中介机构	中介机构
发行监管制度	证监会实质审查	证监会和中介机构分担实质审查职责	证监会形式审查、中介机构实质审查
市场化程度	行政体制	向市场化过渡	市场化

知识链接

我国的股票发行制度大致经历了以下五个阶段。

(1)“额度管理”阶段（1990—1995 年）。

1993 年全国统一的股票发行审核制度正式建立之前，新股发行和上市的审批权归属于不同的政府部门；该制度正式建立之后，国务院证券管理部门根据国民经济发展需求及资本市场实际情况，先确定总额度，然后根据各个省级行政区域和行业在国民经济发展中的地位和需要进一步分配总额度，再由省级政府或行业主管部门来选择和确定可以发行股票的企业（主要是国有企业）。

（2）“指标管理”阶段（1996—2000年）。

这一阶段实行“总量控制，限报家数”的做法，由国务院证券管理部门确定在一定时期内应发行上市的企业家数，然后向省级政府和行业管理部门下达股票发行家数指标，省级政府或行业管理部门在上述指标内推荐预选企业，证券管理部门对符合条件的预选企业同意其上报发行股票的正式申报材料并审核。

（3）“通道制”阶段（2001—2004年）。

2001年3月，开始实行核准制下的“通道制”，也就是向各综合类券商下达可推荐拟公开发行股票的企业家数。只要具有主承销商资格，就可获得2～9个通道，主承销商的通道数也就是其可申报的拟公开发行股票的企业家数。通道制下股票发行“名额有限”的特点未变，但通道制改变了过去行政机制遴选和推荐发行人的做法，使得主承销商在一定程度上承担起了股票发行风险，同时也真正获得了遴选和推荐股票发行的权力。

（4）“保荐制”阶段（2005—2019年）。

保荐制的主体由保荐（代表）人和保荐机构两部分组成。满足一定条件的人可担任企业发行股票的保荐代表人，满足一定条件的证券公司可成为保荐机构，并具备推荐企业发行上市的资格。保荐制是由保荐代表人和保荐机构负责发行人证券发行上市的推荐和辅导，经尽职调查核实公司发行文件资料的真实性、准确性和完整性，协助发行人建立严格的信息披露制度。保荐制就其本质来说，是希望对证券发行设立一个“第一看门人”，即保荐代表人和保荐机构，凭借其在保荐过程中对拟上市公司的洞察、了解和勤勉尽责，选择质地优良的公司上市，提高上市公司质量。与通道制相比较，保荐制增加了关于由保荐代表人和保荐机构承担发行上市过程中的连带责任的制度内容，这是该制度设计的初衷和核心内容。保荐责任期包括发行上市全过程，以及上市后的一段时间（比如两个会计年度）。

（5）“注册制”阶段（2020年及以后）。

注册制是指证券发行申请人依法将与证券发行有关的一切信息和资料公开，制成法律文件，送交主管机构审查，主管机构只负责审查证券发行申请人提供的信息和资料是否履行了信息披露义务的一种制度。其最重要的特征是：在注册制下，证券发行审核机构只对注册文件进行形式审查，不进行实质判断，投资者依据披露信息自行作出投资决策。美国和日本等资本市场比较发达的国家是注册制的代表。

2015年12月9日的国务院常务会议通过了提请全国人大常委会授权国务院在实施股票发行注册制改革中调整适用《中华人民共和国证券法》有关规定的决定草案。草案明确，在决定施行之日起两年内，授权对拟在上海证券交易所、深圳证券交易所上市交易的股票公开发行实行注册制度。同年 12 月 27 日，国务院实施股票发行注册制改革的举措获得全国人大常委会两年授权，自 2016 年 3 月起施行。2019 年，上海证券交易所设立科创板并试点注册制。

2019 年 12 月 28 日，第十三届全国人大常委会第十五次会议审议通过了修订后的《中华人民共和国证券法》，该法自 2020 年 3 月 1 日起施行。本次《中华人民共和国证券法》修订最引人注目的一点是全面推行证券发行注册制。2023 年 2 月 17 日，中国证监会发布全面实行股票发行注册制相关制度规则，自公布之日起施行。

注册制是市场化程度较高的一种证券发行体制，在这一制度下，发行人申请发行证券时，只需将应公开的各种资料提交注册机构申请注册。注册生效后，申请人随时可以在有效期内发行证券。注册机构一般不对发行人所报送的文件进行实质审查，发行监管主要靠公开制度以及持续信息披露，证券风险由市场判断，价格也交由市场决定。2023 年 2 月 1 日，全面实行股票发行注册制改革正式启动，将进一步完善资本市场基础制度。

2.2.3 投资银行的发行准备

我国企业上市可以细致地划分为六个阶段，即计划阶段、募集阶段、审核阶段、通过阶段、上市阶段、监管阶段。在此过程中，投资银行要承担的主要是承销和保荐任务，是股票发行人聘请的最为重要的中介机构。作为从事资本市场业务的专业机构，投资银行拥有从事证券发行的丰富经验和专业人才，在证券承销过程中，充当发行人与投资者的桥梁和纽带，发挥着重要的作用。

在我国，根据 2023 年修订的《证券发行上市保荐业务管理办法》，发行人在首次公开发行股票时，上市公司发行新股、可转换公司债券时，应聘请具有保荐业务资格的证券公司履行保荐职责。证券发行的主承销商可以由该保荐机构担任，也可以由其他具有保荐业务资格的证券公司与该保荐机构共同担任。证券发行规模达到一定数量的，可以采用联合保荐，但参与联合保荐的保荐机构不得超过两家。保荐机构的主要工作是尽职调查、上市辅导、准备募股文件及报批、发行申报与审核等。

1. 尽职调查

尽职调查是承销商在股票承销前所做的工作，调查的范围包括发行人的基本情况、一级和二级市场状况、发行人主营业务、发行人的财务状况等。其中关于发行人的调查是重点，涉及生产经营、财务状况、日常管理、发展前景等众多方面。在我国实行额度控制和行政审批的时期，由国家主管部门确定每年的股票发行额度或上市指标，然后将这一上市指标在各地区、各部门间分解，由各地区和各部门在分配的上市指标范围内选择企业上市的对象。投资银行的工作主要是通过中央有关部委和各省级政府，寻找已经或者有可能取得发行额度的企业以及获得境外上市立项的企业。然而，随着我国证券市场管理体制的改革，我国后来废除了原来股票发行的额度控制和行政审批，实行了核准制。投资银行需要自发寻找潜在的上市客户，对发行人进行调查与选择，特别是在承销业务竞争日益激烈的情况下，投资银行一方面需要积极寻找和准确判断潜在客户，提高发行的成功率，提升投行在发行市场中的声誉；另一方面，为了争取到更多的承销业务，需要进行自我推荐与公关，提供更有竞争力的发行条件，这样才能最终取得证券主承销权。2023 年 2 月 17 日，全面实行股票发行注册制正式实施。自此，我国股票发行开启新纪元。注册制是指发行人在准备发行证券时，必须将依法公开的各种资料完整、真实、准确地向证券主管机关呈报并申请注册，作形式审查，至于发行人营业性质，发行人财力、素质及发展前景，发行数量与价格等实质条件均不作为发行审核要件，不作出价值判断。申报文件提交后，经过法定期间，主管机关若无异议，申请即自动生效。自注册制全市场推行以来至 2023 年 9 月末，A 股各板块实现上市企业合计 240 家，总体融资规模近 3 000 亿元。其中，沪深主板已有 38 家企业实现上市，合计融资超过 530 亿元；科创板实现上市企业 57 家，合计融资超过 1 347 亿元；创业板实现上市企业 93 家，合计融资超过 1 013 亿元；北京证券交易所实现上市企业 52 家，合计融资超过 100 亿元。

2. 上市辅导

为指导辅导机构制定辅导环节执业标准和操作流程，进一步提高上市辅导工作质量，督促拟上市企业树立正确“上市观”，中国证券业协会于 2024 年组织起草了《首次公开发行股票并上市辅导工作指引（征求意见稿）》（以下简称《辅导工作指引》）。

《辅导工作指引》明确了辅导工作组织形式及人员要求。具体来看，辅导机构应针对每一个辅导对象成立专门的辅导工作小组来开展辅导工作。辅导工作小组在辅导过程中需结合辅导对象实际情况，制订合理的辅导计划和实施方案；统筹辅导工作，协调证券服务机构及其相关人员配合完成辅导工作；落实辅导工作计划及实施方案，保证充分的时间投入和工作质量，确保达到辅导工作目标。小组人员数量原则上应不少于三人，其中具有保荐代表人资格的人员不少于两人。小组成员应具备证券从业资格，具备有关法律、会计等必备的专业知识和技能，有足够的时间投入辅导工作，与辅导对象不存在利益冲突。签字保荐代表人应当参加辅导工作且担任组长。

《辅导工作指引》明确了辅导内容及各阶段辅导工作重点。在《首次公开发行股票并上市辅导监管规定》基础上，结合实践情况，《辅导工作指引》将独立性、同业竞争及关联交易、资产权属、业务发展规划等方面的尽调、规范纳入辅导内容。具体来看，辅导机构应督促辅导对象的董事（包括独立董事）和高管人员、持有百分之五以上股份的股东和实控人（或者其法定代表人）进行全面的法规知识学习，增强法制观念和诚信意识，督促其掌握发行上市、规范运作等方面的法律法规和规则，知悉信息披露和履行承诺等方面的责任、义务以及法律后果，树立正确“上市观”。

辅导机构应督促辅导对象按照有关规定建立符合现代企业制度要求的公司治理结构，建立健全财务会计管理体系，建立和完善规范的内部决策和控制制度，形成有效的财务、投资以及内部约束和激励制度。督促辅导对象及其相关人员充分了解多层次资本市场各板块的特点和属性，掌握拟上市板块的定位和相关监管要求情况。生产经营符合法律、行政法规的规定，符合国家产业政策。

辅导机构应督促辅导对象形成权属清晰、控制权稳定的股权结构；业务完整，具有直接面向市场独立持续经营的能力，做到资产完整，业务、人员、财务及机构等独立；规范关联交易和同业竞争，建立规范的关联交易管理制度，避免与控股股东、实际控制人及其控制的其他企业存在重大不利影响的同业竞争；按规定妥善处置主要资产、核心技术、商标等的法律权属问题；形成明确的发展规划，并制定可行且必要的募集资金投向规划。

需要注意的是，在辅导过程中，辅导机构应关注辅导对象及其实控人、董事、高管人员等关键少数的口碑声誉情况，并有针对性地开展辅导工作。

辅导不同阶段工作重点各有侧重。备案阶段工作重点可以包括与辅导对象签订辅导协议，组建辅导工作小组，制订辅导计划及实施方案，完成辅导备案等。辅导期内工作重点可以包括根据辅导计划及实施方案进行辅导，落实辅导工作内容，就发现的问题进行诊断、确定整改方案并督促辅导对象完成整改，组织辅导对象接受辅导的人员参加证券市场知识测试，研判并核查辅导对象符合板块定位和产业政策要求的实际情况，关注辅导对象及关键少数的口碑声誉，就辅导工作开展情况向派出机构报告等。验收阶段工作重点可以包括向派出机构报送辅导验收申请材料，配合派出机构进行现场验收，回复派出机构关于辅导验收的相关问题，针对派出机构提出的规范要求完成规范工作等。

《辅导工作指引》对辅导工作执行流程进行了细致的规范。整合各板块要求，规定签署辅导协议、申请辅导备案、更新辅导工作进展报告、提交辅导验收材料等流程要求，明确相关报告的主要内容，形成统一的文件模板；细化辅导方式，明确辅导授课内容、时长及底稿收录要求，明确辅导考试要求；细化重大事项情形，明确变更板块等相关要求。

辅导期内和辅导验收阶段，辅导机构可以向派出机构申请，组织辅导对象董事、高管人员及持有百分之五以上股份的股东和实控人（或其法定代表人）参加证券市场知识测试。一年内已通过证券市场知识测试的人员，可以申请豁免参加同一板块的测试。其中，持有百分之五以上股份的股东为国资管理部门的，其向辅导对象委派的最高职级人员或者其他能够对外代表该股东的人员应当参加测试。

值得关注的是，《辅导工作指引》列示了辅导机构应通过辅导监管系统向派出机构报告的重大事项清单，包括辅导期内辅导对象大股东或控股股东、股本发生变化，辅导对象发生重大诉讼或仲裁，董事和高管人员、控股股东以及实控人因重大违法违规行为受到刑事或行政处罚，辅导对象受到媒体重大质疑、重大信访投诉以及“关键少数”出现重大口碑声誉风险等。

此外，《辅导工作指引》还对辅导工作的底稿要求进行了统一。明确辅导工作底稿总体要求，须真实、完整反映辅导工作的实际开展情况，不得随意篡改、隐瞒事实；附件明确辅导工作底稿目录要求，覆盖辅导各阶段各环节，对辅导机构履行辅导职责有重大影响的文件资料及信息，均应当作为工作底稿予以留存，进一步压实辅导机构责任，促进提升辅导工作质效。

3. 准备募股文件及报批

股票发行的实质性工作是准备招股说明书以及作为招股说明书编制依据和附件的专业人员的结论性意见等并报批，这些文件统称为募股文件。

（1）招股说明书（申报稿）。

招股说明书是公司发行股票时就发行中的有关事项向公众作出披露，并向特定或非特定投资者提出购买或销售其股票的要约的法律文件。公司发售新股必须制作招股说明书，编制招股说明书是发行准备阶段的基本任务。招股说明书必须对法律、法规、规章、上市规则要求的各项内容进行披露。招股说明书由发行人在主承销商及其他中介机构的辅助下完成，由公司董事会表决通过。审核通过的招股说明书应当依法向社会公众披露。

在招股说明书的准备过程中，IPO 小组中各成员有较明确的专业分工。一般是发行人的管理层在其律师的协助下负责招股说明书的非财务部分，作为承销商的投资银行负责股票承销合约部分，发行公司内部的会计师准备所有的财务数据，独立的会计师对财务账目的适当性提供咨询和审计。招股说明书各部分完成后，经小组成员一起讨论修改，并请发行人董事会表决通过，最后送交证券监管机构登记备案。

（2）其他文件。

招股说明书摘要（申报稿）

由发行人编制、随招股说明书一起报送批准的关于发行事项的信息披露文件。

发行保荐书

保荐机构需要出具对发行人的保荐意见，并由保荐代表人和保荐机构签字。

资产评估报告

资产评估报告是评估机构完成评估工作后出具的具有公正性的结论性报告，经过资产管理部门或上级主管部门确认后生效。

审计报告

审计报告是审计人员向发行人及利害关系人报告其审计结论的书面文件，也是审计人员在股票发行准备中禁止调查的结论性文件。

盈利预测审核报告（如有）

发行人对未来会计期间的经营成果进行预计和测算。盈利预测的数据至少应包括会计年度营业收入、利润总额、净利润、每股盈利。

法律意见书和律师工作报告

法律意见书是律师对发行人发行准备阶段审核工作依法作出的结论性意见。发行人聘请的律师参与企业的重组工作，并对公司各种法律行为、法律文件的合法性进行判断。在完成发行准备工作后，律师应当就其审核工作作出结论性意见，出具法律意见书。律师工作报告是对公司发行准备阶段律师的工作过程、法律意见书所涉及的事实及其发展过程、每一法律意见所依据的事实和有关法律规定作出的详尽、完整的阐述。

辅导报告

辅导报告是主承销商对发行公司的辅导工作结束以后，就辅导情况、效果及意见向有关主管单位出具的书面报告。

募股文件除了上述几种之外，还包括政府关于发行人公开发行股票的同意意见、主承销商的推荐意见、公司章程、发行方案、资金运用可行性报告及项目批复等。

4. 发行申报与审核

派出机构首先要检验公司是否达到申请公开发行股票的基本条件。根据《证券法》第十二条，公司首次公开发行新股，应当符合下列条件：①具备健全且运行良好的组织机构；②具有持续经营能力；③最近三年财务会计报告被出具无保留意见审计报告；④发行人及其控股股东、实际控制人最近三年不存在贪污、贿赂、侵占财产、挪用财产或者破坏社会主义市场经济秩序的刑事犯罪；⑤经国务院批准的国务院证券监督管理机构规定的其他条件。

2023年2月17日，《首次公开发行股票注册管理办法》施行，它对首次公开发行股票的发行条件进行了如下规定：

发行人是依法设立且持续经营三年以上的股份有限公司，具备健全且运行良好的组织机构，相关机构和人员能够依法履行职责。

有限责任公司按原账面净资产值折股整体变更为股份有限公司的，持续经营时间可以从有限责任公司成立之日起计算。

发行人会计基础工作规范，财务报表的编制和披露符合企业会计准则和相关信息披露规则的规定，在所有重大方面公允地反映了发行人的财务状况、经营成果和现金流量，最近三年财务会计报告由注册会计师出具无保留意见的审计报告。

发行人内部控制制度健全且被有效执行，能够合理保证公司运行效率、合法合规和财务报告的可靠性，并由注册会计师出具无保留结论的内部控制鉴证报告。

发行人业务完整，具有直接面向市场独立持续经营的能力：

(1) 资产完整，业务及人员、财务、机构独立，与控股股东、实际控制人及其控制的其他企业间不存在对发行人构成重大不利影响的同业竞争，不存在严重影响独立性或者显失公平的关联交易。

(2) 主营业务、控制权和管理团队稳定，首次公开发行股票并在主板上市的，最近三年内主营业务和董事、高级管理人员均没有发生重大不利变化；首次公开发行股票并在科创板、创业板上市的，最近二年内主营业务和董事、高级管理人员均没有发生重大不利变化；首次公开发行股票并在科创板上市的，核心技术人员应当稳定且最近二年内没有发生重大不利变化。

发行人的股份权属清晰，不存在导致控制权可能变更的重大权属纠纷，首次公开发行股票并在主板上市的，最近三年实际控制人没有发生变更；首次公开发行股票并在科创板、创业板上市的，最近二年实际控制人没有发生变更。

(3) 不存在涉及主要资产、核心技术、商标等的重大权属纠纷，重大偿债风险，重大担保、诉讼、仲裁等或有事项，经营环境已经或者将要发生重大变化等对持续经营有重大不利影响的事项。

发行人生产经营符合法律、行政法规的规定，符合国家产业政策。

最近三年内，发行人及其控股股东、实际控制人不存在贪污、贿赂、侵占财产、挪用财产或者破坏社会主义市场经济秩序的刑事犯罪，不存在欺诈发行、重大信息披露违法或者其他涉及国家安全、公共安全、生态安全、生产安全、公众健康安全等领域的重大违法行为。

董事、监事和高级管理人员不存在最近三年内受到中国证监会行政处罚，或者因涉嫌犯罪正在被司法机关立案侦查或者涉嫌违法违规正在被中国证监会立案调查且尚未有明确结论意见等情形。

2.2.4 股票发行注册制

我国股票发行实行注册制，审核流程主要包括五个环节：受理、初审、现场检查、反馈意见整改和终审。整个审核时间一般为6～12个月，具体时间因审核材料、审核机构繁忙程度等因素而异。

第一个环节是受理。上市公司申请发行证券，应当按照中国证监会有关规定制作注册申请文件，依法由保荐人保荐并向交易所申报。交易所收到注册申请文件后，五个工作日内作出是否受理的决定。申请文件受理后，未经中国证监会或者交易所同意，不得改动。发生重大事项的，上市公司、保荐人、证券服务机构应当及时向交易所报告，并按要求更新申请文件和信息披露资料。自注册申请文件申报之日起，上市公司及其控股股东、实际控制人、董事、监事、高级管理人员，以及与证券发行相关的保荐人、证券服务机构及相关责任人员，即承担相应法律责任，并承诺不得影响或干扰发行上市审核注册工作。

第二个环节是初审，即审核中心对申请材料进行初步审核，交易所主要通过向上市公司提出审核问询、上市公司回答问题方式开展审核工作，判断上市公司发行申请是否符合发行条件和信息披露要求。

第三个环节是现场检查，审核机构负责人或其授权代表对申请人进行现场检查，评估其资信状况和持续经营能力，对发行情况、募集资金用途等重点事项进行调查。

第四个环节是反馈意见整改，审核机构对现场检查情况形成反馈意见，要求申请人进行整改。申请人需在规定期限内针对反馈意见进行整改并提供相关材料。

第五个环节是终审，交易所按照规定的条件和程序，形成上市公司是否符合发行条件和信息披露要求的审核意见。认为上市公司符合发行条件和信息披露要求的，将审核意见、上市公司注册申请文件及相关审核资料报中国证监会注册；认为上市公司不符合发行条件或者信息披露要求的，作出终止发行上市审核决定。

注册制审核若不通过，申请人可以向中国证监会提出复议申请。如复议仍不同意，可以向法院提起诉讼。申请人需按要求提交审核材料，并在整改期限内完成整改。

2.2.5 股票发行方式

1. 我国现行的发行方式

首次公开发行证券，可以通过询价的方式确定证券发行价格，也可以通过发行人与主承销商自主协商直接定价等其他合法可行的方式确定发行价格。发行人和主承销商应当在招股意向书（或招股说明书，下同）和发行公告中披露本次发行证券的定价方式。首次公开发行证券通过询价方式确定发行价格的，可以初步询价后确定发行价格，也可以在初步询价确定发行价格区间后，通过累计投标询价确定发行价格。

拓展阅读

我国曾经用过的发行方式

2023年修订了《证券发行与承销管理办法》。首次公开发行证券采用询价方式的，应当向证券公司、基金管理公司、期货公司、信托公司、保险公司、财务公司、合格境外投资者和私募基金管理人等专业机构投资者，以及经中国证监会批准的证券交易所规则规定的其他投资者询价。上述询价对象统称网下投资者。网下投资者应当具备丰富的投资经验、良好的定价能力和风险承受能力，向中国证券业协会注册，接受中国证券业协会的自律管理，遵守中国证券业协会的自律规则。发行人和主承销商可以在符合中国证监会相关规定和证券交易所、中国证券业协会自律规则前提下，协商设置网下投资者的具体条件，并在发行公告中预先披露。主承销商应当对网下投资者是否符合预先披露的条件进行核查，对不符合条件的投资者，应当拒绝或剔除其报价。首次公开发行证券采用询价方式的，符合条件的网下投资者可以自主决定是否报价。符合条件的网下投资者报价的，主承销商无正当理由不得拒绝。网下投资者应当遵循独立、客观、诚信的原则合理报价，不得协商报价或者故意压低、抬高价格。网下投资者参与报价时，应当按照中国证券业协会的规定持有一定金额的非限售股份或存托凭证。参与询价的网下投资者可以为其管理的不同配售对象分别报价，具体适用证券交易所规定。首次公开发行证券发行价格或价格区间确定后，提供有效报价的投资者方可参与申购。首次公开发行证券采用询价方式的，网下投资者报价后，发行人和主承销商应当剔除拟申购总量中报价最高的部分，然后根据剩余报价及拟申购数量协商确定发行价格。剔除部分的配售对象不得参与网下申购。最高报价剔除的具体要求适用证券交易所相关规定。公开发行证券数量在四亿股（份）以下的，有效报价投资者的数量不少于十家；公开发行证券数量超过四亿股（份）的，有效报价投资者的数量不少于二十家。剔除最高报价部分后有效报价投资者数量不足的，应当中止发行。首次公开发行证券时，发行人和主承销商可以自主协商确定有效报价条件、配售原则和配售方式，并按照事先确定的配售原则在有效申购的网下投资者中选择配售证券的对象。首次公开发行证券采用询价方式在主板上市的，公开发行后总股本在四亿股（份）以下的，网下初始发行比例不低于本次公开发行证券数量的百分之六十；公开发行后总股本超过四亿股（份）或者发行人尚未盈利的，网下初始发行比例不低于本次公开发行证券数量的百分之七十。首次公开发行证券采用询价方式在科创板、创业板上市的，公开发行后总股本在四亿股（份）以下的，网下初始发行比例不低于本次公开发行证券数量的百分之七十；公开发行后总股本超过四亿股（份）或者发行人尚未盈利的，网下初始发行比例不低于本次公开发行证券数量的百分之八十。发行人和主承销商应当安排不低于本次网下发行证券数量的一定比例的证券优先向公募基金、社保基金、养老金、年金基金、保险资金和合格境外投资者资金等配售，网下优先配售比例下限遵守证券交易所相关规定。公募基金、社保基金、养老金、年金基金、保险资金和合格境外投资者资金有效申购不足安排数量的，发行人和主承销商可以向其他符合条件的网下投资者配售剩余部分。对网下投资者进行分类配售的，同类投资者获得配售的比例应当相同。公募基金、社保基金、养老金、年金基金、保险资金和合格境外投资者资金的配售比例应当不低于其他投资者。安排战略配售的，应当扣除战略配售部分后确定网下网上发行比例。

2. 回拨机制

回拨机制是指通过向机构投资者询价并确定价格，对一般投资者上网定价发行股票，然后根据一般投资者的申购情况，最终确定对机构投资者和对一般投资者的股票分配量。这种股票分配方式，体现了对一般投资者利益的保护。

由于一般投资者不参与新股的询价和定价过程，因此，在定价权方面，机构投资者与一般投资者是不公平的。为了保护一般投资者，可以通过回拨机制在机构投资者和一般投资者之间形成一种相互制衡的关系。这种相互制衡的关系一方面在股票分配的份额中体现对一般投资者的保护，当他们认购意愿强烈时，优先保证一般投资者的认购而减少机构投资者的配售数量；另一方面，在新股发行价格的形成方面，使一般投资者间接参与了新股定价过程，以新股分配的比例来制约机构投资者的不合理报价。具体而言，如果机构投资者提出的股票价格过低，则一般投资者参与增加，中签率下降，使得机构投资者获得配售的数量下降，低价的股票流向一般投资者；如果机构投资者提出的股票价格过高，则一般投资者参与减少，中签率上升，使得机构投资者获得配售的数量增加，机构投资者自食高价后果。这种机构投资者和一般投资者的博弈过程有利于新股的市场化定价。

另外，回拨机制对于发行后股价的定位以及减少机构投资者股票上市时的冲击均有好处。一般投资者参与多的股票，上市时可流通部分较多，不会使股价上扬过高；而机构投资者持有部分不太多，也减少了股票解冻时对市场的冲击。一般投资者参与少的股票，上市时可流通部分较少，股票的交易价格相对会高一些，待到机构投资者认购的股票解冻时，较高的股价可以适度缓冲大量股票解冻对股价的冲击。不过，随着新股认购过程中锁定期的取消，这一调节机制也就不存在了。

根据2013年11月底证监会推出的《中国证监会关于进一步推进新股发行体制改革的意见》的规定，公司股本4亿元以下的，网下配售比例不低于本次公开发行股票数量的60%；公司股本超过4亿元的，网下配售比例不低于本次公开发行股票数量的70%。余下部分向网上投资者发售。网上投资者有效认购倍数在50倍以上但低于100倍的，应从网下向网上回拨，回拨比例为本次公开发行股票数量的20%；网上投资者有效认购倍数在100倍以上的，回拨比例为本次公开发行股票数量的40%。

3. 超额配售选择权

超额配售选择权，又称“绿鞋期权”，因1963年美国波士顿绿鞋公司IPO率先使用而得名，它是国际上主承销商应对证券承销风险最常用，也是最重要的工具之一，尤其是在纳斯达克市场发行股票时，超额配售选择权几乎成为标准化模式。在我国，中国证监会在2023年修订的《证券发行与承销管理办法》第二十四条中规定：“首次公开发行证券，发行人和主承销商可以在发行方案中采用超额配售选择权。采用超额配售选择权发行证券的数量不得超过首次公开发行证券数量的百分之十五。超额配售选择权的实施应当遵守证券交易所、证券登记结算机构和中国证券业协会的规定。”

超额配售选择权，是指发行人授予主承销商的一项选择权，获此授权的主承销商可以按同一发行价格超额发售不超过包销数额一定比例（一般是15%）的股份，即主承销商可以按不超过包销数额115%的数量向投资者发售股份。

主承销商在获得发行人许可后，可以采用超额配售股票的发行方式，其意图在于防止股票发行上市后的股价跌破发行价，从而达到支持和稳定二级市场交易的目的。

超额配售选择权的具体操作程序如下：首先，发行人计划实施超额配售选择权的，应当提请股东会批准，因为行使超额配售选择权而发行的新股为本次发行的一部分。发行人应当披露因行使超额配售选择权而可能增发股票所募集资金的用途，并提请股东会批准。拟实施超额配售选择权的主承销商，应当向证券监管机构报告，有关超额配售选择权的实施方案，应当在招股意向书和招股说明书中予以披露。其次，在新股发行时，主承销商应当向证券登记结算公司申请开立专门用于行使超额配售选择权的账户，与常规发行的账户相区别。

在实际操作中，超额配售选择权的实施需要发行人与主承销商在承销协议中明确授权及相关责任。在注册制改革背景下，超额配售选择权的实施机制得到了完善，包括新增市场重大变化情况下的应对机制，以及允许发行人和主承销商要求网下投资者缴纳一定数量保证金等。这些措施进一步增强了市场的稳定性和投资者的信心。

例如，绍兴中芯集成电路制造股份有限公司首次公开发行股票并在科创板上市时，超额配售选择权已经全额行使，对应新增发行股数 25 380.00 万股，发行总数扩大至 194 580.00 万股，公司总股本增加至 702 180.00 万股，发行总股数约占发行后总股本的 27.71%。这一实施结果证明了超额配售选择权在现代资本市场中的有效性和实用性。

拓展阅读

其他国家和地区的股票发行方式

超额配售选择权的好处在于发行人和主承销商可以灵活应对发行市场的不确定性，在市场良好的情况下，增加股份的发行；在市场不好的时候，利用超额配售账户获得的资金干预市场，从市场中买入股份（必须在集中竞价交易市场，且不高于发行价）而交付给超额配售认购者，从而稳定新股股价。

2.3 股票上市条件

我国股份有限公司上市有三个场所，即上海证券交易所、深圳证券交易所和北京证券交易所。此处我们主要讨论沪深两个证券交易所的情况，沪深两市包括沪深主板（包括深市原中小板）、深市创业板和沪市科创板，其上市条件有所区别。

2.3.1 主板上市的主要条件

主板市场也称一板市场，指传统意义上的证券市场，是一个国家或地区证券发行、上市及交易的主要场所。主板市场对发行人的营业期限、股本大小、盈利水平、最低市值等方面的要求标准较高，上市企业多为大型成熟企业，具有较大的资本规模以及稳定的盈利能力。我国的主板市场分为上海证券交易所和深圳证券交易所的主板市场。

主板上市的主要条件如下：

（1）发行人是依法设立且持续经营三年以上的股份有限公司；

（2）最近三年内公司的主营业务未发生重大不利变化；

（3）最近三年内公司的董事、高级管理人员未发生重大不利变化；

（4）最近三年内公司的实际控制人未发生变更；

（5）最近三年内无重大违法行为。

境内发行人申请在主板上市，市值及财务指标应当至少符合下列标准中的一项：

（1）最近三年净利润均为正，且最近三年净利润累计不低于 1.5 亿元，最近一年净利润不低于 6 000 万元，最近三年经营活动产生的现金流量净额累计不低于 1 亿元或营业收入累计不低于 10 亿元；

（2）预计市值不低于 50 亿元，且最近一年净利润为正，最近一年营业收入不低于 6 亿元，最近三年经营活动产生的现金流量净额累计不低于 1.5 亿元；

（3）预计市值不低于 80 亿元，且最近一年净利润为正，最近一年营业收入不低于 8 亿元。

上述所称净利润以扣除非经常性损益前后的孰低者为准，净利润、营业收入、经营活动产生的现金流量净额均指经审计的数值。上述所称预计市值，是指股票公开发行后按照总股本乘以发行价格计算出来的发行人股票名义总价值。

2.3.2 创业板上市的主要条件

2009 年 3 月 31 日，中国证监会正式发布《首次公开发行股票并在创业板上市管理暂行办法》，该办法自 2009 年 5 月 1 日起施行。2009 年 10 月 23 日，中国创业板启动开板仪式，首批共 28 家创业板公司实现了首次公开发行。2009 年 10 月 30 日，中国创业板正式开市。

在我国，创业板设立于深圳证券交易所内，创业板是主板市场以外的另一个证券市场，其主要目的是为新兴公司提供集资途径，助其发展和扩展业务。《深圳证券交易所创业板企业发行上市申报及推荐暂行规定（2024 年修订）》表明，创业板定位于深入贯彻创新驱动发展战略，适应发展更多依靠创新、创造、创意的大趋势，主要服务成长型创新创业企业，并支持传统产业与新技术、新产业、新业态、新模式深度融合。

深圳证券交易所支持和鼓励符合下列标准之一的成长型创新创业企业申报在创业板发行上市：（1）最近三年研发投入复合增长率不低于 15%，最近一年投入金额不低于 1 000 万元，且最近三年营业收入复合增长率不低于 25%；（2）最近三年累计研发投入金额不低于 5 000 万元，且最近三年营业收入复合增长率不低于 25%；（3）属于制造业优化升级、现代服务业或者数字经济等现代产业体系领域，且最近三年营业收入复合增长率不低于 30%。

最近一年营业收入金额达到 3 亿元的企业，或者按照《关于开展创新企业境内发行股票或存托凭证试点的若干意见》等相关规则申报创业板的已境外上市红筹企业，不适用前款规定的营业收入复合增长率要求。

属于上市公司行业分类相关规定中下列行业的企业，原则上不支持其申报在创业板发行上市，但与互联网、大数据、云计算、自动化、人工智能、新能源等新技术、新产业、新业态、新模式深度融合的创新创业企业除外：（1）农林牧渔业；（2）采矿业；（3）酒、饮料和精制茶制造业；（4）纺织业；（5）黑色金属冶炼和压延加工业；（6）电力、热力、燃气及水生产和供应业；（7）建筑业；（8）交通运输、仓储和邮政业；（9）住宿和餐饮业；（10）金融业；（11）房地产业；（12）居民服务、修理和其他服务业。

禁止产能过剩行业、《产业结构调整指导目录》中的淘汰类行业，以及从事学前教育、学科类培训、类金融业务的企业在创业板发行上市。

关于创业板上市的主要条件，如前所述，《首次公开发行股票注册管理办法》也有所规定，例如发行人应业务完整，具有直接面向市场独立持续经营的能力：（1）资产完整，业务及人员、财务、机构独立，与控股股东、实际控制人及其控制的其他企业间不存在对发行人构成重大不利影响的同业竞争，不存在严重影响独立性或者显失公平的关联交易。（2）主营业务、控制权和管理团队稳定，首次公开发行股票并在创业板上市的，最近二年内主营业务和董事、高级管理人员均没有发生重大不利变化；发行人的股份权属清晰，不存在导致控制权可能变更的重大权属纠纷，首次公开发行股票并在创业板上市的，最近二年实际控制人没有发生变更。(3) 不存在涉及主要资产、核心技术、商标等的重大权属纠纷，重大偿债风险，重大担保、诉讼、仲裁等或有事项，经营环境已经或者将要发生重大变化等对持续经营有重大不利影响的事项。

2.3.3 科创板上市的主要条件

2018 年 11 月 5 日，国家主席习近平出席首届中国国际进口博览会开幕式并发表主旨演讲，宣布在上海证券交易所设立科创板并试点注册制。截至 2021 年 7 月 21 日，科创板上市公司已达 311 家，总市值突破 4.7 万亿元。311 家科创板公司集中于重点支持的六大产业领域，具体来看，新一代信息技术领域 108 家（34.7%）、生物医药领域 71 家（22.8%）、高端装备领域 61 家（19.6%）、新材料领域 33 家（10.6%）、节能环保领域 26 家（8.4%）、新能源领域 12 家（3.9%）。设立科创板是落实创新驱动和科技强国战略、推动高质量发展、支持上海国际金融中心和科技创新中心建设的重大改革举措，是完善资本市场基础制度、激发市场活力和保护投资者合法权益的重要安排。在这样的市场定位下，科创板要顺利落地生根、茁壮成长，很关键的一点是要打好“创新牌”。科创板上市的主要条件如下所示。

(1) 最基本的要求：符合中国证监会规定的发行条件。

中国证监会主要的职责是监督和管理全国证券市场，并负责制定和修改证券市场的法律和法规，以此维护正常的市场秩序。

中国证监会针对想要上市发行的企业做了相关的规定，主要表现在下面几个方面：

1) 发行人披露出来的信息，必须是真实的，不得存在虚假行为，或是有重大遗漏。

2) 发行人主体的设立必须是建立在合法的基础上，并且发行上市的时候，还必须是处于合法存续的状态，并且公司性质为股份有限公司。

3) 公司成立后，持续经营的时间要在 3 年以上。

4) 发行人在注册资本方面要缴纳完毕，并且在主要资产方面不存在重大权属纠纷。

5) 首次公开发行股票并在科创板上市的，最近 2 年内主营业务和董事、高级管理人员均没有发生重大不利变化；核心技术人员应当稳定且最近 2 年内没有发生重大不利变化。

6) 发行人的股份权属清晰，不存在导致控制权可能变更的重大权属纠纷，首次公开发行股票并在科创板上市的，最近 2 年实际控制人没有发生变更。

7) 不存在涉及主要资产、核心技术、商标等的重大权属纠纷，重大偿债风险，重大担保、诉讼、仲裁等或有事项，经营环境已经或者将要发生重大变化等对持续经营有重大不利影响的事项。

(2) 股本总额要求：发行后股本总额不低于人民币 3 000 万元。

(3) 公开发行的股份要求：公开发行的股份达到公司股份总数的 25%以上；公司股本总额超过人民币 4 亿元的，公开发行股份的比例为 10%以上。

(4) 市值及财务指标方面的要求：至少满足下面五选一的条件。

1）预计市值不低于人民币10亿元，最近两年净利润均为正且累计净利润不低于人民币5 000万元，或者预计市值不低于人民币10亿元，最近一年净利润为正且营业收入不低于人民币1亿元。

2）预计市值不低于人民币15亿元，最近一年营业收入不低于人民币2亿元，且最近3年累计研发投入占最近3年累计营业收入的比例不低于15%。

3）预计市值不低于人民币20亿元，最近一年营业收入不低于人民币3亿元，且最近3年经营活动产生的现金流量净额累计不低于人民币1亿元。

拓展阅读

主板市场、创业板市场和科创板市场

4）预计市值不低于人民币30亿元，且最近一年营业收入不低于人民币3亿元。

5）预计市值不低于人民币40亿元，主要业务或产品需经国家有关部门批准，市场空间大，目前已取得阶段性成果。医药行业企业需至少有一项核心产品获准开展二期临床试验，其他符合科创板定位的企业需具备明显的技术优势并满足相应条件。

此处所称净利润以扣除非经常性损益前后的孰低者为准，所称净利润、营业收入、经营活动产生的现金流量净额均指经审计的数值。

（5）满足上交所规定的其他上市条件。

2.4 股票发行价格

2.4.1 按股票发行价格分类

一般而言，按股票发行价格，可把股票发行分为面值发行、溢价发行、时价发行和折价发行等。

1. 面值发行

面值发行即以股票的票面金额为发行价格，也称平价发行。采用股东分摊的发行方式时一般按平价发行，不受股票市场行情的左右。由于流通市场上的股票价格（即时价，也称市价）往往高于票面金额，因此以票面金额为发行价格能够使认购者得到因价格差异而带来的收益，使股东乐于认购，保证了股份公司顺利地实现筹措股金的目的。

2. 溢价发行

溢价发行即按高于票面金额的价格发行股票。这种价格与票面金额的差价称为溢价，溢价带来的收益归该股份公司所有，计入资本公积金账户。新股发行一般都采用溢价发行的方式，具体的发行价格、溢价程度由多种因素决定。

3. 时价发行

时价发行即不是以票面金额，而是以时价为基础确定发行价格。时价发行也存在溢价，溢价带来的收益亦归该股份公司所有，计入资本公积金账户。时价发行能使发行人以相对少的股份筹集到相对多的资本，从而减轻负担，同时还可以稳定时价，促进资金的合理配置。时价发行对投资者来说也未必吃亏，因为股票市场行情变幻莫测，如果该公司将溢价收益用于改善经营，提高了公司和股东的收益，将使股票价格上涨；投资者若能掌握时机，适时按时价卖出股票，收回的现款会远高于购买金额。发行价格以流通市场上当时的价格为基准，但也不必完全一致。在具体决定发行价格时，还要考虑股票销售难易程度、对原有股票价格是否产生冲击、认购期间价格变动的可能性等因素，因此，一般将发行价格定在低于时价5%～10%的水平上是比较合理的。

4. 折价发行

折价发行即发行价格低于票面金额，是打了折扣的。折价发行有两种情况：一种情况是优惠性的，通过折价使认购者分享权益。例如，公司为了充分体现对现有股东优惠而采取搭配增资方式时，新股票的发行价格就为票面金额的某一折扣价格，折价不足票面金额的部分由公司的公积金抵补。现有股东所享受的优先购买和价格优惠的权利就叫作优先购股权。若股东自己不享用此权，可以将优先购股权转让出售。这种情况有时又称作优惠售价。另一种情况是该股票行情不佳，发行有一定困难，发行人与主承销商共同议定一个折扣率，以吸引那些预测行情要上浮的投资者认购。很多国家规定发行价格不得低于票面金额，因此，这种折扣发行需经过许可方能实行。

在国际股票市场上，在确定一种新股票的发行价格时，一般要考虑五个方面的资料：

（1）要参考上市公司上市前最近三年来平均每股税后纯利乘上已上市的近似类的其他股票最近三年来的平均利润率。

（2）要参考上市公司上市前最近四年来平均每股所获股息除以已上市的近似类的其他股票最近三年平均股息率。

（3）要参考上市公司上市前最近期的每股资产净值。

（4）要参考上市公司当年预计的股利除以银行一年期的定期储蓄存款利率。

（5）要参考当前股票市场的运行状态。

2.4.2 我国股票发行的定价

1. 我国股票发行的定价方式

首次公开发行股票，可以通过向网下投资者询价的方式确定股票发行价格，也可以通过发行人与主承销商自主协商直接定价等其他合法可行的方式确定发行价格。

实践中主要有三种方式：直接定价、初步询价后定价以及采用累计投标询价方式定价。

（1）直接定价。部分企业采用该种定价方式。根据2023年修订的《证券发行与承销管理办法》，首次公开发行证券发行数量2 000万股（份）以下且无老股转让计划的，发行人和主承销商可以通过直接定价的方式确定发行价格。发行人尚未盈利的，应当通过向网下投资者询价方式确定发行价格，不得直接定价。

（2）初步询价后定价。网下投资者报价后，发行人和主承销商根据初步询价情况协商确定发行价格。

（3）累计投标询价。累计投标询价机制，即新股发行定价采用两段式询价。

第一阶段：发行人和主承销商向网下投资者初步询价后确定价格区间。

第二阶段：发行人和主承销商在初步询价确定的发行价格区间内向网下投资者通过累计投标询价确定价格。

2. 我国股票发行定价制度的演变

(1) 第一阶段：固定价格定价。

在证券市场建立以前，我国公司股票大部分按照面值发行，定价没有制度可循。在证券市场建立初期，即20世纪90年代初，公司在股票发行的数量、发行价格和市盈率方面完全没有决定权，基本上由政府管理层确定，大部分采用固定价格定价方式。

(2) 第二阶段：相对固定市盈率定价。

1992年10月，国务院证券委员会和中国证监会正式成立，形成了全国统一的证券监管体系。当时我国新股发行定价主要以行政定价公开认购方式为主，定价方法以市盈率倍数法为主，发行市盈率基本维持在13～16倍，具体采用认购权证、与储蓄存款挂钩、全额预缴款、比例配售和上网定价等发行方式。

从1994年开始，我国进行发行价格改革，曾在一段时间内实行竞价发行，当时由于股票市场规模太小，股票供给与需求极不平衡，股票发行定价往往较高，只有四家公司进行了试点，以后没有再使用。

在此阶段，新股发行定价使用相对固定市盈率定价方式，新股的发行价格根据企业的每股税后利润和一个相对固定的市盈率水平来确定。在此期间，由于股票发行方式和发行价格均带有明显的行政色彩，发行市盈率与二级市场的平均市盈率脱节，造成股票发行价格和二级市场交易价格之间的巨大差异，新股上市当天股价大幅上涨，由此导致一系列问题。一级市场与二级市场的利差使新股风险加大，新股一进入二级市场市盈率就较高，持股风险加大。

(3) 第三阶段：累计投标询价。

1999年7月1日生效的《证券法》规定，股票发行价格由发行人和承销的证券公司协商确定，表明我国证券市场在价格机制上向市场化迈进了一大步。2001年，证监会发布《新股发行上网竞价方式指导意见》，明确了累计投标询价方式。但是，由于我国股票发行尚未达到真正的市场化，新股供不应求，因此在累计投标询价方式下，新股定价大大高于正常水平。比如，2000年7月闽东电力（000993）以88.69倍市盈率发行，过高的发行市盈率使企业获得了远远超过预计的募集资金，引起募集资金的低效使用。闽东电力4年后花光了上市募集的资金，业绩大幅亏损。

(4) 第四阶段：控制市盈率定价。

2001年下半年，在首发新股中重新采用了控制市盈率的做法。与原有传统的相对固定市盈率定价方式相比，新方法在两个方面作出了调整：一是发行价格区间的上下幅度约为10%；二是发行市盈率不超过20倍。券商和发行人只能在严格的市盈率区间内，通过累计投标询价决定股票的发行价格，因此这种定价方式也可称为“半市场化”的上网定价发行方式。从发行市场的实际运作情况看，首次公开发行的市盈率基本保持在18倍左右。虽然这一阶段采用了限定区间的名义询价，从询价结果来看，最终发行价格几乎全部落在了询价区间的上限。这表明设限的询价方式所确定的发行区间脱离了市场，带来的直接后果是新股上市出现报复性的大幅上涨。

(5) 第五阶段：市场询价。

从2005年1月1日起，我国正式施行“IPO询价制度”，主要涉及向机构投资者进行询价，以确定股票的最终发行价格，旨在通过向专业的机构投资者进行询价，增进信息沟通，减少发行人与投资者之间的信息不对称，从而提高 IPO 定价的准确性。这一制度最早源于美国、英国等国的 IPO 累计订单询价机制，并在中国得到实施和发展。具体而言，股票发行的市场询价过程包括两个主要阶段：初步询价和累计投标询价。在初步询价阶段，发行人及其承销商向询价对象（如证券投资基金、合格境外机构投资者等）进行询价，并根据这些机构的报价结果确定发行价格区间及相应的市盈率区间。在累计投标询价阶段，则通过这一过程得出大多数投资者都能接受的最终 IPO 价格。此外，全面实行股票发行注册制改革后，新股询价定价机制也发生了一系列变化，包括允许各板块采取直接定价方式、向更多类型的投资者询价、要求主承销商提供投资价值研究报告、允许网下投资者填报不同拟申购价格等。这些变化进一步促进了市场的市场化程度，提高了定价的公平性和效率。总的来说，股票发行阶段的市场询价制度是通过向专业机构投资者进行询价，利用市场力量确定股票发行价格的一种机制，旨在提高定价的准确性和市场的效率。

案例 2-1

华为为何不上市?

在我国通信产品市场中，有华为与中兴两家数一数二的公司，业界称之为“双雄”。但是，这两家公司在资本市场上走了不同的道路，中兴选择了上市，而华为一直没有上市。那么，为什么华为迟迟不愿上市呢?

1997 年，中兴 A 股在深圳证券交易所上市，募集资金 42 835 万元。2004 年 12 月，中兴在香港主板上市，募集资金 3.98 亿美元。公开上市为中兴的发展筹集到了所需的资金，为中兴完善了公司治理，也为其产品增加了声誉。

虽然华为没有上市，但也没有影响到企业的发展。我们可以看一下两家企业的发展对比：1998 年，中兴销售收入约为 40 亿元，2008 年，销售收入约为 443 亿元，增长了约 10.1 倍；1998 年，华为销售收入约为 89 亿元，2008 年，销售收入达 1 227 亿元，增长了约 12.8 倍。华为一直是国内最大的通信设备制造商，华为没有上市，但是依然保持了行业老大的地位。

如果华为上市，其好处大致有：

(1) 公司形象提升。但是，不上市并不影响华为的公司形象。

(2) 融资渠道更宽广。但是，华为的客户主要是电信运营商，回款较好，同时也大量采用买方信贷方式，减轻资金压力。

(3) 有利于股权激励计划的开展和员工股份的兑现。华为已经实现了员工持股，上市只是有利于其兑现。

(4) 资本运作更加方便。在并购其他公司时，可以采用换股等更加灵活的支付方式。

综合而言，华为上市的好处并不是很大，因此华为缺少上市的迫切性。

但是，如果华为上市，它要面对很多的挑战：

(1) 上市后，可能引起控制权的失控。华为的股权比较分散，而且有大量的员工持股，如果这部分股份进入流通，一方面会引起很多员工暴富，可能影响华为的战斗力；另一方面，在资本市场中，股份分散的企业容易被恶意收购。

（2）股东的短期盈利压力加大，很多短期注定亏损的战略性业务将很难开展。比如，华为在研发方面投入巨大，如果迫于资本市场的压力，可能会目标短期化，减少研发投入。又比如，华为在海外市场开拓方面，前期承受着巨大的亏损。上市以后，华为需要每季度、每半年、每年向股东汇报业绩，并调整自己的经营目标和策略。

（3）华为经营的隐秘性将受到伤害。上市后，华为的一举一动将暴露在竞争对手眼前，而且上市后，还必须引入外部董事。

（4）华为的灵活反应将受到影响。上市后大的经营决策都需要经过董事会甚至股东大会的批准，因此决策程序拉长而且带有一定风险的计划将难以通过。

综合权衡了上市与不上市的利弊后，华为迟迟不愿踏入资本市场的大门，尽管过程对华为而言是如此简单，而且投资银行对其上市的邀请是如此殷切。

案例 2－2

谋求 A＋H 两地上市，彩虹新能冲刺创业板 IPO

2022 年 8 月 25 日，深交所网站公告，已登陆港股多年的彩虹集团新能源股份有限公司（以下简称彩虹新能或公司）通过创业板上市委会议审核。彩虹新能本次发行的保荐机构为国泰君安证券。

公司介绍

公司主营业务为光伏玻璃的研发、生产和销售。除光伏玻璃外，公司还曾从事光伏、新材料（锂电池正极材料、电子银浆料、光刻胶）等业务，2020 年末公司转让了从事上述业务的子公司股权。光伏业务产品（光伏玻璃、光伏组件）主要应用于太阳能发电领域，新材料业务产品主要应用于计算机类、通信类和消费类电子产品及电动汽车领域。报告期内，光伏玻璃是公司的主要产品。

公司所在行业情况

报告期内，公司主营业务为光伏玻璃的研发、生产和销售。20 世纪以来，传统能源如煤炭、石油、天然气的大规模开发利用引发了一系列的生态环境问题，给全球的生态环境带来了严重负面影响。太阳能因具有普遍性、无污染性、丰富性、长久性等诸多优点，逐渐成为新能源领域重点发展的产业之一。

自 2016 年以来，全球光伏装机保持平稳增长，2020 年全球光伏装机达到 773.2 吉瓦（GW）。在保守预测下，2025 年全球光伏装机将达到 1 553GW，年均复合增长率为 14.97％；在乐观预测下，2025 年全球光伏装机将达到 2 147GW，年均复合增长率为 22.66％。在中国，光伏发电近年来取得了较快速度发展。根据中国光伏行业协会统计的数据，2020 年中国新增光伏装机规模为 48.2GW。在保守预测下，2025 年中国新增光伏装机规模将达到 90GW，年均复合增长率为 13.30％；在乐观预测下，2025 年中国新增光伏装机规模将达到 110GW，年均复合增长率达到 17.94％。中国的新增光伏装机增速仍居世界前列，国内光伏装机市场空间巨大，行业前景可期。

公司核心技术优势

公司自创立以来一直坚持独立自主的技术创新路线，将建立自主可控、贴合行业技术前沿的知识产权及创新研发体系提升到公司核心战略的高度。截至报告期末，公司有研发人员共80人，占比4.34%，形成了较为高效的梯队式研发团队。报告期内，公司研发费用分别为5 046.01万元、6 678.02万元及5 440.02万元，与光伏玻璃相关的研发费用分别为4 207.38万元、5 084.41万元及5 440.02万元，总体保持稳定。

公司目前已经形成了与光伏玻璃相关的8大核心技术体系，包括光伏玻璃全氧燃烧窑炉工艺及产业化技术、大引出量薄型光伏玻璃压延钢化技术、宽幅压延成型技术、全氧燃烧窑炉整体熔铸窑坎技术、薄型光伏玻璃钢化技术、光伏玻璃用高反射油墨及其制备技术、光伏玻璃料方技术、光伏玻璃智能连线选片技术，能够覆盖公司的主营业务，为公司未来的持续盈利提供了有力保证。

公司光伏玻璃的主要性能指标与可比上市公司基本一致，在行业内具有较强竞争力。

IPO基本数据

报告期内，2019—2021年，公司营业收入分别为224 511.28万元、251 850.90万元及206 706.27万元（见表2-2）；其中主营业务收入占比均在96%以上。归属于母公司股东的净利润分别为9 314.20万元、21 966.17万元及16 260.41万元。公司主营业务收入分别为216 966.05万元、246 178.63万元及204 848.13万元。受益于全球光伏行业的快速发展，公司聚焦光伏玻璃主业，光伏玻璃产品的销售收入增长迅速，光伏组件产品、新材料产品和其他产品合计销售收入占比逐年下降。公司光伏玻璃和新材料业务为直销模式，仅光伏组件业务2019年及2020年存在经销模式，公司转让江苏永能股权后不存在经销模式。公司向前五大客户的销售收入总额在2019—2021年分别为98 456.14万元、139 578.23万元及158 153.85万元，占营业收入比重分别为43.85%、55.42%及76.51%，公司不存在向单个客户销售收入比例超过公司营业收入50%的情形。

表2-2　2019—2021年公司营业收入的构成情况

项目	2021年度		2020年度		2019年度	
	金额（万元）	占比（%）	金额（万元）	占比（%）	金额（万元）	占比（%）
主营业务收入	204 848.13	99.10	246 178.63	97.75	216 966.05	96.64
其他业务收入	1 858.14	0.90	5 672.27	2.25	7 545.23	3.36
合计	206 706.27	100.00	251 850.90	100.00	224 511.28	100.00

竞争情况

公司在本行业内主要竞争对手为信义光能控股有限公司、福莱特玻璃集团股份有限公司、中国南玻集团股份有限公司和常州亚玛顿股份有限公司。

思考题

1. 什么是公司？公司有哪些主要的类别？
2. 什么是股份有限公司？股份有限公司有哪些优势？
3. 请根据一些实际的案例，分析一下公开上市的利弊。

4. 证券发行有哪三种制度？其各有什么特点？
5. 简要叙述证券发行的程序。
6. 简要叙述投资银行在发行过程中的工作。
7. 我国股票上市的条件是什么？
8. 股票发行定价制度有哪些？股票发行定价的影响因素有哪些？
9. 基本的股票发行定价方式有哪些？理解各种方式的利弊。

第3章 上市公司再融资

本章提要

本章主要讲述上市公司再融资的主要方式，具体包括公开增发和定向增发、配股及发行可转换公司债券（简称可转债），介绍了再融资模式中比较特殊的可分离公司债券（简称可分离债），最后概述了再融资股权定价原则及方法。

重点与难点

1. 上市公司再融资的主要方式。
2. 配股与增发的比较。
3. 定向增发和公开增发的比较。
4. 上市公司发行新股的条件。
5. 可转换公司债券的基本概念、特征及发行优势。
6. 可分离公司债券的基本概念和优势。
7. 再融资股权定价原则、影响因素及常用定价方法。

3.1 上市公司发行新股

3.1.1 上市公司发行新股概述

上市公司再融资的方法包括银行贷款融资、债券融资、股票融资等。本章所指的上市公司再融资专指在资本市场以股权或类股权方式再融资，不具体讨论银行贷款融资等债务融资方式。本章所指的再融资具体包括了发行新股和可转换公司债券等，可转换公司债券具有股权融资的部分性质，而且在上市公司再融资时相应的定性和管理也是偏向股权类工具，因此将可转换公司债券放在本章讨论。

如果进一步细分，上市公司发行新股又可以分为配股和增发。配股是上市公司根据公司发展的需要，依据有关规定和相应程序，向原股东进一步发行新股、筹集资金的行为。增发是指在首次公开发行股票后，再次向全体社会公众或者向特定的投资者发售股票，前者称为公开增发或者公募增发，后者称为定向增发或者私募增发。

配股与增发虽同为上市公司发行新股的再融资方式，但在发行条件及程序、定价方式、筹集到的资金数量及其他一些方面有所不同，在此，我们将配股与增发这两种再融资方式作一简单比较。

首先，在发行条件和程序方面，配股是向原有股东按一定比例配售新股，不涉及引入新的股东，因此发行条件要低于增发，发行程序也较为简单。正是因为配股实施时间短、操作简单、发行成本低、审批快捷，它成为上市公司最为常规的再融资方式。

其次，从定价方式来看，配股的价格由主承销商和上市公司根据市场的预期，采用现行股价折扣法确定。而增发的定价方式更为市场化，尤其是公开增发，一般公开增发会采用询价方式。相比配股的定价方式，增发更加充分地体现了投资者的意愿，更加贴近市场。在询价的过程中，包括战略投资者、普通投资者在内的投资者对增发价格具有相当大的影响力。

再次，配股和增发虽同属再融资行为，但两种方式募集到的资金数量不同。一般来说，公开增发由于打破了配股通常的 10 股配 3 股的限制，从而可以募集到更多的资金。这笔资金可以成为处于高速成长阶段、资金缺口大的上市公司巨大的助推器，成为企业实现产业转型的契机。

最后，除了上述区分外，配股和增发还有一些细微差别，如配股是定向的，增发则根据募集方式而不一定是定向的，它分为公开增发和定向增发；配股不需要项目支持，可以用于补充公司资本，增发则往往和项目挂钩。

可转换公司债券是上市公司再融资的另一种方式，它同时具有债权融资和股权融资的双重特点，在转股之前属于债权融资，在转股之后则变为普通股，它比配股和增发更具技巧性和灵活性。

在我国，在 1998 年前，配股是我国上市公司再融资的主要方式，其间也发行过个别几只可转债进行试点，但此时可转债没有得到推广。1998 年 5 月，沪深两市的 5 家上市公司开始增发新股的试点工作。1999 年 7 月，上海上菱电器股份有限公司成功实施增发，标志着我国开始了上市公司再融资的新探索。自此，增发作为上市公司的一条再融资的新渠道，开始逐步为市场所认同。和配股相比，增发家数占比逐步上升，配股则由于发行量和筹资额较小，并且控股股东需要认购，因此渐渐从上市公司淡出。2001 年，中国证监会发布了《上市公司发行可转换公司债券实施办法》，以此为标志，我国上市公司的再融资又进入了一个新阶段。从第二年开始，可转债的发行出现井喷，再融资的格局发生变化。2006 年之后，定向增发成为上市公司再融资的重要方式。

就中国上市公司的情况来看，增发方式是上市公司再融资的主要方式，其中定向增发又占较大比例。公开增发下降得最快，配股和可转债的金额历年变化较大，但是总的体量都不是很大。2016—2019年，A股定向增发的实施数量和融资规模持续缩水。2019年，A股定向增发募资规模创下2016年以来新低。2020年初，再融资新规落地，从供需两端八大维度对定向增发市场松绑。新规之后，定向增发市场迎来了较为明显的复苏。截至2021年12月8日16时，A股再融资规模达10 422.98亿元（包括增发、配股和可转债）。其中，仅定向增发规模就高达7 541.54亿元，占比约为72%。

3.1.2 定向增发

公开增发和定向增发（简称定增）是增发的两种方式，其中定向增发是近年来在我国资本市场中广泛使用的再融资方式。定向增发也称为非公开发行股票，是指上市公司采用非公开方式，向特定对象发行股票的行为，发行对象不超过35名。在发行程序和监管方面，定向增发和其他再融资方式相比具有“一简三低”的特征，即审核程序简单、发行成本低、信息披露要求低、发行人资格要求低，其原因在于定向增发属于私募性质。定向增发在国内资本市场的发展始于2006年，其发展历程也几经波折。2006年5月6日，证监会颁布《上市公司证券发行管理办法》，意味着定增制度的正式建立。2007年9月17日，证监会发布《上市公司非公开发行股票实施细则》，定增相关的配套规则逐步开始完善。实施细则发布后，分别于2011年和2017年进行了两次修订。其中2017年的修订遏制了定价发行的套利机会，同时拉长了投资周期、抬高了资金成本、遏制了杠杆资金的来源，火热的定增市场迅速冷却。2020年2月14日，证监会再次修订并发布新的管理办法和实施细则。本次证监会对定增规则的修订略超市场预期，市场普遍乐观认为定增的黄金时代将重新开启。2023年2月17日，证监会公布了《上市公司证券发行注册管理办法》，对定向增发的规定主要包括发行对象、发行价格、股份转让限制以及募集资金用途等方面。此外，上市公司定向增发的条件和程序还包括了与中国证监会的预沟通、召开董事会和股东会、公告定向增发方案、正式申报材料、审核通过后的执行等步骤。这些规定和程序共同构成了上市公司定向增发的完整流程，确保了增发的顺利进行和市场的稳定发展。

定向增发往往与发行公司特定的财务战略相联系，作为一种重要的资本运作工具，它具有多方面的好处。

（1）上市公司获取大量现金，增加资金实力。

一般情况下，通过定向增发（以现金认购的情况下），大股东以及有实力的、风险承受能力较强的大投资者可以以接近市价乃至超过市价的价格，为上市公司输送资金，而此时公司将其用于日常流动资金的弥补、资产兼并、投入在建项目等，将资金充分利用，增强资金流动性，利于降低企业偿债能力，提高投资报酬，从而又会带来更多的资金收益，盘活企业现金流，实现优化公司资本结构，降低财务成本，使其形成良性循环。这样不仅使上市公司得到企业发展中所急需的资金，同时也使中小股东所持有的单位权益有所增加。如果认购方是以战略性资产作为投入，则对上市公司是投资融资合二为一的企业扩张行为，还能为处于高速扩张阶段的企业节约宝贵的现金。

（2）提高股票流动性。

定向增发后，股本将扩大，对于部分流通股本较小的公司来说，定向增发通过提高流通股比例，改善公司的股权结构，可以提高上市公司的市值水平与流动性，增强公司未来的融资能力。

（3）稳住股价。

定向增发完全是市场化发行。为了增发成功，上市公司有动力做好业绩，这是股价上涨的最大推动力。同时，有发行价格作为保底将抑制股价下跌空间的扩大。如大股东或其关联方参与定增，对小股东来说是一个积极信号。市场普遍认为：敢于提出非公开增发计划，并且已经被大投资者所接受的上市公司，会有较好的成长性，也可以减少小股东的投资风险。

（4）对上市公司经营业绩有倒逼作用。

参与定向增发的认购对象大都有盈利的动机，且期望或要求上市公司用各种方式承诺未来业绩的增长，只有这样才会认购，才有推动股价、提高定增收益的可能，因此上市公司也将不得不在其限售期内全力提高经营水平，以得到包括认购对象在内的资本市场主体的认可。

另外，定向增发也可能给上市公司的业绩增长带来立竿见影的效果。比如G鞍钢向鞍山钢铁集团定向增发，再用募集来的资金反向收购集团公司的优质钢铁资产。这样不仅解决了长期存在的关联交易问题，而且还迅速提升了G鞍钢的经营业绩，提高了每股收益，实现了业绩的稳定性增长。

（5）提升母公司整体价值。

如控股股东或关联方参与定增，将既有利于整个体系的资源优化，又符合证监会对上市公司的监管要求（去关联化），可以解决母公司与上市公司的关联交易和同业竞争问题，提高上市公司在财务和经营上的独立能力。而利用上市公司的市场化估值溢价（相对于母公司资产账面价值而言），将母公司资产通过资本市场放大，从而提升母公司的资产价值，将增加母公司的融资能力。

对于控股比例较低的集团公司而言，通过定向增发可进一步强化对上市公司的控制。

当上市公司估值处于较低位置时定向增发，能获得更多股份，从未来减持角度考虑更为有利。定向增发已成为上市公司再融资的一种主要方式，它从简单的再融资变为上市公司大股东资本运作的主要手段，很多上市公司通过并购定增做大市值。

（6）作为一种新的并购手段促进优质龙头公司通过并购实现成长。

从公司并购的技术角度看，定向增发又经常作为一种并购技术和支付方式，是一种成熟资本市场中普遍运用的通过股权支付实现公司资产收购和产业整合的有效方式，是一种以股权置换资产的做法。如A公司所在行业竞争激烈，但上市公司数量不多，A公司虽然货币资金不多，但通过上市公司这个融资平台，利用定向增发的方式，几年内未出一分钱现金就收购了行业内的多家企业（上市公司通过发行股份收购标的公司股东的股份，使标的公司股东成为上市公司的股东），实现了规模化发展。

采用非现金认购方式定向增发直接并购上下游企业，可扩大企业规模，提高综合实力，提升风险承受能力；若并入的是优质资产，则其营运能力和盈利能力可得到快速提升，也可为企业后期融资和扩大规模减少障碍。

（7）实现投资者和公司共同成长的双赢效果。

对于一家上市公司而言，定向增发目标的选择不仅是着眼于对资金的需要，更主要的是着眼于考虑新进入股东的资源背景、合作潜力等因素，考虑能否给上市公司带来不易得到的经营资源。上市公司可以和战略投资者实现资源共享，战略投资者进入后不仅可以提供资金，甚至还可以提供管理经验、技术、品牌和产品的外部市场。

对于投资机构来说，定向增发的优点在于可以简捷、低成本的方式参与到高成长公司或行业中，轻松获得公司或行业高速发展带来的利润。证监会对定向增发的要求远远比对公司上市的要求低。更为重要的是定向增发的股权一般锁定期很短，随后即可以进行流通，投资周期短且收益丰厚。

案例 3-1

京东方定向增发

京东方科技集团股份有限公司（京东方 A，000725；京东方 B，200725）创立于 1993 年 4 月，是一家显示技术、产品与解决方案的提供商。多年来，京东方持续发力，在福州、绵阳等地投资建设多条生产线，并在 2020 年成功收购中电熊猫相关生产线，进一步扩大了自身的规模优势。通过多年的发展，京东方现已成为中国知名的显示技术、产品与解决方案的提供商，是中国显示领域最具综合实力的高科技企业之一，同时也是中国完整掌握薄膜晶体管液晶显示器（TFT-LCD）核心技术的本土企业，是中国液晶显示产业中全面覆盖各尺寸主流电子产品应用领域的企业，其营销和服务体系覆盖欧洲、美洲、亚洲等全球主要地区。

2006—2021 年，京东方完成了 6 次定向增发融资，募资总额近千亿元。2006 年，为了筹集液晶显示器（LCD）生产线的建设资金，京东方采用了定向增发的方式进行融资，最后的定增总额为 18.60 亿元。京东方随后在 2008—2010 年连续进行了三次定向增发，募资总额分别为 22.50 亿元、120.00 亿元及 90.45 亿元。2014 年，京东方发起了又一次定向增发融资，募资总额达到史无前例的 457.13 亿元，引起了市场的强烈关注。2021 年，京东方时隔 7 年再次抛出定增公告，以每股 5.57 元的价格定向增发 203.33 亿元的股票，获得了境内外多家知名投资机构的认购。总的来看，在京东方这几次定向增发中，超百亿元的大额定增就达 3 次，它是行业内再融资规模最大的企业之一。2006—2021 年京东方定向增发概况如表 3-1 所示。

表 3-1　2006—2021 年京东方定向增发概况

增发时间（年）	募资总额（亿元）	发行价格（元）	发行数量（万股）
2006	18.60	2.75	67 587.21
2008	22.50	5.47	41 133.46
2009	120.00	2.40	500 000.00
2010	90.45	3.03	298 504.95
2014	457.13	2.10	2 176 809.52
2021	203.33	5.57	365 037.70

资料来源：东方财富网。

关于定向增发和公开增发的一个简单的比较如表3-2所示。

表3-2 定向增发和公开增发的比较

比较项目	定向增发	公开增发
目的	引入战略投资者、项目融资、收购资产、资产重组、调整股东持股比例、股权激励等	募集资金
增发对象	35名以内的特定投资者	社会公众
股份购买权	原股东无优先购买权	原股东享有优先购买权
增发对价	现金、股权、实物资产等	现金
发行价	一般低于公开增发	根据市场询价定价
募集资金量	较少	较多
中介机构	可以不通过承销商	证券机构承销
程序	简单	复杂
费用	较低	较高
二级市场表现	股价往往受利好刺激而上升	股价往往下跌

定向增发过程中需要注意几个问题：

（1）定价问题。

由于定向增发是对特定投资者进行的，因此，如果定价过低，则会伤害广大中小股东的利益，因为他们的权益被稀释了；而如果定价过高，则因为定向增发的股份购买方一般都是与控股股东关系良好的投资者，所以会伤害到这些战略股东的利益，甚至引起发行失败。《上市公司证券发行注册管理办法》中规定了定向增发的股价下限，即发行价格应当不低于定价基准日前二十个交易日公司股票均价的80%，这是为了保护中小股东的利益，防止不正当的低价发行。定价基准日是指计算发行底价的基准日。从定价基准日到股份发行结束缴纳股款时，股价往往已经较基准日的股价上升很多，此时，定向增发的认购者就可以合法地以较低的价格购入增发股票。

（2）锁定期的安排。

锁定期的安排，一方面是为了防止增发股份短期内对市场造成冲击，另一方面是为了避免定向增发的认购者利用信息优势伤害中小股东的利益。《上市公司证券发行注册管理办法》规定，向特定对象发行的股票，自发行结束之日起6个月内不得转让。发行对象属于通过认购本次发行的股票取得上市公司实际控制权的投资者的，其认购的股票自发行结束之日起18个月内不得转让。因而，参加定向增发的投资者，虽然往往能够以较低的价格买入股份，但是在锁定期之后，有时随着证券市场的变化，也会出现"破发"的风险。

（3）上市公司定向增发注入资产的质量。

从理论上讲，定向增发的过程将取得上市公司控股权、注入获利能力强的优质资产这两个环节合二为一，由于收购方持有公司最大份额的股权，因此收购方通过损害上市公司利益以补偿自己利益损失的动机要小得多。但这并不能完全排除注入有缺陷的资产或劣质资产的可能。因此，在定向增发过程中，需要对用于申购定向增发的资产或股权进行审核，保证其质量。收购方的大股东身份、冻结安排等，都从机制上对注入缺陷资产和劣质资产进行了限制。而且，资产质量的好坏也决定了公司未来的发展前景、配售套现的价格或者后续再融资的价格。因此，在这一点上，收购方或者控股股东往往有着较好的自律性。

3.1.3 上市公司发行新股的条件

在我国，上市公司发行新股的条件由《证券法》规范，同时，再由证监会出台具体的细则进行解释。

根据《证券法》第十三条的规定，公司公开发行新股，应当报送募股申请和下列文件：

（1）公司营业执照；

（2）公司章程；

（3）股东大会决议；

（4）招股说明书或者其他公开发行募集文件；

（5）财务会计报告；

（6）代收股款银行的名称及地址。

2023 年 2 月 17 日，中国证监会发布《上市公司证券发行注册管理办法》，规定了上市公司发行证券的具体条件。

上市公司向不特定对象发行股票，应当符合下列规定：

（1）具备健全且运行良好的组织机构。

（2）现任董事、监事和高级管理人员符合法律、行政法规规定的任职要求。

（3）具有完整的业务体系和直接面向市场独立经营的能力，不存在对持续经营有重大不利影响的情形。

（4）会计基础工作规范，内部控制制度健全且有效执行，财务报表的编制和披露符合企业会计准则和相关信息披露规则的规定，在所有重大方面公允反映了上市公司的财务状况、经营成果和现金流量，最近三年财务会计报告被出具无保留意见审计报告。

（5）除金融类企业外，最近一期末不存在金额较大的财务性投资。

（6）交易所主板上市公司配股、增发的，应当最近三个会计年度盈利；增发还应当满足最近三个会计年度加权平均净资产收益率平均不低于百分之六；净利润以扣除非经常性损益前后孰低者为计算依据。

上市公司配股的，拟配售股份数量不超过本次配售前股本总额的百分之五十，并应当采用代销方式发行。控股股东应当在股东大会召开前公开承诺认配股份的数量。控股股东不履行认配股份的承诺，或者代销期限届满，原股东认购股票的数量未达到拟配售数量百分之七十的，上市公司应当按照发行价并加算银行同期存款利息返还已经认购的股东。

上市公司增发的，发行价格应当不低于公告招股意向书前二十个交易日或者前一个交易日公司股票均价。

上市公司向特定对象发行证券，发行对象应当符合股东大会决议规定的条件，且每次发行对象不超过三十五名。

上市公司向特定对象发行股票，发行价格应当不低于定价基准日前二十个交易日公司股票均价的百分之八十。

发行对象为境外战略投资者的，应当遵守国家的相关规定。

上市公司存在下列情形之一的，不得向不特定对象发行股票：

（1）擅自改变前次募集资金用途未作纠正，或者未经股东大会认可；

（2）上市公司或者其现任董事、监事和高级管理人员最近三年受到中国证监会行政处罚，或者最近一年受到证券交易所公开谴责，或者因涉嫌犯罪正在被司法机关立案侦查或者涉嫌违法违规正在被中国证监会立案调查；

（3）上市公司或者其控股股东、实际控制人最近一年存在未履行向投资者作出的公开承诺的情形；

（4）上市公司或者其控股股东、实际控制人最近三年存在贪污、贿赂、侵占财产、挪用财产或者破坏社会主义市场经济秩序的刑事犯罪，或者存在严重损害上市公司利益、投资者合法权益、社会公共利益的重大违法行为。

上市公司存在下列情形之一的，不得向特定对象发行股票：

（1）擅自改变前次募集资金用途未作纠正，或者未经股东大会认可。

（2）最近一年财务报表的编制和披露在重大方面不符合企业会计准则或者相关信息披露规则的规定；最近一年财务会计报告被出具否定意见或者无法表示意见的审计报告；最近一年财务会计报告被出具保留意见的审计报告，且保留意见所涉及事项对上市公司的重大不利影响尚未消除。本次发行涉及重大资产重组的除外。

（3）现任董事、监事和高级管理人员最近三年受到中国证监会行政处罚，或者最近一年受到证券交易所公开谴责。

（4）上市公司或者其现任董事、监事和高级管理人员因涉嫌犯罪正在被司法机关立案侦查或者涉嫌违法违规正在被中国证监会立案调查。

（5）控股股东、实际控制人最近三年存在严重损害上市公司利益或者投资者合法权益的重大违法行为。

（6）最近三年存在严重损害投资者合法权益或者社会公共利益的重大违法行为。

3.2 上市公司发行可转换公司债券

可转换公司债券是一种重要的金融工具，也是我国近年来发展比较快的再融资工具之一。由于可转换公司债券涉及未来的转股，所以我国能够发行可转换公司债券进行融资的，一般都是已上市公司。我国很早就推出了可转换公司债券这一融资工具，证券交易所成立未多久，1992 年深圳市宝安企业（集团）股份有限公司（简称深宝安）就发行了首只上市公司可转换公司债券，但是前期的发展是缓慢和不成熟的。2001 年 4 月 26 日，证监会发布了《上市公司发行可转换公司债券实施办法》，使可转换公司债券进入了规范发展阶段，很多上市公司开始使用可转换公司债券作为再融资工具。之后，我国又推出了可转换公司债券的创新模式——可分离公司债券（简称可分离债券、可分离债）。这些可转换工具已经成为上市公司再融资的重要选择。

3.2.1 基本概念

1. 可转换公司债券的定义

可转换公司债券又称转债或者转券，与普通债券相比，可转换公司债券可以视作一种附有转换条件的公司债券。这里的转换条件就是根据事先的约定，债券持有者可以在将来某个规定的期限内按约定条件将公司债券转换为公司的普通股票。可转换公司债券的实质就是债券和股票买入期权相结合的混合金融工具，我们也可以把可转换公司债券视作债券与股票认股权证相互融合的一种金融工具。

由于这种特殊转换的期权特性，可转换公司债券得以兼具债券、股票和期权三个方面的部分特征：首先，作为公司债券的一种，转债同样具有确定的期限和利率；其次，通过债券持有者的成功转换，转债又可以以普通股的形式存在，债券持有者通过转换可以由债权人变为公司普通股股东；最后，转债具有期权性质，即投资者拥有是否将债券转换成股票的选择权，这是可转换公司债券的根本特性。

2. 可转换公司债券的一般特征

（1）可转换公司债券是一种混合证券，介于债券与普通股之间，具有债务和股权两种特征，且两者密不可分。但是，通过可分离债券的方式，可以将股、债这两种属性分开。

（2）与普通公司债券相比，可转换公司债券具有较低的利率。由于附带转换期权，因此，可转换公司债券的利率要低于一般债券，低出的部分可以视为买入期权的期权费。对发行公司而言，转债意味着一种“廉价”融资渠道，进而可以减轻公司的财务负担。

（3）可转换公司债券的转换价格一般高于股票现价。

（4）投资者买入期权。在可转换期到来之后，可通过将可转换公司债券转换为普通股而获得资本利得的机会。投资者需要比较作为债券的投资和作为股票的投资哪一个收益更大些。

（5）投资者卖出期权。可转换公司债券有两种：一种是强制转换的，另一种是非强制转换的。强制转换的债券通常附有赎回条款，允许投资者在不愿转换时兑取债券面值加贴水。非强制转换的债券一般有一个稍长的转换期。

（6）发行人赎回期权。由于发行人支付低于普通公司债券的利息，因此，发行人在股价大幅高于换股价的情况下可以行使赎回权以迫使投资者将转债转换为股票。这样，可以避免在债券转换价格明显低于股票市场价格的情况下，使转债持有者获得巨大的收益。但这一策略只有在转换期尚未到来时是有效的，在转换期到来后，转债持有者则可以作出是转换为普通股股票，还是取得作为债券的稳定利息并到期兑付面值的任意决定。为了在公司可能受到利息损失时鼓励转债持有者提前兑取，一般贴水值也可能被规定为递减的。

（7）较低的信用等级和有限避税权利。一般转债所评定等级比公司发行的不可转换的公司债券要低。当公司破产时，转债对资产的索赔权一般都后于其他债券，仅优于公司优先股。此外，转债转化成股票前，利息支出可以作为税前开支，免交所得税。

3. 可转换公司债券的发行优势

由于这种多重特征的叠加，客观上使可转换公司债券具有了筹资和避险的双重功能，因此，与单纯的筹资工具或避险工具相比，无论是对发行人而言还是对投资者而言，可转换公司债券都更有吸引力。

具体而言，与配股、增发相比，可转换公司债券具有一定的优越性（见表3－3）。对于发行人来说，在公司未来发展状况良好时，投资者将会转股，由于转股价会比配股、增发的发行价更高，因此意味着发行人以更高的发行价增发了股票。当公司发展状况不佳时，投资者会选择不转股而以债券形式持有，此时和一般债券相比，则可以支付相对较低的利息。同时，对于投资者来说，当股价较高时，如果选择转换成股票可以获得资本利得，但是相较直接持股，投资者损失了股票现价与转换价之间的资本利得；股价较低时选择以债券形式持有，则本金和票面利息收入可以得到保证，只是会有机会成本的损失，即接受较低的利率。

表3－3　可转换公司债券的发行优势

		股价高	股价低
发行人	行动	以较高的价格发行股票融资	以较低的利率进行债券融资
	得失	得	得
投资者	行动	转股而获得资本利得	持有债券而获得本息回报
	得失	得（具有一定成本）	得（具有一定成本）

利用可转换公司债券融资，发行人实际是向投资者出售了股票买入期权，在未来投资者行权时，发行人虽然需要将公司股票按照低于市场价格的价格卖出，但是，由于行权价比发行当时（现金流入时）的股价更高，因此，对发行人是合适的；当期权未被行使，投资者不转股时，发行人获得期权费收益，即以较低的利率发行了债券。因此，无论未来股价如何，对发行人都是有利的。对于投资者而言，未来股价高涨而行权时，虽然可以获得资本利得，但是行权价与认购资金投入时的股价相比要低，因此，投资者实际上转让了一部分投资收益，即行权价和认购当时股价之间的价差，这种成本甚至可以进一步设想为假设当时发行人采用配股或者增发时的发行价与可转债行权价的价差；当未来股价低迷而无法行权时，债券利率低于正常市场利率。综合而言，在利益的分配方面，发行人所得更多一些，投资者则是有成本地获得了一些保护。

在实践中，企业一般在股市低迷、银行利率高的情况下选择发行可转换公司债券。这是因为，股市低迷、银行利率高时往往是经济周期的萧条期，此时社会资金紧张。若发行普通股筹资，则由于股市低迷，往往会发行失败，即使发行成功，由于股票价位较低，筹集到的资金量相对较小，因此筹资成本较高。如果向银行申请贷款，由于贷款利率较高，公司资金使用成本高，筹资代价比较大，公司一般较难承受。此时发行可转换公司债券，往往更为有利。从投资者角度来看，未来股市上升的概率较大，因此认购可转换公司债券是较为安全的策略；从发行人角度来看，转债可以提高发行的成功可能性，同时节约发行成本。

在发行过程中，转债的发行风险要低于配股和增发。其原因之一是配股和增发是与当前的股价相联系的，一旦股价跌破配股或增发的价格，将出现发行失败，而转债的转股价是未来的价格，对当前市场价格的变化虽然有影响，会影响到转股价与现价的溢价水平，但是，与配股和增发相比，价格下跌对发行的冲击相对要小一些。另外，转债能否转股取决于公司未来的股价，因此转债对公司控股股东和管理层存在激励机制，同时，配股和增发往往传递的是公司股价高估的信息，而转债则是传递看好公司未来的信息，因此，投资者对发行转债往往持支持的态度，所以，发行失败的风险比配股和增发要小一些。

3.2.2 基本条款

1. 与债性有关的条款

与债性有关的条款包括票面利率、期限、担保等。

在票面利率方面，由于可转换公司债券已经包含了股票买入期权，因此票面利率都低于同期银行存款利率，但是为了吸引投资者购买转债，票面利率多数以逐年递增的方式设计。

可转债自发行结束之日起六个月后方可转换为公司股票，转股期限由公司根据可转债的存续期限及公司财务状况确定。向特定对象发行的可转债转股的，所转股票自可转债发行结束之日起十八个月内不得转让。

为了保证发行的成功，我国已发行的转债原先都附有担保。如江苏阳光（600220）的转债由中国银行提供全额担保。近年来，转债逐渐开始不设担保。

为了提高对投资者的保护，更重要的是保证发行成功率，转债的与债性有关的条款出现了一些创新，这些创新包括时点回售、利息补偿条款、利率调整条款等。比如，邯钢转债增加了时点回售条款，转债持有人有权在转债到期日之前的最后5个交易日内，将持有的转债按面值的109.5%（含当期利息）回售给公司，该条款令其税前纯债券保底收益高达3.16%，大大高于同期银行存款利率。又如西钢转债增加了利息补偿条款，通过利息补偿条款保障了持有至到期的投资者能得到的年收益。而山鹰转债则增加了利率调整条款，如果基准利率出现上调，其债券利率也将同样上调，使投资者进一步规避了利率风险。

2. 转换条款

转换条款是可转换公司债券可转换性质的具体体现，基本条款包括初始转股价格、转股期限、回售条款、赎回条款、修正条款等。

（1）初始转股价格。初始转股价格也就是转股权的执行价格，是决定期权价值的主要因素之一。向不特定对象发行可转债的转股价格应当不低于募集说明书公告日前二十个交易日上市公司股票交易均价和前一个交易日均价。向特定对象发行可转债的转股价格应当不低于认购邀请书发出前二十个交易日上市公司股票交易均价和前一个交易日的均价，且不得向下修正。

（2）转股期限。转股期限是指转债持有人行使转股权的时间区间，当前已发行转债的转股期限一般在发行后的6个月或18个月之后至期满日。

（3）回售条款。回售条款是赋予转债持有人的一种权利，它是指当股票价格持续低于转股价格且达到一定幅度时，转债持有人按事先约定的价格，将转债卖给发行人的一种权利。回售条款主要有以下几个因素：一是回售时间。一般是事先约定的，通常定在整个可转换公司债券偿还期的1/3或一半之后进行。二是回售价格。包含回售条款的可转换公司债券的收益率一般比市场利率稍低，但远高于可转换公司债券的票面利率。三是回售期权。发行人承诺到达回售时间时，股票价格应达到一定价位，此时如果行使转换权，投资者可以获得远高于票面利率的收益。但如果市场行情没有如期履约，发行后较长时间内，股票价格没有良好的表现，转换无法实现，则发行人承诺投资者可以按照指定利率将可转换公司债券回售给发行人，发行人无条件接受可转换公司债券。此外，需要说明以下几点：①回售条款并不经常使用，发行人容易接受的方案通常是对未来判断准确、融资成本确定、不需要更多附加条款支持的发行方案。况且，在发行方案的制订过程中，发行人在其中一直起重要作用，能使用回售条款的发行方案不多。②使用回售条款，票面利率将更低。回售条款是随着市场的不断发展而推出的更有利于投资者的保护性条款。相对于发行人具有的赎回条款，回售条款利益保护偏向投资者。③包含回售条款的可转换公司债券对投资者更具有吸引力，可以说，发行后所有的市场风险都由发行人承担了，发行人的压力增大。④投资者应慎重选择包含回售条款的可转换公司债券，必须估计公司业绩欠佳、市场长期低迷、公司无力支付本金和利息的可能性。⑤回售期权也可分为两类，硬回售和软回售。硬回售是指可转换公司债券必须由发行人完全用现金偿付的回售。而在软回售情形下，发行公司有权选择用现金、普通股、其他次级票据或三者结合来偿还债务。

在中国民生银行发行的可转换公司债券中，回售条款这样规定："若本次发行可转债募集资金运用的实施情况与发行人在募集说明书中的承诺相比出现变化，该变化被中国证监会认定为改变募集资金用途的，可转债持有人享有一次以面值加上当期应计利息的价格向发行人回售本次发行的可转债的权利。"这说明了没有包含真正的回售条款减少了对投资者的保护。

（4）赎回条款。赎回条款是赋予发行人的一种权利，指发行人的股票价格在一段持续的时间内，连续高于转股价且达到一定幅度时，发行人按照事先约定，将尚未转股的转债买回。在股价走势向好时，赎回条款实际上起到强制转股的作用。也就是说，当公司股票增长到一定幅度时，转债持有者若不进行转股，那么，他从转债赎回得到的收益将远低于从转股中获得的收益。因此，赎回条款又锁定了转债价格上涨的空间。当前已发行转债的有条件赎回条款含以下两种情况：①在转股期内，公司股票在连续 30 个交易日中至少 15 个交易日的收盘价格不低于当期转股价格的 130%（含 130%）；②当本次发行的可转换公司债券未转股余额不足 3 000 万元时。赎回条款有利于发行人，因为它更多地考虑了发行人如何避免利率下调的风险、还本压力以及财务风险，投资者在赎回条款下只有义务，别无选择，不得不在赎回条款生效前作出不是最佳投资选择的选择。赎回条款限制了投资者可能取得的利益。在长期牛市、市场利率下降等情况出现时，发行人的赎回权削减了可转换公司债券持有者的潜在收益。

（5）修正条款。转股价格向下修正条款是可转债的一个重要特性，它允许发行人在特定条件下调整转股价格。具体来说，当公司股票在任意连续 30 个交易日中至少有 15 个交易日的收盘价低于当期转股价格的 85%时，公司董事会有权提出转股价格向下修正方案并提交公司股东会表决。这一条款的目的是增加转股价值，提高投资吸引力，并影响市场预期。当转股价格下调时，投资者持有的可转债可以以更低的价格转换为股票，这意味着每张可转债能兑换到更多的股票，从而增加了转股价值。同时，转股价格的下调通常会使得可转债的转股溢价率降低，提高了可转债的投资价值，吸引更多投资者参与。此外，这一条款的存在使得投资者对公司股价的未来走势有一定的预期，这可能会影响市场对可转债的需求和其价格。

3.2.3 可转换公司债券的发行条件

根据《上市公司证券发行注册管理办法》，上市公司发行可转债，应当符合下列规定：

（1）具备健全且运行良好的组织机构。

（2）最近三年平均可分配利润足以支付公司债券一年的利息。

（3）具有合理的资产负债结构和正常的现金流量。

（4）交易所主板上市公司向不特定对象发行可转债的，应当最近三个会计年度盈利，且最近三个会计年度加权平均净资产收益率平均不低于百分之六；净利润以扣除非经常性损益前后孰低者为计算依据。

上市公司存在下列情形之一的，不得发行可转债：

（1）对已公开发行的公司债券或者其他债务有违约或者延迟支付本息的事实，仍处于继续状态；

（2）违反《证券法》规定，改变公开发行公司债券所募资金用途。

3.2.4 可分离公司债券

1. 基本概念

我国 2001 年可转换公司债券规范发展之后，遇到了新的问题，就是转债的流通性下降，已经严重偏于债性，所包含的认股权证也未能得到合理定价，因此，可分离公司债券应运而生。

可分离公司债券，又称附认股权证公司债券。可分离公司债券是指在发行公司债券的同时附有认股权证，持有人依法享有在一定期间内按约定价格（执行价格）认购公司股票的权利，也就是债券加上认股权证的产品组合。

可分离公司债券与可转债同属于混合型融资工具，本质上都是债券与认股权证的组合，两种产品的差异主要是债券与认股权证的结构设计。其主要差异有以下几个方面：

（1）可否分离交易。可分离公司债券最大的优势是债券与认股权证可分离交易，能够满足不同投资者风险和收益多元化的需求；而可转债难以将债券与认股权证分离，只能捆绑交易。

（2）债券发行利率。可分离公司债券可以采用两种定价方式：一是认股权证与公司债券分别作价；二是两者一并作价，即发行公司债券附送认股权证。前者债券利率会高些，后者债券利率则与可转债相当。如果认股权证与债券分离交易，则债券发行利率甚至还可以再低些。可转债的发行成本通常较普通债券低。

（3）认股方式。对投资者而言，行使认股权时，可分离公司债券必须再缴股款，而可转债则不需要。分离型可分离公司债券一般没有任何条款强制认股权证持有者行使其权利，可转债则可采用赎回条款强制投资者行使其转换权。

（4）产品存续期。可转债的转股期限与可转债本身的存续期重合，而可分离公司债券中的认股权证与债券部分的存续期可以不同，因此，在产品结构设计上可以把债券的存续期延长。

（5）发行人和投资者现金流。可转债筹集资金是一次性到位，投资者行使转换权时，对发行人仅是增加股本，减少负债，不产生现金流；可分离公司债券投资者在行使认股权时，需缴纳认股款，逐步增加发行人股本，资金分步到位，具有分期融资的特点，而公司债券通常是到期还本付息。

（6）会计处理不同。可分离公司债券和可转换公司债券在会计处理上的主要区别在于它们的融资方式和产品结构不同，导致会计处理的复杂性和具体操作有所不同。可分离公司债券因其独特的分期融资和序贯融资特点，会计处理更为复杂，涉及多个会计准则的应用；而可转换公司债券的会计处理则相对简单，主要关注负债成分和权益成分的划分和处理。

2. 发行可分离公司债券的优势

第一，可分离公司债券与认股权证捆绑发行，将大大提高可分离公司债券的吸引力，降低可分离公司债券的发行成本。另外，发行可分离公司债券，如果认股权证发生行权的话，可以实现两次融资，即一次债券融资和一次股票融资，对上市公司较有吸引力。

第二，通过分拆交易，可分离公司债券带来了两种完全不同的产品，可以满足不同投资者的偏好，完善了其市场流动性。

第三，可分离公司债券既可满足上市公司筹资需求，又能发挥市场对募集资金使用的监督作用，因为认股权证是否行权取决于公司未来的股价，公司只有提升效益，才有可能获得股票发行收入。所以，可分离公司债券避免了配股和增发完成后投资者无法实际进行监督的不足，通过市场手段激励上市公司最优化经营。

第四，可分离公司债券在发行过程中，有利于吸引各类投资者，提高发行成功率。投资者申购可分离公司债券，可获得可转债和认股权证两部分，因此，可分离公司债券同时吸引了债券投资者和认股权证投资者。在市场气氛较为活跃的背景下，可分离公司债券的认股权证部分上市后往往会获得市场追捧。认股权证部分有一定的投机气氛，吸引了可分离公司债券的申购者，虽然债券部分由于利率较低，上市后会折价，但是认股权证的收益抵补了债券的损失，并且往往得到较好的综合收益。认股权证部分上市后价格上涨，就直接能扩大一级市场可分离公司债券申购者的单位申购收益。而在传统的可转换公司债券发行时，申购者只能在未来转债上市、转债价格上涨后才能获得收益，但是转债上市后，往往会处于折价状态，这种市场气氛制约了投资者的申购热情，使传统可转债的发行要比可分离公司债券难。

3.3 上市公司发行可交换公司债券

根据《上市公司股东发行可交换公司债券试行规定》，可交换公司债券是指上市公司的股东依法发行、在一定期限内依据约定的条件可以交换成该股东所持有的上市公司股份的公司债券。

为规范上市公司股东发行可交换公司债券的行为，中国证监会制定了《上市公司股东发行可交换公司债券试行规定》。

该规定就有关事项规定如下：

（1）持有上市公司股份的股东，可以经保荐人保荐，向中国证监会申请发行可交换公司债券。

（2）申请发行可交换公司债券，应当符合下列规定：

1）申请人应当是符合《公司法》《证券法》规定的有限责任公司或者股份有限公司；

2）公司组织机构健全，运行良好，内部控制制度不存在重大缺陷；

3）公司最近一期末的净资产额不少于人民币 3 亿元；

4）公司最近 3 个会计年度实现的年均可分配利润不少于公司债券一年的利息；

5）本次发行后累计公司债券余额不超过最近一期末净资产额的 40%；

6）本次发行债券的金额不超过预备用于交换的股票按募集说明书公告日前 20 个交易日均价计算的市值的 70%，且应当将预备用于交换的股票设定为本次发行的公司债券的担保物；

7）经资信评级机构评级，债券信用级别良好；

8）不存在《公司债券发行试点办法》第八条规定的不得发行公司债券的情形。

（3）预备用于交换的上市公司股票应当符合下列规定：

1）该上市公司最近一期末的净资产不低于人民币 15 亿元，或者最近 3 个会计年度加权平均净资产收益率平均不低于 6%。扣除非经常性损益后的净利润与扣除前的净利润相比，以低者作为加权平均净资产收益率的计算依据。

2）用于交换的股票在提出发行申请时应当为无限售条件股份，且股东在约定的换股期间转让该部分股票不违反其对上市公司或者其他股东的承诺。

3）用于交换的股票在本次可交换公司债券发行前，不存在被查封、扣押、冻结等财产权利被限制的情形，也不存在权属争议或者依法不得转让或设定担保的其他情形。

（4）可交换公司债券的期限最短为 1 年，最长为 6 年，面值每张人民币 100 元，发行价格由上市公司股东和保荐人通过市场询价确定。

募集说明书可以约定赎回条款，规定上市公司股东可以按事先约定的条件和价格赎回尚未换股的可交换公司债券。

募集说明书可以约定回售条款，规定债券持有人可以按事先约定的条件和价格将所持债券回售给上市公司股东。

（5）可交换公司债券自发行结束之日起 12 个月后方可交换为预备交换的股票，债券持有人对交换股票或者不交换股票有选择权。

公司债券交换为每股股份的价格应当不低于公告募集说明书日前 20 个交易日公司股票均价和前一个交易日的均价。募集说明书应当事先约定交换价格及其调整、修正原则。若调整或修正交换价格，将造成预备用于交换的股票数量少于未偿还可交换公司债券全部换股所需股票的，公司必须事先补充提供预备用于交换的股票，并就该等股票设定担保，办理相关登记手续。

（6）可交换公司债券的发行程序，按照《公司债券发行试点办法》第三章的规定办理。

债券受托管理和债券持有人权益保护事项，按照《公司债券发行试点办法》第四章的规定办理。

可交换公司债券的信用评级事项，按照《公司债券发行试点办法》第二章第十条的规定办理。

除用预备交换的股票设定担保外，发行人为本次发行的公司债券另行提供担保的，按照《公司债券发行试点办法》第二章第十一条的规定办理。

（7）预备用于交换的股票及其孳息（包括资本公积转增股本、送股、分红、派息等），是本次发行可交换公司债券的担保物，用于对债券持有人交换股份和本期债券本息偿付提供担保。

在可交换公司债券发行前，公司债券受托管理人应当与上市公司股东就预备用于交换的股票签订担保合同，按照证券登记结算机构的业务规则设定担保，办理相关登记手续，将其专户存放，并取得担保权利证明文件。

当债券持有人按照约定条件交换股份时，从作为担保物的股票中提取相应数额用于支付；债券持有人部分或者全部未选择换股且上市公司股东到期未能清偿债务时，作为担保物的股票及其孳息处分所得的价款优先用于清偿对债券持有人的负债。

（8）可交换公司债券持有人申请换股的，应当通过其托管证券公司向证券交易所发出换股指令，指令视同为债券受托管理人与发行人认可的解除担保指令。

（9）申请发行可交换公司债券，应当按照本规定的要求编制申请文件，按照《证券法》的规定持续公开信息。编制募集说明书除应参照《公开发行证券的公司信息披露内容与格式准则第 23 号——公开发行公司债券募集说明书》（证监发行字〔2007〕224 号）外，还应参照上市公司发行可转换公司债券募集说明书摘要的有关要求披露上市公司的重要信息。

（10）拥有上市公司控制权的股东发行可交换公司债券的，应当合理确定发行方案，不得通过本次发行直接将控制权转让给他人。持有可交换公司债券的投资者因行使换股权利增持上市公司股份的，或者因持有可交换公司债券的投资者行使换股权利导致拥有上市公司控制权的股东发生变化的，相关当事人应当履行《上市公司收购管理办法》（证监会令第 35 号）规定的义务。

（11）可交换公司债券的上市交易、换股、回售、赎回、登记结算等事项，按照证券交易所和证券登记结算机构的有关规定办理。

发行可交换公司债券申请文件目录为：

（1）相关责任人签署的募集说明书；

（2）保荐人出具的发行保荐书；

（3）发行人关于就预备用于交换的股票在证券登记结算机构设定担保并办理相关登记手续的承诺；

（4）评级机构出具的债券资信评级报告；

（5）公司债券受托管理协议和公司债券持有人会议规则；

（6）本期债券担保合同（如有）、抵押财产的资产评估文件（如有）；

（7）其他重要文件。

3.4 再融资股权定价

3.4.1 再融资股权定价概述

1. 配股及增发定价的一般原则

配股定价的原则包括但不限于：

（1）配股价格不低于发行前公司最近一期经审计的每股净资产值；

（2）参照公司股票在二级市场上的价格、市盈率及市净率等估值指标，并综合考虑公司发展与股东利益等因素；

（3）考虑募集资金计划投资项目的资金需求量；

（4）遵循公司董事会与保荐机构/主承销商协商确定的原则。

关于增发定价，一般向特定对象发行股票采取竞价发行方式，定价基准日为发行期首日，发行价格为不低于定价基准日前20个交易日（不含定价基准日）公司股票交易均价（=定价基准日前20个交易日公司股票交易总额/定价基准日前20个交易日公司股票交易总量）的80%。

实际上新股价格的合理性是一个相对概念，无法通过价格本身的高低来确定其合理性，现有对新股定价的研究均是从股票的折价现象入手进行研究，这种研究仍然是站在有效市场假设基础上进行的，其前提是假设认为新股上市后的市场定价是正确的，而之前的定价有偏差，实际上当市场非有效时，无论是一级市场还是二级市场，都可能存在错误的定价。

2. 我国配股及增发的定价现状

在我国，上市公司的控股股东基本上掌握了公司的最终决策权，包括配股和增发的定价决策权，因此掌握着信息优势的上市公司管理者往往利用自身的信息优势，在获悉有关市场或公司未来不利信息之前以较高的价格发行新股。从未来现金流量分布的角度考虑，在分析新股定价时应该考虑不同公司之间的新股价格对公司每股净资产溢价水平为什么会有所不同。在中国，上市公司的配股或增发价格相对于公司的股票市价存在着一定的折价，但对公司的每股净资产有一定的溢价。公司的非流通股股东与流通股股东之间存在着不同的利益目标。流通股股东追求的是每股市场价值最大化，而非流通股股东追求的是每股净资产最大化。由于这两者之间并不存在必然的联系，因此作为非流通股股东，可以通过股权融资来提高公司的每股净资产。在前面的分析中可以发现对上市公司非流通股股东来说，他们参与配股和增发的比例越低，新股发行价格对每股净资产的溢价越高，股权融资为他们所带来的收益就越高。这是因为新股溢价越高，融资规模越大，融资后公司的每股净资产上升幅度越大，非流通股股东所持有的股票价值也就增加得越多。因此新股对每股净资产的溢价水平就决定了上市公司进行股权融资时机选择的收益。

3.4.2 再融资股权定价的影响因素

从传统财务学的角度来看，公司的价值是由公司未来现金流量的折现值所决定的，因此股票的价格应该由公司未来的盈利能力及股东要求的收益率所决定。但现实的证券市场通常无法满足传统财务学的假设前提，在不完全的资本市场中有许多因素会影响公司股票及股权再融资时的新股定价。这些因素主要有：

1. 公司的盈利能力与成长性

公司的价值是由公司未来现金流量的折现值所决定的，因此股票的价格应该由公司未来的盈利能力及股东要求的收益率所决定。新股价格相对于每股净资产的溢价比例越高，说明该公司未来的盈利能力越高，两者正相关。但在非有效的证券市场，根据市场时机选择理论，公司管理者往往在预期到未来收益不佳时才会发行新股。由于投资者往往无法识别公司未来的盈利能力情况，因此新股的溢价往往与公司未来的盈利能力无关。从我国市场目前的定价机制来看，配股和增发主要是根据公司股票过往的盈利指标来确定。而我国的证券市场未达到半强式有效市场的阶段，也就是说，市场的股票价格只能反映公司过往的历史信息，而公司的市盈率也是根据以前年度的收益率来计算，只反映了公司过往的盈利能力，因此新股的定价往往也只能反映公司过往的盈利能力，而与未来盈利能力无关。

2. 市净率

根据市场时机选择理论，在一个非有效市场中，市场状况及公司的股价表现会影响公司新股的定价，因此上市公司股权融资前的股价水平会影响到公司新股的定价。当上市公司市净率较高时，可能意味着公司的股票价格被高估，市净率较高的股权融资公司长期市场收益率显著下降。也就是说，公司融资前的市净率会影响到新股的定价，股权融资公司的市净率越高，公司配股或增发价格对每股净资产的溢价也会越高。

3. 公司规模

公司规模与公司的收益率业绩负相关，并且影响公司股票的市场定价。规模越小的公司，其股票的市场收益率及定价往往越高，存在着显著的“小公司效应”。这种现象在中国尤其明显。这种规模效应也影响到公司股权再融资时的新股定价，因此规模越小的公司股权再融资时新股的溢价会越高。

4. 大股东参与程度

由于配股公司涉及原有股东的认购，参与了配股的股东显然就无法享受到市场时机选择带来的利益，因此区分上市公司大股东是否参与配股融资是确定上市公司是否进行市场时机选择的重要指标之一。非流通股认购率较高的配股公司配股价与每股净资产的比例显著低于认购率低的配股公司，因此上市公司大股东参与股权再融资的比例越低，公司发行新股溢价越高。

5. 股权融资次数

需要经常进行股权融资的公司和较少进行股权融资的公司在融资时机选择上也会存在不同，前者属于股权依赖性公司，其投资行为对股价的波动更为敏感，也就是说，股价波动对股权依赖性公司的投资行为有较大影响。而相对于股权依赖性公司，较少进行股权融资的公司会有更大灵活性来选择发行新股的市场时机。因此，经常进行股权融资公司的新股溢价要低于较少进行股权融资公司的新股溢价，也就是说，上市公司股权融资的次数越多，其新发行股票的溢价越低。此外，由于中国上市公司特殊的股权结构安排，上市公司的市净率通常会较高。可以说流通股较高的股价中包含了流通权的对价，因此可知流通股比例越低的公司，其股票市净率会越高，而股权再融资时的新股溢价通常也会越高。所以上市公司流通股比例越大，其新发行股票的溢价越低。

3.4.3 常用定价方法

1. 贴现现金流法

（1）基本概念。

贴现现金流（discounted cash flow，DCF）法是一种常见的估值法，指将项目或资产在生命期内将要产生的现金流折现，计算出当前价值的一种评估方法，通常适用于项目投资、商业地产估值等，或者说是人们为了预期的未来现金流所愿付出的当前代价。简而言之，DCF 法就是将未来现金流转换成现值。将这种方法用于增发股票的定价，就是计算通过持有这种股票可能获得的未来现金流的现值之和，其核心部分是确定未来现金流和贴现率。

（2）分类。

根据对未来现金流增长率的假设不同，可以将贴现现金流法分为零增长模型、不变增长模型、三阶段增长模型和 H 模型等不同的形式，其中三阶段增长模型是将增长分为三个阶段，第一和第三阶段的增长率为不同的常数，第二阶段为中间过渡阶段；H 模型是三阶段增长模型的特殊形式，其中第一阶段长度为 H，第二阶段长度为 2H，并且第二阶段增长率的变化是线性的。

根据现金流的形式和运算途径，可将贴现现金流法分为股利贴现模型（DDM）、股权自由现金流（FCFE）贴现模型、公司自由现金流（FCFF）贴现模型和经济附加值（EVA）模型。其中，股利贴现模型认为投资者购买股票，通常期望获得两种现金流：持有股票期间的股利和持有期期末的预期价格，由于持有期期末的预期价格是由股票未来股利决定的，所以股票当前价值应等于无限期股利的现值。

股权自由现金流贴现模型认为未来现金流可以看作公司所有者的现金流量，即偿还债务、弥补资本性支出和增加运营资本后的剩余现金流量，可以表示为：

$$\text{FCFE}=\text{净收益}+\text{折旧}-\begin{matrix}\text{资本性}\\\text{支出}\end{matrix}-\begin{matrix}\text{运营资本}\\\text{追加额}\end{matrix}-\begin{matrix}\text{债务本金}\\\text{偿还}\end{matrix}+\begin{matrix}\text{新发行}\\\text{债务}\end{matrix}$$

公司自由现金流贴现模型认为公司自由现金流是企业所有权利要求者，包括普通股股东、优先股股东和债权人的现金流总和，可以表示为：

$$\text{FCFF}=\begin{matrix}\text{股权}\\\text{现金流}\end{matrix}+\begin{matrix}\text{利息}\\\text{费用}\end{matrix}\times(1-\text{税率})+\begin{matrix}\text{债务本金}\\\text{偿还}\end{matrix}-\begin{matrix}\text{新发行}\\\text{债务}\end{matrix}+\begin{matrix}\text{优先股}\\\text{股利}\end{matrix}$$

所得结果再除以股本数就可以得到股票价格。FCFE 和 FCFF 的差别主要来自与债务有关的现金流——利息费用、债务本金偿还、新发行债务以及其他非普通股权益现金流（如优先股股利）。处于最优债务水平的企业使用债务和股权组合对资本性支出和运营资本追加额进行融资。通过发行新债来归还旧债本金的企业，其 FCFF 将大于 FCFE。

经济附加值模型的基本原理是：股票市场根据企业管理层为资本创造价值的能力而对企业坐标进行评估，那部分超过实际投入资本的价值就是经济附加值。其计算方法如下：

企业价值=实际投入成本+未来EVA现值

所得结果再除以股本数就可以得到股票价格。它和公司自由现金流贴现模型的区别是：第一，公司自由现金流贴现模型是对所有的现金流进行贴现，而经济附加值模型只对经济附加值进行贴现；第二，公司自由现金流贴现模型是对无限期的现金流进行贴现，而经济附加值模型只对公司具有竞争优势的时期进行贴现，是有期限的，这个期限是由行业结构、公司的竞争地位和公司管理层对资本使用的决策等因素决定的。

股利贴现模型适用于具有稳定股利政策和可预测的增长率的公司；股权和公司自由现金流贴现模型主要适用于传统产业和经营稳健的企业；经济附加值模型只适用于除金融机构、周期性产业、新公司等的有限范围。

2. 类比法

(1) 基本概念。

类比法是通过具有相同特征的上市公司，比如相同的行业、相同的财务特征等，进行比较，从而对目标公司进行估值，对股票进行定价的方法。其做法一般是选取某一经营参数，比如收益、现金流、账面价值等，进行比较，以计算出估值倍数，然后依此规律来计算出目标公司的股价。这里的经营参数一般有市盈率、市净率、息税折旧摊销前利润等，其中最为常用的是市盈率和市净率。其中，市盈率是股票市场价格除以每股收益的比率，它反映了投资的价值创造能力。所以，使用市盈率法的关键是找到具有相同创造能力的可比公司，一般是选择同行业的上市公司作为可比公司，用它们的平均市盈率为依据进行计算。市净率和市盈率的原理、方法基本上一致，关键的区别是市净率用的是每股净资产而非每股收益，一般适用于银行、房地产等行业。

(2) 类比法的特点。

类比法的特点是简单易行，尤其对成熟行业和处于成熟期的公司特别适用，但是它的缺点也很明显，就是只用局部指标代替全局，忽略了一些信息，有时会产生信息反映不全、结果产生定价误差的现象。

3. 期权法

由于公司一般是有限责任的，因此股权是一种残值索取权，即公司偿还债务和优先股的利益后的剩余的要求权。这种方法可以用于高成长的企业，或者高风险的企业。但是该方法的一个前提是投资者可以自由地在市场上获得资金，否则的话，该股权不能被看涨期权复制，用这种方法定价显然是有误差的。

4. 多因素定价法

这种方法实际上是对类比法的一种扩展，是将一元模型扩展到多元模型的过程，它是在实践中发展起来的一种计量定价模型，可以弥补类比法忽略其他因素影响而产生的误差，这些因素包括行业性、成长性、财务特征和股本规模等方面，基本做法就是用回归法进行回归分析。该方法的特点是适用面广，但缺点是工作量大。

5. 累计投标询价法

前面已经介绍的几种方法可以看作是理论计算方法，而累计投标询价法则是一种以实践为准的定价方法，它是以一定的价格区间为基础，引入市场机制来发现价格的一种定价方法，用市场手段来提高定价的效率，它的前提是市场具有较强的价值发现能力。其投标询价的方式有网上累计投标询价和网上网下同时累计投标询价两种。前者主要是利用证券交易所的网络在指定的时间内进行，而后者则是在网下和机构投资者进行独立投标，在网上则和广大普通投资者累计投标询价，其他方面基本一致。后者一般更为常用，现在基本适用后者。

累计投标询价法的基本做法就是事先不确定发行数量和价格，让投资者根据信息自己判断价格，并确定自己的需求数量，然后承销商根据投标的价格和数量关系进行统计，确定需求最大的区间对应的价格，并按照一定的倍数确定发行的数量。这种方法的最大优点就是引入市场机制，增加投资者和承销商的沟通，减少了二者的信息不对称程度。承销商可以利用投标前的时间进行路演，增进投资者对公司的了解，从而更准确地进行投标。这种方法给两类人以较大的权重，一是经常投资者，二是机构投资者，前者在申购上有优先权，而后者则有单独的投标机会。同时，在确定价格时，更多地参考这两类人的价格，因为这两类人相对于普通投资者有技术和经验的优势，对股票的价值估计更为准确，这样做会起到提高价格发现能力的作用。

案例 3-2

民生银行发行可转换公司债券

2013 年 3 月 15 日，民生银行（600016.SH）发行 200 亿元可转换公司债券，此次发行为当时近 18 个月以来我国 A 股市场最大的公开发行项目。3 月 21 日，可转债募集资金已全部划入民生银行，3 月 29 日，可转债正式上市流通，标志着本次可转债项目发行成功。

民生银行发行可转债的目的在于提高资本充足率，以 2012 年 6 月 30 日数据为基础测算，完成 A 股可转债发行，并假定可转债全部转股后，民生银行资本充足率可达到约 12.49%，核心一级资本充足率达到约 9.54%。

此次民生银行的可转换公司债券的主要要素和条款如下所示。

1. 证券类型

可转换为民生银行 A 股股票的可转换公司债券。该可转债及未来转换的民生银行 A 股股票将在上交所上市。

2. 发行总额

本次拟发行可转债总额为人民币 200 亿元。

3. 票面金额和发行价格

100 元/张，按面值发行。

4. 可转债基本情况

（1）债券期限：本次发行的可转债期限为发行之日起六年，即自 2013 年 3 月 15 日至 2019 年 3 月 15 日。

（2）票面利率：第一年 0.6%、第二年 0.6%、第三年 0.6%、第四年 1.5%、第五年 1.5%、第六年 1.5%。

（3）债券到期偿还：在本次发行的可转债期满后五个交易日内，发行人将以本次发行的可转债的票面面值的 106%（含最后一期年度利息）的价格向投资者兑付全部未转股的可转债。

(4) 付息方式：本次发行的可转债采用每年付息一次的付息方式，计息起始日为可转债发行首日，即2013年3月15日。每年的付息日为本次发行的可转债发行首日起每满一年的当日，如该日为法定节假日或休息日，则顺延至下一工作日，顺延期间不另付息，每相邻的两个付息日之间为一个计息年度。每年的付息债权登记日为每年付息日的前一交易日，发行人将在每年付息日之后的五个交易日内支付当年利息。在付息债权登记日前（包括付息债权登记日）申请转换成发行人A股股票的可转债，发行人不再向其持有人支付本计息年度及以后计息年度的利息。可转债持有人所获得利息收入的应付税项由持有人承担。

(5) 初始转股价格：10.23元/股（不低于《募集说明书》公告前20个交易日发行人A股股票交易均价和前一个交易日A股股票交易均价的高者）。

(6) 转股起止日期：自可转债发行结束之日满六个月后的第一个交易日起至可转债到期日止（即2013年9月16日至2019年3月15日）。

(7) 信用评级：AA＋。

(8) 资产评估机构：大公国际资信评估有限公司。

(9) 担保事项：本次发行的可转债未提供担保。

5. 转股价格向下修正条款

在本次发行的可转债存续期间，当发行人A股股票在任意连续30个交易日中有15个交易日的收盘价低于当期转股价格的80%时，发行人董事会有权于上述事实发生之日起10个工作日内提出转股价格向下修正方案并提交发行人股东大会审议表决。

上述方案须经参加表决的全体股东所持表决权的三分之二以上通过方可实施。股东进行表决时，持有本次发行的可转债的股东应当回避。修正后的转股价格应不低于前项规定的股东大会召开日前20个交易日发行人A股股票交易均价和前一个交易日发行人A股股票交易均价，同时修正后的转股价格不低于最近一期经审计的每股净资产和股票面值。

若在前述20个交易日内发生过转股价格调整的情形，则在转股价格调整日前的交易日按调整前的转股价格和收盘价计算，在转股价格调整日及之后的交易日按调整后的转股价格和收盘价计算。

6. 可转债有条件赎回条款

在本次发行的可转债转股期内，如果发行人A股股票连续30个交易日中至少有15个交易日的收盘价格不低于当期转股价格的130%（含130%），发行人有权按照债券面值加当期应计利息的价格赎回全部或部分未转股的可转债。任一计息年度发行人在赎回条件首次满足后可以进行赎回，首次不实施赎回的，该计息年度不应再行使赎回权。

当期应计利息的计算公式为：

$$IA=B \cdot i \cdot t/365$$

式中，IA——当期应计利息；

B——本次发行的可转债持有人持有的可转债票面总金额；

i——可转债当年票面利率；

t——计息天数，即从上一个付息日起至本计息年度赎回日止的实际日历天数（算头不算尾)。

若在上述交易日内发生过转股价格调整的情形，则在调整前的交易日按调整前的转股价格和收盘价格计算，在调整后的交易日按调整后的转股价格和收盘价格计算。

此外，当本次发行的可转债未转股余额不足3 000万元时，发行人董事会有权决定按面值加当期应计利息的价格赎回全部未转股的可转债。

7. 回售条款的回售情形

若本次发行可转债募集资金运用的实施情况与发行人在募集说明书中的承诺相比出现变化，该变化被中国证监会认定为改变募集资金用途的，可转债持有人享有一次以面值加上当期应计利息的价格向发行人回售本次发行的可转债的权利。在上述情形下，可转债持有人可以在发行人公告后的回售申报期内进行回售，本次回售申报期内不实施回售的，自动丧失该回售权。除此之外，可转债不可由持有人主动回售。

思考题

1. 上市公司资本市场再融资主要有哪些方式?
2. 配股与增发各有哪些特点?
3. 什么是定向增发?定向增发有哪些优势?
4. 定向增发与公开增发各有哪些特点?
5. 什么是可转换公司债券?它有哪些一般特征?
6. 可转换公司债券的发行优势体现在哪些方面?
7. 什么是可分离公司债券?它与可转换公司债券的差异体现在哪些地方?

第4章 债券的发行与承销

本章提要

本章主要介绍了债券的发行与承销，具体包括国债、地方政府债券、金融债券、公司债券和企业债券以及短期融资券与中期票据的相关知识。

重点与难点

1. 债券的基本概念、特征和主要分类。
2. 国债的发行方式。
3. 国债承销的风险与收益。
4. 金融债券的发行。
5. 公司债券的发行条件、发行程序和发行定价。
6. 短期融资券和中期票据的发行制度、发行条件和发行程序。
7. 短期融资券和中期票据的优势。

4.1 债券概述

债券是一类用于筹措中长期资金的融资工具，它是一种有价证券，是经济主体向债券投资者出具的按一定利率定期支付利息并在债券到期时偿还本金的一种债务凭证。债券的本质就是经过证券化的贷款，因此在债券凭证中需要包含借贷双方的权责关系和权利义务关系。

其中权责关系主要包括所借贷货币资金的数额、借贷的时间、在借贷时间内的资金成本或应有的补偿（即债券的利息）、债券赎回的特别条款（非必要）、卖出债券的选择权（非必要）、再集资（非必要）和抵押（非必要）等内容。权利义务关系主要包括发行人是借入资金的经济主体、投资者是借出资金的经济主体、发行人必须在约定时间还本付息、债券反映了发行人和投资者之间的债权债务关系等内容。从性质上看，债券属于有价证券，本身具有一定的面值；债券是一种虚拟资本，属于债券投资者出具资金的量化表现；债券是债权的表现，拥有债券的人是债权人，他不同于公司股东，属于公司以外的利益相关者。从要素上看，债券能够体现票面价值、发行期限、票面利率、发行人名称等。从特征上看，债券具有偿还性、流动性、安全性和收益性等。根据发行主体不同，可将债券分为政府债券、公司债券和金融债券等；根据付息方式不同，可将债券分为零息债券、附息债券及息票累积债券等；根据偿还期限不同，可将债券分为短期债券、中期债券和长期债券等；根据债券形式不同，可将债券分为实物债券、凭证式债券和记账式债券等；根据债券担保方式不同，可将债券分为信用债券和担保债券等；根据债券发行地点不同，可将债券分为本国债券和国际债券等。

4.2 国债

4.2.1 国债概述

1. 国债的定义

国债又称国家公债，是中央政府为筹集财政资金而发行的一种政府债券，它以国家信用为基础，按照债券的一般原则，通过面向社会筹集资金而形成债权债务关系。中国的国债专指由财政部代表中央政府发行的国家公债，由国家财政信誉作担保，信誉度非常高，历来有“金边债券”之称，最受稳健型投资者的青睐。国家发行国债的原因有很多，主要包括弥补财政赤字、平衡国际收支、扩大政府的公共投资、解决临时性的资金需要、归还到期债券的本息等。

2. 国债的特点

（1）安全性极高。

国债是以国家信用为基础向社会公众发行的一种债券，其安全性极高，基本零风险。

（2）收益较稳定。

国债的预期收益率受市场利率以及银行利率影响，其收益较稳定，且到期还本付息。

（3）发行对象较广泛。

国债的债权人既可以是国内外的公民、法人或其他组织，也可以是某一国家或地区的政府以及国际金融组织，而债务人一般只能是国家。

（4）流动性较强。

国债的发行主体是国家，信用等级较高，使得国债的发行额十分庞大，形成了一个十分发达的二级市场，为国债的自由买卖和转让带来了方便，这使国

拓展阅读

我国债券
发行简史

债的流动性增强，变现较为容易。

3. 国债的分类

（1）无记名国债。

无记名国债是一种票面上不记载债权人姓名或单位名称的债券，通常以实物券形式出现，又称实物券。实物券是一种具有标准格式实物券面的债券，它以实物券的形式记录债权、面值等。无记名国债的一般特点是：不记名、不挂失，可以上市流通。其安全性不如凭证式国债和记账式国债，但购买手续简便。同时，由于可上市转让，流通性较强，上市转让价格随二级市场的供求状况而定，当市场因素发生变动时，其价格会产生较大波动，因此，具有获取较大利润的机会，同时也伴随着一定的风险。

（2）凭证式国债。

凭证式国债是指国家采取不印刷实物券，而用填制国库券收款凭证的方式发行的国债，我国从 1994 年开始发行凭证式国债。凭证式国债具有类似储蓄又优于储蓄的特点，通常被称为“储蓄式国债”，是以储蓄为目的的个人投资者理想的投资方式。与储蓄相比，凭证式国债的主要特点是安全、方便、收益适中。因此，购买凭证式国债不失为一种安全灵活、收益适中的理想投资方式，它是集国债和储蓄的优点于一体的投资品种。

（3）记账式国债。

记账式国债又称无纸化国债，是指没有实物形态的票券，需要通过电脑账户进行登记和交易。在我国，上海证券交易所和深圳证券交易所已为证券投资者建立电子证券账户，因此，可以利用证券交易所的系统来发行债券。我国近年来通过沪深交易所的交易系统发行和交易的记账式国债就是这方面的实例。如果投资者进行记账式国债的买卖，必须在证券交易所设立账户。记账式国债具有成本低、收益好、安全性高、流通性强的特点。

4.2.2 国债的发行

国债的发行关系到一国财政状况、重点项目投资建设情况和货币政策实施等重大问题，所以各国都对国债的发行有着统一的制度性安排。国债发行前一般不需要经过评级。国债的发行可以分为定向发售、代销、包销、公开招标和拍卖五种方式。

1. 定向发售

定向发售的国债均为特别国债。在我国，定向发售一般是指向养老保险基金、金融机构等特定机构发行国债的方式，主要用于国家重点建设债券、财政债券、特种国债等品种。例如，2020 年抗疫特别国债是为应对新冠肺炎疫情影响，由中央财政统一发行的特殊国债，不计入财政赤字，纳入国债余额限额，全部转给地方主要用于公共卫生等基础设施建设和抗疫相关支出，并带有一定财力补助的性质。2020 年发行了 1 万亿元抗疫特别国债。

2. 代销

代销是指由国债发行主体委托代销者代为向社会出售债券。代销者只是按预定的发行条件，在约定日期内代为推销，代销期终止，若有未销出余额，全部退给发行主体，代销者不承担任何风险与责任。因此，代销方式有着较多的缺陷：一是不能保证按当时的供求情况形成合理的发行条件；二是代销效率难尽人意；三是发行期较长，因为有预约代销期的限制。代销发行适用于证券市场不发达、金融市场秩序不良、机构投资者缺乏承销条件和积极性的情况。

3. 包销

包销也称承购包销，是指大宗机构投资者组成承购包销团，按一定条件向财政部承购包销国债，并由其负责在市场上转售，任何未能售出的余额均由承销者购入。这种发行方式的特征是：第一，承购包销的初衷是要求承销者向社会再出售，由作为发行人的财政部与承销者达成协议确定发行条件，一切承购手续完成后，国债方能与投资者见面，因而承销者是作为中央政府与投资者间的中介而存在的；第二，承购包销是用经济手段发行国债的标志，并可用招标方式决定发行条件，是国债发行转向市场化的一种形式。我国 1991 年第一次采取承购包销的方式发行国债。1991 年 4 月 20 日，财政部与中国工商银行信托投资公司牵头的承购包销团签订了《1991 年国库券承销合同》。这是我国首次采用承购包销方式发行国债，也标志着我国的国债发行终于开始走向市场，实现了发行方式由行政分配任务和对个人、单位派购的方式向投资者自愿购买的市场方向转变。

4. 公开招标

公开招标是通过投标人的直接竞价来确定发行价格（或利率）水平，发行人将投标人的标价自高价向低价排列，或自低利率排到高利率，发行人从高价或低利率开始选起，直至满足需要发行的数额为止，最终确定的价格即为供求决定的市场价格。在我国，国债招标规则分别借鉴了国际资本市场中的荷兰式规则和美国式规则，并在此基础上发展衍生出混合式招标规则。

（1）荷兰式规则。

标的为利率或利差时，全场最高中标利率或利差为当期国债票面利率或基本利差，各中标机构均按面值承销；标的为价格时，全场最低中标价格为当期国债发行价格，各中标机构均按发行价格承销。

（2）美国式规则。

标的为利率时，全场加权平均中标利率为当期国债票面利率，中标机构按各自中标标位利率与票面利率折算的价格承销；标的为价格时，全场加权平均中标价格为当期国债发行价格，中标机构按各自中标标位的价格承销。

（3）混合式招标规则。

标的为利率时，全场加权平均中标利率为当期国债票面利率，低于或等于票面利率的标位，按面值承销；高于票面利率一定数量以内的标位，按各中标标位的利率与票面利率折算的价格承销；高于票面利率一定数量以上的标位，全部落标。标的为价格时，全场加权平均中标价格为当期国债发行价格，高于或等于发行价格的标位，按发行价格承销，低于发行价格一定数量内的标位，按各中标标位的价格承销；低于发行价格一定数量以上的标位，全部落标。背离全场加权平均投标利率或价格一定数量的标位视为无效投标，全部落标，不参与全场加权平均中标利率或价格的计算。

5. 拍卖

拍卖发行方式是指在拍卖市场上，按照例行的经常性的拍卖方式和程序，由发行主体公开向投资者拍卖国债，完全由市场决定国债发行价格与利率。国债的拍卖发行实际是在公开招标发行基础上更加市场化的做法，是国债发行市场高度发展的标志。该发行方式更加科学合理、高效，所以目前西方发达国家的国债发行多采用这种形式。

拓展阅读

美国国债发行经验借鉴

4.2.3 国债的承销

国债的承销一般发生在国债的间接发行场合，是指国债承销商接受中央政府的委托代为发售国债的行为。由于国债发行量巨大，每期的发行时间有限，因此采取承销商进行承销的方式十分有必要。承销商应具有法定或中央政府认定的资格。

1. 记账式国债的承销程序

（1）招标发行。

记账式国债为一种无纸化国债，主要通过银行间债券市场向具备全国银行间债券市场国债承购包销团资格的商业银行、证券公司、保险公司、信托投资公司等机构，以及通过证券交易所的交易系统向具备交易所国债承购包销团资格的证券公司、保险公司和信托投资公司及其他投资者发行。

（2）分销。

分销可以按分销场所的不同分为在交易所市场发行国债的分销和在银行间债券市场发行国债的分销。

首先考虑在交易所市场发行国债的分销。

在交易所市场发行国债的分销运作中，承销商可以选择场内挂牌分销和场外分销两种方式。

场内挂牌分销的程序如下：①承销商在分得包销的国债后，向证券交易所提供一个自营账户作为托管账户，将在证券交易所注册的记账式国债全部托管于该账户中。②证券交易所为每一承销商确定当期国债各自的承销代码，以便于场内挂牌。③在此后发行期中的任何交易时间内，承销商按自己的意愿确定挂牌卖出国债的数量和价格，进行分销。④投资者在买入债券时，可免缴佣金，证券交易所也不向代理机构收取买卖国债的经手费用。买卖成交后，客户认购的国债自动过户至客户的账户内，并完成国债的认购登记手续。客户的认购款通过证券交易所锁定，于当日划入承销商在证券交易所的清算账户中，资金回收安全、迅速。⑤发行结束后，承销商在规定的缴款日前如期将发行款一次性划入财政部在中国人民银行的指定账户内，托管账户中分销的国债余额转为由承销商持有。⑥财政部在收到承销商缴纳的发行款后，将国债发行手续费拨付至各承销商的指定银行账户。

场外分销的程序如下：①在发行期内，承销商也可以在场外确定分销商或客户，并在当期国债的上市交易日前向证券交易所申请办理非交易过户。②证券交易所根据承销商的要求，将原先注册在承销商托管账户中的国债依据承销商指定的数量过户至分销商或客户的账户内，完成债券的认购登记手续。③国债认购款的支付时间和方式由买卖双方在场外协商确定。

其次考虑在银行间债券市场发行国债的分销。

在银行间债券市场发行国债的分销有以下几个注意事项：①分销认购人应是全国银行间债券市场参与者，并已在中央国债登记结算有限责任公司开立债券托管账户；②由承销人根据与分销认购人签订协议所确定的分销价格和数量，填制债券发行分销过户指令一览表，加盖预留印章，填写分销密押后传真至中央国债登记结算有限责任公司，同时将原件寄至中央国债登记结算有限责任公司；③中央国债登记结算有限责任公司利用中央债券簿记系统中的交易过户功能，办理承销商与分销认购人之间的分销债券过户；④发行过程中，承销人的分销总额以其承销总额为限。

2. 凭证式国债的承销程序

凭证式国债（也称储蓄国债）是一种不可上市流通的储蓄型债券，由具备凭证式国债承销团资格的机构承销。财政部和中国人民银行一般每年确定一次凭证式国债承销团资格，各类商业银行、邮政储蓄银行等金融机构均有资格申请加入凭证式国债承销团。财政部一般委托中国人民银行分配承销数额。承销商在分得所承销的国债后，采取向购买人开具收款凭证的方式，通过各自的代理网点发售，发售数量不能超过所承销的国债总量。收款凭证中除了要标注投资者身份外，还需要注明购买日期、购买期限、发行利率等内容。

4.2.4 国债承销的风险与收益

1. 国债销售价格

在现行的多种价格公开招标的国债发行方式下，每个承销商的中标价格与财政部按市场情况和投标情况确定的发售价格是有差异的，财政部允许承销商在发行期内自行确定销售价格。销售价格是影响国债承销的风险与收益的重要因素，因此价格的确定十分重要。对国债而言，承销价格的影响因素主要有以下几个方面：

（1）市场利率。

一般情况下，国债价格水平根据市场利率水平而定，市场利率的高低及其变化对国债销售价格发挥着重要的导向作用。若市场利率趋于上升，就会限制承销商确定销售价格的空间；若市场利率趋于下降，就会为承销商确定销售价格拓宽空间。

（2）承销国债的中标成本。

承销国债的中标成本是承销商销售国债的成本底线，国债销售的价格一般不应低于承销商与发行人的结算价格，否则承销商将直接发生亏损，因此，在投标中，承销商会尽可能压低中标价格，从而降低销售难度，更大程度地获得利润。

（3）流通市场中二级国债的收益率水平。

如果国债承销价格定价过高，则收益率会相应降低，投资就会倾向于在二级市场上购买已经流通的国债，而不是直接购买新发行的国债。由此可见，二级市场的国债价格会影响到投资者购买一级市场国债的热情。如果一级市场的国债价格过高，投资者会转而购买二级市场的国债，从而导致承销商销售国债的失败。

（4）承销商的综合收益。

为了保证国债承销的成功，承销商会从其综合收益的角度考虑，决定其投标价格。这些综合收益主要包括手续费收入和销售速度。在国债承销中，承销商可以获得一定比例的手续费收入。为了促进国债的销售，承销商有可能压低承销价格，以手续费补其不足。另外，承销商为了加快资金回收速度，也会降低承销价格，因为价格低了，承销商的销售就会加快，资金的回收速度就快，投资者的认购资金留在承销商手中的时间就长，承销商可以占用这部分资金的利息收入来提高其综合收益。

(5) 承销商所期望的资金回收速度。

降低销售价格，承销商的分销过程会缩短，资金的回收速度会加快，承销商可以通过获取这部分资金占用期中的利息收入来降低总成本，提高收益。

2. 国债承销的收益

在国债承销的过程中，承销商的收益主要有四种来源。

(1) 差价收入，即承销商的认购价格和对投资者的分销价格的差价。

(2) 承销手续费收入。国债发行时，承销商按承销金额的一定比例可以从发行人处得到承销手续费。国债承销手续费标准并不是固定不变的，它会根据不同的国债发行情况、市场条件以及政策要求而有所调整。一般来说，国债承销手续费是承销团成员承销国债面值的一定比例，这个比例通常在0.06%和0.08%之间，但也可能存在其他比例。

(3) 资金占用的利息收入。如果承销商提前完成了国债的分销任务，那么在交款日前承销商就可以占用这部分资金，并取得利息收入。

(4) 留存自营国债的交易收益。如果承销商可以留存一部分国债自营，并且该国债上市后在二级市场有较好的价格，承销商就可以获得交易收益。

3. 国债承销的风险

承销商的国债承销活动可能面临一定的风险，一般因承销而产生的风险有两种情况：一种是在整个发行期结束后，承销商仍有部分国债积压，从而垫付相应的发行款，并且这部分留存自营的国债在上市后也没有获得收益；另一种是承销商将所有包销的国债全部加以分销，但分销的收入不足以抵付承销成本。一般而言，承销商承销国债的风险远小于承销股票、公司债券等其他证券，但并不排除出现风险的情况。国债承销中的最大风险是市场利率变动的风险，如果市场利率在承销商分销国债的过程中提高了，国债价格将会下降，承销商可能承受损失。但是，财政部出于和承销商长期合作的考虑，在这种条件下往往会对承销商进行补偿，以减小承销商的风险。

4.3 地方政府债券

地方政府债券是指地方政府根据信用原则、以承担还本付息责任为前提而筹集资金的债务凭证，是指有财政收入的地方政府发行的债券。地方政府债券包括一般债券和专项债券。一般债券是为没有收益的公益性项目发行的、主要以一般公共预算收入为还本付息资金来源的政府债券；专项债券是为有一定收益的公益性项目发行的、以公益性项目对应的政府性基金收入或专项收入为还本付息资金来源的政府债券。地方财政部门应当切实履行偿债责任，及时支付债券本息，维护政府信誉，加强专项债券项目跟踪管理，严格落实项目收益与融资规模相平衡的有关要求，保障债券还本付息，防范专项债券偿付风险。

地方财政部门应当在国务院批准的分地区限额内发行地方政府债券。新增债券、再融资债券、置换债券发行规模不得超过财政部下达的当年本地区对应类别的债券限额或发行规模上限。地方财政部门应当根据项目期限、融资成本、到期债务分布、投资者需求、债券市场状况等因素，合理确定债券期限结构。地方财政部门可结合实际情况，在按照市场化原则保障债权人合法权益的前提下，采取到期偿还、提前偿还、分期偿还等本金偿还方式。地方财政部门应当均衡一般债券期限结构，充分结合项目周期、债券市场需求等合理确定专项债券期限，专项债券期限应当与项目期限相匹配。专项债券期限与项目期限不匹配的，可在同一项目周期内以接续发行的方式进行融资。专项债券可以对应单一项目发行，也可以对应多个项目集合发行。财政部对地方政府债券发行期限进行必要的统筹协调。

地方政府债券发行可以采用承销、招标等方式。地方财政部门采用承销方式发行地方政府债券，应当与主承销商协商确定承销规则，明确承销方式和募集原则等。地方财政部门与主承销商协商确定利率（价格）区间，各承销商在规定时间内报送申购利率（价格）和数量意愿，按事先确定的定价和配售规则确定最终发行利率（价格）和各承销商债券承销额。承销按照低利率或高价格优先的原则对有效申购逐笔募入，直至募满计划发行量或将全部有效申购募完为止。申购标的为利率时，全场最高配售利率为当期债券的票面利率，各获配承销团成员按面值承销；申购标的为价格时，全场最低配售价格为当期债券的票面价格，各获配承销团成员按票面价格承销。最高配售利率（最低配售价格）标位配售数量以各承销团成员在此标位申购量为权重进行分配，最小承销单位为申购量的最小变动幅度，分配后仍有尾数时，按申购时间优先原则分配。承销时可以在承销协议中约定采取包销方式，即在申购截止时间后有效申购额或缴款额不足计划发行额时，不足部分按承销协议约定，由全部或部分承销团成员按票面利率（价格）认购。地方财政部门采用招标方式发行地方政府债券，应当科学制定招标规则，明确招标方式和中标原则，合理设定投标比例、承销比例等技术参数。地方财政部门通过财政部规定的电子招标系统，要求各承销商通过该系统在规定时间报送投标利率及投标额，按地方财政部门制定的招标发行规则，确定债券发行利率及各承销商债券中标额。地方财政部门可结合市场情况和自身需要，采用弹性招标方式发行地方政府债券。

4.4 金融债券

4.4.1 金融债券概述

1. 金融债券的定义

在我国，金融债券通常是指依法在我国境内设立的政策性银行、商业银行、企业集团财务公司及其他金融机构法人在全国银行间债券市场发行的、按约定还本付息的有价证券。在欧美市场经济成熟国家，金融机构通常都是公司制企业，其发行的债券也属于公司债券，并不单独归类；而在我国等一些发展中国家，金融机构发行的债券被单列为金融债券。

2. 金融债券发行的目的

金融债券的发行主要是为了达到以下目的：

(1) 增强负债的稳定性。

金融债券的偿还期限通常较长，有些甚至达几十年，金融债券这种长期负债比金融机构吸收的存款具有更高的稳定性。

(2) 扩大资产业务。

金融机构可以根据需要灵活地发行金融债券，改变其根据负债结构和规模确定资产结构与规模的传统业务特征。由于金融债券是凭借发行主体的信用发行的，因此，一般只有规模大、资信状况良好、信誉优良的金融机构才能获准发行。

3. 金融债券的分类

按发行主体的不同，我国金融债券主要包括政策性金融债券和金融企业债券两种。

(1) 政策性金融债券。

政策性金融债券是指我国政策性银行（国家开发银行、中国进出口银行、中国农业发展银行）为筹集信贷资金，经中国人民银行核准，采用市场化发行或计划派购的方式，向商业银行、保险公司等金融机构发行的金融债券。政策性金融债券发行申请应包括发行数量、期限安排、发行方式等内容，如需调整，应及时报中国人民银行核准。政策性金融债券为无纸化债券，由中央国债登记结算有限责任公司负责托管和登记，各承销商和认购人均在中央国债登记结算有限责任公司开设托管账户，中央国债登记结算有限责任公司接受政策性银行的委托办理还本付息业务。政策性金融债券可在银行间债券市场上流通，进行现券买卖和抵押回购操作，已成为各金融机构的重要投资工具，同时也成为中央银行执行货币政策、进行公开市场业务的操作工具之一。

(2) 金融企业债券。

金融企业债券还可以细分为一般金融债券、次级债券和混合资本债券三种。

1) 一般金融债券。

一般金融债券可以在银行间债券市场内采取一次足额发行或限额内分期发行的方式，可公开发行或者定向发行。发行机构应当向中国人民银行报送发行债券的申请，如有必要，中国人民银行可商请其他监管机构出具相关监管意见。商业银行发行一般金融债券没有强制性担保要求，财务公司发行一般金融债券则需要由其母公司或其他有担保能力的成员单位提供相应的担保，经国家金融监督管理总局批准免于担保的除外。

2) 次级债券。

次级债券是指商业银行发行的不用于弥补银行日常经营损失的债券，可在全国银行间债券市场公开发行或私募发行，债务的索偿权排在存款和其他负债之后，发行期限不低于5年（含5年）。商业银行对次级债权（不含我国开发性金融机构和政策性银行）和全球系统重要性银行发行的外部总损失吸收能力非资本债务工具（未扣除部分）的风险权重为150%。商业银行对我国开发性金融机构和政策性银行的次级债权（未扣除部分）的风险权重为100%。

3）混合资本债券。

混合资本债券是指商业银行为补充附属资本发行的、清偿顺序位于股权资本之前但在一般金融债券和次级债券之后、期限在15年以上、发行之日起10年内不可赎回的债券。混合资本债券是一种混合资本工具，它同时兼有一定的股本性质和债务性质。商业银行发行混合资本债券应向中国人民银行报送发行申请文件。混合资本债券可以公开发行，也可以定向发行，但均应进行信用评级。

4.4.2 金融债券的发行主体及报送文件

1. 政策性银行

政策性银行主要是指国家开发银行、中国进出口银行和中国农业发展银行，它们只要按照要求向中国人民银行发送金融债券发行申请，经核准后即可进行债券发行。申请内容应包括发行数量、发行期限、发行方式等。相应地，在文件报送时，应当主要包括以下文件：

（1）金融债券发行申请报告；

（2）发行人近三年经审计的财务报告及审计报告；

（3）金融债券发行办法；

（4）承销协议；

（5）中国人民银行要求提交的其他文件。

2. 商业银行

商业银行如想发行金融债券，需经过专门的资质审查。商业银行需要达到以下条件方可发行：一是具备良好的公司治理机制；二是核心资本充足率不低于4%；三是最近3年连续盈利；四是贷款损失准备计提充足；五是风险监督指标符合监管机构的有关规定；六是最近3年没有重大违法、违规行为；七是中国人民银行要求的其他条件。相应地，商业银行在债券发行申请时需向中国人民银行报送文件，主要包括以下文件：

（1）金融债券发行申请报告；

（2）发行人公司章程或章程性文件规定的权力机构的书面同意文件；

（3）监管机构同意金融债券发行的文件；

（4）发行人近3年经审计的财务报告及审计报告；

（5）募集说明书；

（6）发行公告或发行章程；

（7）承销协议；

（8）发行人关于本期债券偿债计划及保障措施的专项报告；

（9）信用评级机构出具的金融债券信用评级报告及有关持续跟踪评级安排的说明；

（10）发行人律师出具的法律意见书；

（11）中国人民银行要求的其他文件；

（12）采用担保方式发行金融债券的，还应提供担保协议及担保人资信情况说明。

3. 企业集团财务公司

企业集团财务公司如想发行金融债券则需具备如下一些主要条件：一是具有良好的公

司治理机构、完善的投资决策机制、健全有效的内部管理和风险控制制度及相应的管理信息系统；二是具有从事金融债券发行的合格专业人员；三是依法合规经营，符合国家金融监督管理总局有关审慎监管的要求；四是财务公司已发行、尚未兑付的金融债券总额不得超过其净资产总额的100%，发行金融债券后，资本充足率不低于10%；五是财务公司设立1年以上，经营状况良好，申请前1年利润率不低于行业平均水平，且有稳定的盈利预期；六是申请前1年，不良资产率低于行业平均水平，资产损失准备拨备充足；七是申请前1年，注册资本金不低于3亿元人民币，净资产不低于行业平均水平；八是无到期不能支付债务；九是近3年无重大违法违规记录。

4.4.3 金融债券发行

1. 发行方式

金融债券的发行范围为全国银行间债券市场，可以公开发行或定向发行，可采取一次足额发行或限额内分期发行的方式。发行人分期发行金融债券的，应在募集说明书中说明每期发行安排。发行人（不包括政策性银行）应在每期金融债券发行前5个工作日将相关的发行申请文件报中国人民银行备案，并按中国人民银行的要求披露有关信息。发行金融债券时，发行人应采取协议承销、招标承销等方式组建承销团。

以招标承销方式发行金融债券的，发行人应与承销团成员签订承销协议。以协议承销方式发行金融债券的，发行人应聘请主承销商。承销人应为金融机构，并须具备下列条件：一是注册资本不低于2亿元人民币；二是具有较强的债券分销能力；三是具有合格的从事债券市场业务的专业人员和债券分销渠道；四是最近2年内没有重大违法、违规行为；五是中国人民银行要求的其他条件。

以定向方式发行金融债券的，应优先选择承销协议方式。如定向发行对象不超过两家，可不聘请主承销商，由发行人与认购机构签订协议安排发行。

2. 担保要求及信用评级

政策性银行与商业银行发行金融债券没有强制担保要求，但是企业集团财务公司发行金融债券，则需要由财务公司的母公司或其他有担保能力的成员单位提供相应担保，经国家金融监督管理总局批准免于担保的除外。

金融债券的发行应由具有债券评级能力的信用评级机构进行信用评级。金融债券发行后，信用评级机构应每年对该金融债券进行跟踪信用评级。如发生影响该金融债券信用评级的重大事项，信用评级机构应及时调整该金融债券的信用评级，并向投资者公布。

4.4.4 金融债券的信息披露

金融债券的发行人应在金融债券发行前和存续期间履行信息披露义务，信息披露应通过中国货币网、中国债券信息网进行。发行人应保证信息披露真实、准确、完整、及时，不得有虚假记载、误导性陈述和重大遗漏。发行人及相关知情人在信息披露前不得泄露其内容。对影响发行人履行债务的重大事件，发行人应在第一时间向中国人民银行报告，并按照中国人民银行指定的方式披露。

经中国人民银行核准发行金融债券的，发行人应于每期金融债券发行前3个工作日披露募集说明书和发行公告。金融债券存续期间，发行人应于每年 4 月 30 日前向投资者披露年度报告，年度报告应包括发行人上一年度的经营情况说明、经注册会计师审计的财务报告以及涉及的重大诉讼事项等内容。采用担保方式发行金融债券的，发行人还应在其年度报告中披露担保人上一年度的经营情况说明、经审计的财务报告以及涉及的重大诉讼事项等内容。发行人应于金融债券每次付息日前 2 个工作日公布付息公告，最后一次付息暨兑付日前 5 个工作日公布兑付公告。金融债券存续期间，发行人应于每年 7 月 31 日前披露债券跟踪信用评级报告。信息披露涉及的财务报告，应经注册会计师审计，并出具审计报告；信息披露涉及的法律意见书和信用评级报告，应分别由执业律师和具有债券评级能力的信用评级机构出具。

4.5　公司债券和企业债券

4.5.1　公司债券的发行

1. 公司债券的发行条件

公司债券的发行主体一般应为具有独立法人资格的股份有限公司或有限责任公司，关于这一点各国相关主管部门均有明确规定。中国证监会于 2023 年 10 月 20 日发布实施的《公司债券发行与交易管理办法》第一章第二条规定：“在中华人民共和国境内，公开发行公司债券并在证券交易所、全国中小企业股份转让系统交易，非公开发行公司债券并在证券交易所、全国中小企业股份转让系统、证券公司柜台转让的，适用本办法。法律法规和中国证券监督管理委员会（以下简称中国证监会）另有规定的，从其规定。本办法所称公司债券，是指公司依照法定程序发行、约定在一定期限还本付息的有价证券。”上市公司发行公司债券需要满足基本条件和募集资金投向的要求。此外，对于公司债券发行主体的发行条件，各国一般都会通过设置法律进行规定，主要的限制体现在公司的净资产规模、盈利水平、偿债能力和发行规模等方面。

（1）基本条件。

公开发行公司债券，应当符合下列条件：

1）具备健全且运行良好的组织机构；

2）最近三年平均可分配利润足以支付公司债券一年的利息；

3）具有合理的资产负债结构和正常的现金流量；

4）国务院规定的其他条件。

公开发行公司债券，由证券交易所负责受理、审核，并报中国证监会注册。

（2）募集资金投向。

公开发行公司债券筹集的资金，必须按照公司债券募集说明书所列资金用途使用；改变资金用途，必须经债券持有人会议作出决议。非公开发行公司债券，募集资金应当用于约定的用途；改变资金用途，应当履行募集说明书约定的程序。

鼓励公开发行公司债券的募集资金投向符合国家宏观调控政策和产业政策的项目

建设。

公开发行公司债券筹集的资金，不得用于弥补亏损和非生产性支出。发行人应当指定专项账户，用于公司债券募集资金的接收、存储、划转。

(3) 不得再次公开发行公司债券的情况。

存在下列情形之一的，不得再次公开发行公司债券：

1) 对已公开发行的公司债券或者其他债务有违约或者延迟支付本息的事实，仍处于继续状态；

2) 违反《证券法》规定，改变公开发行公司债券所募资金用途。

2. 公司债券的发行程序

(1) 作出决议或决定。

股份有限公司、有限责任公司发行公司债券，要由董事会制订发行公司债券的方案，提交股东会审议作出决议。国有独资公司发行公司债券，由国家授权投资的机构或者国家授权的部门作出决定。

(2) 提出申请。

公司应当向国务院证券管理部门提出发行公司债券的申请，并提交下列文件：

1) 公司登记证明；

2) 公司章程；

3) 公司债券募集办法；

4) 资产评估报告和验资报告。

(3) 经主管部门批准。

国务院证券管理部门对公司提交的发行公司债券的申请进行审查，对符合公司法规定的，予以批准；对不符合规定的不予批准。

(4) 与证券商签订承销协议。

(5) 公告公司债券募集方法。

发行公司债券的申请被批准后，应当公告公司债券募集办法。公司债券募集办法应当载明下列主要事项：

1) 公司名称；

2) 债券募集资金的用途；

3) 债券总额和债券的票面金额；

4) 债券利率的确定方式；

5) 还本付息的期限和方式；

6) 债券担保情况；

7) 债券的发行价格、发行的起止日期；

8) 公司净资产额；

9) 已发行的尚未到期的公司债券总额；

10) 公司债券的承销机构。

3. 公司债券的发行定价

影响公司债券的发行定价的因素主要有：

（1）资金市场或金融市场上资金供求状况及利率水平；

（2）发行公司的资信状况；

（3）政府的金融政策，尤其是货币政策。

4. 公司债券的信息披露

发行人及其他信息披露义务人应当按照中国证监会及证券自律组织的相关规定履行信息披露义务。

发生可能对上市交易公司债券的交易价格产生较大影响的重大事件，投资者尚未得知时，发行人应当立即将有关该重大事件的情况向中国证监会、证券交易场所报送临时报告，并予公告，说明事件的起因、目前的状态和可能产生的法律后果。

前款所称重大事件包括：

（1）公司股权结构或者生产经营状况发生重大变化；

（2）公司债券信用评级发生变化；

（3）公司重大资产抵押、质押、出售、转让、报废；

（4）公司发生未能清偿到期债务的情况；

（5）公司新增借款或者对外提供担保超过上年末净资产的百分之二十；

（6）公司放弃债权或者财产超过上年末净资产的百分之十；

（7）公司发生超过上年末净资产百分之十的重大损失；

（8）公司分配股利，作出减资、合并、分立、解散及申请破产的决定，或者依法进入破产程序、被责令关闭；

（9）涉及公司的重大诉讼、仲裁；

（10）公司涉嫌犯罪被依法立案调查，公司的控股股东、实际控制人、董事、监事、高级管理人员涉嫌犯罪被依法采取强制措施；

（11）募投项目情况发生重大变化，可能影响募集资金投入和使用计划，或者导致项目预期运营收益实现存在较大不确定性；

（12）中国证监会规定的其他事项。

发行人的控股股东或者实际控制人对重大事件的发生、进展产生较大影响的，应当及时将其知悉的有关情况书面告知发行人，并配合发行人履行信息披露义务。

公开发行公司债券的发行人及其他信息披露义务人应当将披露的信息刊登在其证券交易场所的互联网网站和符合中国证监会规定条件的媒体，同时将其置备于公司住所、证券交易场所，供社会公众查阅。

4.5.2 企业债券的发行

1. 企业债券的发行条件

企业债券是指在中华人民共和国境内具有法人资格的企业在境内依照程序发行并约定在一定期限内还本付息的有价证券。企业债券的发行条件如下：

（1）主体资质要求。

1）境内非金融类企业法人，健全且运行良好的组织机构；

2）成立时间满 3 年；

3）近3年无重大违法违规行为；

4）前次债券已募足，未擅自改变前次债券募集资金用途，且已发行债券或其他债务未违约或延迟支付本息；

5）主体评级不低于AA－，且债项评级不低于AA。

（2）财务指标要求（具有合理的资产负债结构和正常的现金流量）。

1）资产负债率（参考发改办财金〔2015〕1327号文规定，不符合的须提供担保措施）；

2）政府类应收款占净资产比例（主体AA－原则上不超过40%；AA及以上不超过60%）；

3）补贴收入比例（补贴与营业收入比例不超过3∶7，但轨道交通建设平台不作此要求）；

4）近3年连续盈利（合并口径和母公司口径的净利润，取高者）；

5）近3年平均可分配利润（合并口径和母公司口径的净利润，取低者）足以支付企业债券1年的利息（但主体AAA发行可续期债有利息递延条款的不作此要求）。

（3）募投项目要求。

1）资金投向：符合国家宏观调控政策和产业政策的项目建设。

2）项目类型：不得是公益性项目，收入须来自市场化销售或运营收入。

3）项目法人：原则上应为发行人自身或其控股子公司。

4）项目进度：在建或拟建项目。

5）资金规模：用于募投项目的债券资金，占债券规模至少60%，且不超过募投项目总投资的70%。

6）收入结构：补贴收入不得超过总收入的50%，建设期不得补贴，涉及跨年项目须列入中期财政规划并实施三年滚动管理。

7）收益覆盖：债券存续期内，项目经营性收益须覆盖用于项目建设部分的债券利息（除了项目收益债须逐年覆盖本息），项目运营期内，覆盖项目总投资。其中，暂不做收益覆盖要求的包括以下3种情况：①省级棚户区；②国家级高速公路；③主体AA＋及以上的省会城市或计划单列市的轨道交通项目（地铁、铁路等）或一段连接省会城市或计划单列市的城际铁路。

（4）申报时点要求。

通道内只能有一只企业债券在审，前一只发行完后才能申报新一只。

2. 企业债券的发行条款

企业债券的发行条款包括但不限于发行架构、发行人信用评级、发行对象、发行方式、发行规模、发行期限、发行利率、募集资金用途等。

3. 企业债券发行全面施行注册制

2020年3月1日，《国家发展改革委关于企业债券发行实施注册制有关事项的通知》表明，企业债券发行由核准制改为注册制。国家发展和改革委员会（简称国家发展改革委）为企业债券的法定注册机关，发行企业债券应当依法经国家发展改革委注册。国家发展改革委指定相关机构负责企业债券的受理、审核。其中，中央国债登记结算有限责任公司为受理机构，中央国债登记结算有限责任公司、中国银行间市场交易商协会为审核机构。企业债券发行人直接向受理机构提出申请，国家发展改革委对企业债券受理、审核工作及两家指定机构进行监督指导，并在法定时限内履行发行注册程序。

4. 企业债券的上市流通及信息披露

（1）在证券交易所的上市流通。

企业债券发行完成后，可以在证券交易所上市流通。2023 年 10 月 20 日，上海证券交易所发布《上海证券交易所公司债券上市规则（2023 年修订）》，企业债券申请在上海证券交易所上市，需要参照此规则的要求，向上海证券交易所上报上市申请材料。

（2）在银行间债券市场的上市流通。

1）准入条件。

符合以下条件的企业债券可以进入银行间债券市场交易流通：一是依法公开发行；二是完成债权债务关系确立并登记完毕。

2）信息披露。

债券交易流通期间，发行人应按照银行间债券市场的有关规定履行信息披露义务。债券交易流通期间，单个投资者持有量超过该期债券发行量的 30%时，债券登记托管结算机构应及时告知同业拆借中心并进行信息披露。

债券交易流通期间发生以下情形的，投资者应及时通过同业拆借中心进行信息披露：

（1）以自己发行的债券为标的资产进行债券回购交易；

（2）与其母公司或同一母公司下的其他子公司（分支机构）进行债券交易；

（3）资产管理人的自营账户与其资产管理账户进行债券交易；

（4）同一资产管理人管理的不同账户之间进行债券交易；

（5）中国人民银行规定的其他情形。

4.6 短期融资券与中期票据

2005 年 5 月，中国人民银行颁布《短期融资券管理办法》，此后，我国短期融资券市场发展迅猛。2008 年，中国银行间市场交易商协会（以下简称交易商协会）发布《银行间债券市场非金融企业中期票据业务指引》，中期票据开始发行。短期融资券和中期票据都是指具有法人资格的非金融企业在银行间债券市场发行的、约定在一定期限还本付息的债务融资工具，短期融资券的期限在 1 年内。

4.6.1 短期融资券和中期票据的发行制度：注册制

交易商协会成立之前，短期融资券发行采用在中国人民银行备案的制度。依据《短期融资券管理办法》，企业将符合要求的备案材料报送中国人民银行，由其根据规定的条件和程序向企业下达备案通知书，并核定该企业发行融资券的最高余额。

2007 年 9 月，经国务院同意，交易商协会成立，其业务主管部门为中国人民银行。交易商协会是由市场参与者、中介机构及相关领域的从业人员和专家学者自愿组成的，包括银行间债券市场、同业拆借市场、外汇市场、票据市场、黄金市场和衍生产品市场在内的银行间市场的自律组织。

2008年4月，中国人民银行颁布了《银行间债券市场非金融企业债务融资工具管理办法》。根据该管理办法，交易商协会出台了一系列相关规则与指引，初步构建起了注册制管理框架。

短期融资券与中期票据对银行间债券市场的机构投资者发行，两者均在中国人民银行主管的交易商协会注册发行，只在银行间债券市场交易，不对社会公众发行。

4.6.2 短期融资券和中期票据的发行条件

按照《非金融企业短期融资券业务指引》，企业发行短期融资券应具备以下条件：(1) 企业发行短期融资券应依据《非金融企业债务融资工具注册发行规则》在交易商协会注册。(2) 企业发行短期融资券所募集的资金应用于符合国家相关法律法规及政策要求的企业生产经营活动，并在发行文件中明确披露具体资金用途。企业在短期融资券存续期内变更募集资金用途应提前披露。(3) 企业发行短期融资券应按交易商协会《银行间债券市场非金融企业债务融资工具信息披露规则》在银行间债券市场披露信息。(4) 企业发行短期融资券应由符合条件的承销机构承销。

根据《非金融企业中期票据业务指引》，发行中期票据的条件包括：(1) 企业发行中期票据应依据《非金融企业债务融资工具注册发行规则》在交易商协会注册。(2) 企业发行中期票据所募集的资金应用于符合国家法律法规及政策要求的企业生产经营活动，并在发行文件中明确披露具体资金用途。企业在中期票据存续期内变更募集资金用途应提前披露。(3) 企业发行中期票据应按交易商协会《银行间债券市场非金融企业债务融资工具信息披露规则》在银行间债券市场披露信息。(4) 企业发行中期票据应由符合条件的承销机构承销。

4.6.3 短期融资券和中期票据的发行程序

短期融资券和中期票据在发行程序上是相同的，发行程序主要有五大步骤：

(1) 向承销机构表达发行意向，确立初步意向。

(2) 承销机构开展尽职调查。

签署主承销协议（或联合主承销协议）后，承销机构组成尽职调查项目小组，对发行人历史沿革、股权结构、产品市场、财务状况、募集资金用途、发展前景等进行调查分析研究，对发行人可能面临的各项风险及规避措施进行调查和披露，对有关部门及投资者关注的重要问题进行调查和披露。

(3) 完成申请及注册文件。

尽职调查项目小组在完成尽职调查工作后，应会同发行人及有关中介机构按照交易商协会有关规定制作完成发行短期融资券和中期票据的申报及注册文件。

(4) 注册。

由主承销商将注册文件送交银行间市场交易商协会。交易商协会接受发行注册后，出具《接受注册通知书》，注册有效期为两年。

(5) 发行。

接到《接受注册通知书》后，准备发行：首先，根据企业现金流要求确定各期短期融资券和中期票据的发行时间或自主选择发行时机；其次，根据发行时机及对未来利率走势的判断，确定发行的期限品种；再次，进行发行前的材料报备及各项信息披露，通过招投标或询价确定发行价格；最后，发行工作结束，承销团缴款，债券过户。

4.6.4 短期融资券和中期票据的优势

与传统的银行贷款相比，短期融资券和中期票据是市场化的债务发行，具有以下优势：

1. 成本低于银行贷款

相较于我国的银行贷款，短期融资券、中期票据的发行利率是由市场询价的方式决定的，这有利于企业，特别是资质优良的大型企业降低融资成本、优化负债结构。一般来说，包括利息支出、承销费用、评级费、律师费等在内的综合费率较同期限银行贷款利率低两个百分点左右，且不需要任何抵押担保。

2. 有利于建立市场信誉

通过发行短期融资券和中期票据，定期披露财务信息，企业可在资本市场上树立良好的信用形象，为持续融资和进行长期债券融资以及股权融资打下信用基础。

3. 发行程序简便

采用注册制，发行程序明显简化，发行时间明显缩短。可一次注册、分期发行，注册有效期较长，可由企业控制发行节奏。发行过程还提供了逆向询价机制。因此，短期融资券和中期票据的灵活性可以较好地满足不同发行人的需求，并使发行人与投资者的需求得到更好的匹配。

思考题

1. 债券的特征是什么？有哪些主要的分类？
2. 国债有哪五种发行方式？我国国债发行的主要方式是什么？
3. 国债承销的风险与收益体现在什么地方？
4. 金融企业债券分为哪三种？
5. 我国公司债券的发行条件是什么？
6. 短期融资券和中期票据的概念是什么？
7. 短期融资券和中期票据的优势何在？
8. 短期融资券和中期票据的发行制度有何特点？

第5章

股票、债券和基金的交易

本章提要

本章首先介绍了证券交易所的概况及股票交易实务，然后介绍了股票经纪业务的含义与特点，接着分析了债券的实际价格与其影响因素，以及债券现货交易与债券回购交易的程序，同时也介绍了债券经纪业务的含义和作用，最后讲述了基金网上交易流程和私募基金的有关内容。

重点与难点

1. 证券交易所的概况。
2. 股票交易的收费标准及原则。
3. 证券经纪商的作用。
4. 债券的实际价格及其影响因素。
5. 债券现货交易的程序。
6. 债券回购交易的程序。
7. 基金网上交易流程。
8. 私募基金合格投资者的界定。

5.1 股票交易市场

5.1.1 证券交易所

世界上大多数国家的证券交易所都实行会员制，我国上海证券交易所和深圳证券交易所均实行会员制，北京证券交易所实行公司制。

我国证券交易所的发展是从区域性的发展逐渐转向全国性的发展的。1990 年底，上海证券交易所和深圳证券交易所相继成立，标志着我国证券市场正式形成。2021 年 9 月 3 日，北京证券交易所注册成立。截至 2023 年底，我国境内股票市场共有上市公司 5 346 家，其中，上海、深圳、北京证券交易所上市公司数量分别为 2 263 家、2 844 家和 239 家。

拓展阅读

证券交易所基本介绍

5.1.2 股票交易实务

1. 收费标准

A 股股票交易费用如下：

（1）交易佣金：由券商收取，沪、深、京市通常在成交金额的 0.01%和 0.03%之间，每笔交易佣金不足 5 元的，按 5 元收取，双边征收。

（2）印花税：由国家税务总局收取，沪、深、京市按成交金额的 0.05%征收，采取单边征收，只向卖方征收，不向买方征收。

（3）过户费：由中国证券登记结算有限责任公司收取，沪、深、京市按照成交金额的 0.001%收取，双向收取。

（4）经手费：由证券交易所收取，沪、深市按成交金额的 0.003 41%收取，京市按成交金额的 0.012 5%收取，双向收取。

（5）监管费：由中国证监会收取，沪、深、京市按照年交易金额的 0.002%收取。

拓展阅读

场外交易市场

拓展阅读

股票交易的制度规则

2. 清算

证券的清算是指证券商在证券交易成交后，对应收、应付的证券数量、价款分别同证券交易所进行轧抵的差额计算过程。通常，清算在成交后当即进行。由于计算机和网络技术的发展，证券交易均采取计算机自动对盘和无纸化交易方式，证券清算也通过证券交易所或专门的结算机构负责。

3. 股票交易的原则

（1）一般性原则。

公开原则。

公开原则又称信息公开原则，是指证券交易是一种面向社会的、公开的交易活动，其核心是实现市场信息的公开化。根据这一原则，证券交易参与各方应依法及时、真实、准确、完整地向社会发布有关信息。

公平原则。

公平原则是指参与交易的各方应当获得平等的机会。它要求证券交易活动中的所有参与者都有平等的法律地位，各自的合法权益都能得到公平保护。

公正原则。

公正原则是指应当公正地对待证券交易的参与各方以及公正地处理证券交易事务。

(2) 特定原则。

集合竞价是指由投资者按照自己所能接受的心理价格自由地进行买卖申报，电脑交易主机系统对全部有效委托进行一次集中撮合处理的过程。

集合竞价原则即最大成交量原则，是以此价格成交能够得到最大成交量的原则。高于集合竞价产生的价格的买入申报全部成交；低于集合竞价产生的价格的卖出申报全部成交；等于集合竞价产生的价格的买入或卖出申报，根据买入申报量、卖出申报量的多少，按少的一方的申报量成交。

连续竞价是指对买卖申报逐笔连续撮合的竞价方式。

连续竞价原则即价格优先、时间优先。价格优先包括两层含义：一是委托买卖时，市价申报优先于限价申报；二是买进申报时，出价高的优先于出价低的，卖出申报时，卖价低的优先于卖价高的。时间优先即相同价位上的申报，以申报的时间先后为序。

5.2 股票经纪业务

5.2.1 股票经纪业务的含义与特点

1. 股票经纪业务的含义

股票经纪业务是指证券公司通过其设立的证券营业部，收取佣金作为报酬，接受客户委托，按照客户要求，代理客户买卖股票的业务。

股票经纪业务是随着集中交易制度的实行而产生和发展起来的。由于在证券交易所内交易的股票种类繁多，数额巨大，而交易厅内席位有限，一般投资者不能直接进入证券交易所进行交易，因此只能通过特许的证券经纪商作中介来促成交易的完成。

所谓证券经纪商，是指接受客户委托、代客买卖证券并以此收取佣金的中间人。证券经纪商以代理人的身份从事证券交易，与客户是委托代理关系。证券经纪商必须遵照客户发出的委托指令进行证券买卖，并尽可能以最有利的价格使委托指令得以执行，但证券经纪商并不承担交易中的价格风险。证券经纪商向客户提供服务以收取佣金作为报酬。在中国，具有法人资格的证券经纪商是指在证券交易中代理买卖证券，从事经纪业务的证券公司。

在证券代理买卖业务中，证券公司作为证券经纪商发挥着重要作用。证券交易方式的特殊性、交易规则的严密性和操作程序的复杂性，决定了广大投资者不能直接进入证券交易所买卖证券，而只能由经过批准并具备一定条件的证券经纪商进入证券交易所进行交易，投资者则需委托证券经纪商代理买卖来完成交易过程。因此，证券经纪商是证券市场的中坚力量，其作用主要表现在：

（1）充当证券买卖的媒介。证券经纪商充当证券买方和卖方的经纪人，发挥着沟通买卖双方并按一定要求迅速、准确地执行指令和代办手续的媒介作用，提高了证券市场的流动性和效率。

（2）提供信息服务。证券经纪商一旦和客户建立了买卖委托关系，客户往往希望证券经纪商提供及时、准确的信息服务。这些信息服务包括：上市公司的详细资料、公司和行业的研究报告、经济前景的预测分析及展望研究、有关股票市场变动态势的商情报告等。

2. 股票经纪业务的特点

（1）广泛性。

所有上市交易的股票和债券都是证券经纪业务的对象，因此，证券经纪业务的对象具有广泛性。同时，由于证券经纪业务的具体对象是特定价格的证券，而证券价格受宏观经济运行状况、上市公司经营业绩、市场供求情况、社会政治变化、投资者心理因素、主管部门的政策及调控措施等多种因素影响，经常涨跌变化，同一种证券在不同时点会有不同的价格，因此，证券经纪业务的对象还具有价格变动性。

拓展阅读

股票经纪业务相关实务

（2）中介性。

证券经纪业务是一种代理活动，证券经纪商不以自己的资金进行证券买卖，也不承担交易中证券价格涨跌的风险，而是充当证券买方和卖方的代理人，沟通买卖双方和按一定的要求和规则迅速、准确地执行指令并代办手续，同时充当使买卖双方按自己意愿成交的媒介作用，因此具有中介性的特点。

（3）权威性。

在证券经纪业务中，客户是委托人，证券经纪商是受托人。证券经纪商要严格按照委托人的要求办理委托事务。这是证券经纪商对委托人的首要义务。委托人的指令具有权威性，证券经纪商必须严格地按照委托人指定的证券名称、数量、价格和有效时间买卖证券，不能自作主张擅自改变委托人的意愿。即使情况发生了变化，为了维护委托人的权益不得不变更委托指令，也必须事先征得委托人的同意。如果证券经纪商无故违反委托人的指示，在处理委托事务中使委托人遭受损失，证券经纪商应承担赔偿责任。

（4）保密性。

在证券经纪业务中，委托人的资料关系到其投资决策的实施和投资盈利的实现，关系到委托人的切身利益，证券经纪商有义务为客户保密，如股东账户和资金账户的账号和密码。客户委托的有关事项，包括买卖哪种证券，买卖证券的时间和价格，客户股东账户中的库存证券种类和数量，资金账户中的资金额，等等。如因证券经纪商泄露客户资料而造成客户损失，证券经纪商应承担赔偿责任。

5.2.2 股票经纪关系的建立

证券经纪商是证券交易的中介，是独立于买卖双方的第三者，与客户之间不存在从属或依附的关系。但是，要开展经纪业务，证券经纪商首先必须与客户建立具体的委托代理关系即经纪关系。

（1）确立股票经纪关系。

证券经纪商向客户讲解业务规则、协议内容和揭示风险，签署《风险揭示书》和《客户须知》，告知客户从事证券投资风险的种类，即宏观经济风险、政策风险、上市公司经营风险、技术风险、不可抗力因素导致的风险、其他风险等。

（2）签订《证券交易委托代理协议》。

《证券交易委托代理协议》是客户与证券经纪商之间在委托买卖过程中有关权利、义务、业务规则和责任的基本约定，也是保障客户与证券经纪商双方权益的基本法律文书。

（3）开立资金账户。

资金账户是指客户在证券公司开立的专门用于证券交易结算的账户，即客户证券资金台账。证券公司通过该账户对客户的证券买卖交易、证券交易资金支取进行前端控制，对客户证券交易结算资金进行清算交收和计付利息等。

证券营业部为客户开立资金账户应严格遵守实名制原则。客户须持有效身份证明文件或法人合法证件，以客户本人名义开立；资金账户应与客户开立的各类证券账户、在存管银行开立的结算账户名称一致、名实相符。

开户时必须本人来营业部现场办理。正常交易时间可以更改密码。

（4）客户交易结算资金第三方存管。

在我国证券市场发展过程中，客户交易结算资金在早期是由其经纪商负责管理。客户交易结算资金第三方存管制度是2008年中国证监会全面推行的一项旨在保护客户资金安全的制度，已在证券行业全面实施，并得到有效执行。

按照《证券法》的规定，证券公司客户的交易结算资金应当存放在商业银行，以每个客户的名义单独立户管理。

1）证券公司客户的交易结算资金只能存放在指定的存管银行，不能存入其他任何机构。

2）指定的存管银行须为每个客户建立管理账户，用以记录客户资金的余额及明显变动。指定的存管银行须为证券公司开立客户交易结算资金汇总账户，用于客户证券交易交收资金的划付。该账户以证券公司名义开立，但其资金全部为客户所有。管理账户为客户交易结算资金汇总账户的二级明细记录账户。

3）客户、证券公司和指定的存管银行通过签订合同的形式明确具体的客户交易结算资金存取、划转、查询等事项。

4）客户交易结算资金的存取全部通过指定的存管银行办理。

5）指定的存管银行须保证客户能够随时查询其交易结算资金的余额及变动情况。

客户交易结算资金第三方存管制度能够保证客户资金安全、维护投资者利益、控制证券行业风险、维护市场稳定。

5.2.3 股票经纪业务的风险及防范

按风险起因不同，股票经纪业务的风险主要包括合规风险、管理风险和技术风险。

（1）合规风险。它是指证券公司在经纪业务活动中违反法律、监管部门规章及规范性文件、行业规范和自律规则、公司内部规章制度、行业公认并普遍遵守的职业道德和行为准则等，可能使证券公司受到法律制裁、被采取监管措施、遭受财产损失或声誉损失的风险。

（2）管理风险。它是指经营中由于管理不健全、内部控制不严或工作人员违规操作等而导致的风险，主要包括：①开户不严导致不合格账户；②违规为客户证券交易提供融资融券等信用交易；③侵占损害客户的合法权益，挪用客户的资金或证券；④误导客户、对客户买卖证券承诺收益或赔偿；⑤诱导客户进行不必要的证券买卖；⑥全权委托；⑦内幕交易；⑧不正当竞争。

（3）技术风险。它是指由设备导致的风险，包括硬件设备风险和软件设备风险两个方面。

拓展阅读

委托人、证券经纪商的权利与义务

合规风险防范：①加强合规教育；②健全各项规章制度；③对风险项目实行集中统一管理，实时复核、分级审批；④主要岗位相互分离。

管理风险防范：①加强经纪业务营销管理；②严格执行经纪业务操作规程；③建立营销和账户管理操作信息系统，防范从业人员执业风险；④加强员工培训，提高员工素质；⑤建立客户投诉处理及责任追究机制；⑥建立经纪业务监察稽核制度。

技术风险防范：①加强对信息技术的投入，确保系统的稳定性和安全性；②优化软件设计，减少由设计缺陷导致的计算错误；③加强数据保护，防止投资者交易数据被破坏、修改或泄露；④建立健全信息查询制度，确保客户能够随时查询其账户及交易信息，保护客户的知情权和财产安全。

还需建立一套内外结合的业务监督与检查制度，包括：①证券公司的内部控制。②证券业协会的自律管理。③证券交易所的监督。④证监会的监管。证券公司应当每一会计年度结束之日起 4 个月内，向证监会报送年度报告；每月结束之日起 7 个工作日内报送月度报告。

案例 5－1

历史最大规模股票操纵案！

共谋推高 55 家公司股价、85 次假交易，获利百万新加坡元

新加坡发生了历来规模最大的股票操纵案。某股票经纪人与同事和弟弟等 5 人“联手”共谋推高 55 家公司的股价，再以高价脱售，共获得超过百万新加坡元的利润。新加坡、马来西亚两地股市投资者都谨慎看待此次重大事件。

据新加坡《联合早报》，控方指控涉案 5 人当时拥有这些公司平均约 71%的股票，使股价平均上升了 47%，严重扭曲了股价的走势。涉案的首名被告，辉立证券前股票经纪人林明智面对 22 项抵触证券与期货法令的罪名，他在 2022 年 5 月 4 日认罪，控方以其中 10 项提控，余项交由法官下判时一并考虑。

5 名涉案人都是股票经纪人，被告与其他 3 名男子即李艾伦、周威詹、李伟凯在辉立证券工作时认识，被告的弟弟林明义则在马来亚银行金英证券任职。

案件发生在2015年3月至2016年4月，李艾伦和周威詹案发时已分别转到华侨证券和星展唯高达工作，但还与被告及李伟凯保持联系。4人决定共谋操纵新加坡交易所的股票交易，林明义则在2015年6月参与。

案情显示，他们通常先在网上开会讨论要瞄准哪个低价股，在锁定目标后，大量买卖有关的股票来推高股价，吸引投资者购买股票。股价在1～3天达到目标价格后，他们再高价抛售。

在短短13个月内，这伙人一共操纵55家公司的股票，进行85次假交易，获利1 247 242新加坡元。这些低价股多数来自石油和天然气、工程及制造等行业。

由于成员有时对"目标"低价股的意见不合，因此不是每个成员都参与每一次的交易。而且林明智当时和李伟凯还是同事，群组中也有他的亲弟弟，为了避嫌，他只参与其中22次假交易。

林明智的代表律师表示，相比其他操纵股市的案例，这项计划并不复杂。控方反驳，进行这项计划需要一定程度的专业知识，成员还安排好一起行动，显然经过精密策划。控方也指出，尽管林明智仅进行少量交易，但他参与了所有的网上会议，仍扮演了重要的角色。

控方表示操纵股市的罪行严重，但基于林明智是5人当中唯一决定认罪的人，也愿意为同伙的案件当控方证人，促请法官减低判刑至3～4个月监禁，以及罚款26万新加坡元。

林明智于2022年5月被判坐牢12周，罚款26万新加坡元。

案例5-2

日本"12·8"乌龙指

2005年12月8日，由于瑞穗证券交易员小A的失误，以及东京证券交易所（简称东证）交易软件的缺陷，瑞穗证券遭受了超过400亿日元的天价损失。

围绕此事件，瑞穗证券、东证、软件开发商富士通公司打了一场长达10年的官司。

2015年9月3日，随着东京最高法院驳回瑞穗证券的上诉，维持二审的原判结果，长达10年的诉讼终于画上了句号。

那天发生了什么？

2005年12月8日，是日本公司J-Com股票首次公开发行的日子。上午9点27分，距离开盘还有几分钟，小A接到一位客户的委托："以61万日元的价格，卖出1股J-Com股票。"小A却错误地输入为"以1日元的价格，卖出61万股J-Com股票"。

指令发出后，瑞穗证券的交易软件检查到异常，给出警告对话框。小A没有给予关注，按了确定按钮。巨大的卖单挂在了东证的交易盘口上。

2分钟后，小A发现了这个错误，赶紧试图通过交易软件撤销这笔卖单。连续输入3次撤单指令都被东证的交易系统拒绝了（当时发现是由交易软件的缺陷所致）。小A进行电话撤单，被接线员以"无权操作"为由拒绝。

此时，盘口开始交易。开盘价定在67.2万日元，巨大卖单依次将所有买单成交，将股价钉死在跌停价57.2万日元上。

J-Com 的股票大甩卖，投资者争相爆买。只要卖出的股票有人接了，成交后就必须把货交给买家。

J-Com 的股票一共才发行 14 000 多股，大部分由高管持有，真正在市场上流通的仅 3 000 多股。

瑞穗证券只好作出反向买入的决定，和其他人一起抢购筹码，J-Com 股价被拉高到涨停价 77.2 万日元，持续到当天的交易结束。

影响有多大?

大量低价空单被迫成交，瑞穗证券损失超过 400 亿日元。事发时正赶上日本公司的年终奖季节，小 A 的这一错误，赔掉了瑞穗证券所有员工的年终奖。

J-Com 的 IPO 一团糟，由于股市开盘便出现了巨大空单，因此 J-Com 股票上市即大跌。

瑞穗证券当日收盘后才披露乌龙指一事，而在当天交易中已有乌龙指传闻，由于大众不知为哪个证券公司，因此所有证券公司股票惨遭抛售。

J-Com 主要发行商股价一度暴跌 8%。

不安情绪持续蔓延，当天收盘时，日经指数大跌了 301 点。

如何善后?

不存在的股票如何交割？瑞穗证券通过回购抢回大部分卖单，仍有 9 万多股被其他投资者买走。经过协商，双方同意用现金来结算。清算价格定在瑞穗证券敲下乌龙指前一刻的价格。

瑞穗证券至今没有公布当事人的真实姓名。

趁火打劫的机构大户受到谴责。共有 22 家机构在此次乌龙指事件中获利。瑞士银行、摩根士丹利、日兴证券、雷曼兄弟、瑞士信贷、野村证券共瓜分了瑞穗证券损失的 40%以上。事后部分获利的证券公司同意把钱拿出来成立一个保护投资者利益的基金。

东证监管不力，东证社长引咎辞职。

2006 年 9 月瑞穗证券一纸诉状把东证和富士通告上了法庭。

十年诉讼各方态度如何?

瑞穗证券："正是由于东证交易软件的缺陷，才让自己巨亏，因此，我们在发起撤单请求被拒绝后产生的所有亏损，应由东证买单。"

东证："这是交易员自己敲错的，就算是交易软件有缺陷，要找的话也请找我的软件外包商——富士通。"

富士通："……"

谁之过?

法庭认为案件事实清楚：由于交易软件存在缺陷，因此在特定条件下会发生不能撤单的现象。这个缺陷是富士通技术人员在 2000 年某次程序修改时不小心留下的。同时，法院认为，如果这个缺陷是很容易被发现的那类缺陷，那么这就是一个"重大过失"，富士通需要承担法律责任。

围绕这个案件，法庭判决的依据是：究竟这个软件的缺陷是否容易被发现。

瑞穗证券："这个缺陷很明显。"

富士通："这个软件的逻辑还能再复杂、缺陷还能再隐蔽点吗？不信咱们明天跟法官一起评审代码。"

审理结果如何？

经过法庭辩论及评审代码，法庭最终认为：无法判断该缺陷是否容易被发现，富士通不用赔！在事发日，东证在接到瑞穗证券的电话后，未能履行撤单职责，属重大过错方。电话联络时点以后的损失，东证需承担70%。

对这个判决，瑞穗证券与东证都不满意，继续上诉到东京最高法院。2015年9月3日，东京最高法院驳回上诉，维持原判。

本案的积极意义在于，东证意识到了自身对软件系统的忽视，并以此次事件为契机，研发了2010年金融行业的重大项目——东证次世代交易系统“Arrowhead”。有趣的是，这个新系统依然外包给了富士通负责开发。

5.3 债券交易市场

5.3.1 债券交易的场所

债券交易市场是指已发行的债券转让、买卖的场所，也称债券二级市场，由两个部分构成：一是交易所市场；二是场外市场。债券二级市场与初级市场关系密切，既相互依存，又相互制约。

1. 交易所市场

交易所市场是高度组织化的市场，是债券买卖流通的中心。它有固定的交易场所，投资者不能进入场内直接买卖；参加交易的都是具有一定资格的会员单位，如证券公司，证券公司接受和办理那些符合标准、允许上市的债券的买卖、结算与交割。

2. 场外市场

场外市场又称柜台交易或店头交易市场，是指在交易所外由债券买卖双方当面议价的市场。它没有固定的场所，其交易主要利用电话进行，交易的债券以不在交易所上市的债券为主，在某些情况下也对在交易所上市的债券进行场外交易。

5.3.2 债券的转让价格

债券的转让价格即实际价格是指在二级市场上，债券在投资者之间转手买卖的实际交易价格，又称债券行市。债券行市是波动不定的，但其波动的基础是债券的理论价格。

拓展阅读

债券的理论价格

债券的实际价格是指债券在流通市场上实际进行交易的价格，它总是围绕其理论价格不断波动。决定债券实际价格的最直接的因素就是债券的供求关系，而影响债券供求关系并进而影响债券实际价格的因素主要有以下几个方面：

①待偿期。债券的待偿期愈短，债券的实际价格就愈接近其终值（兑换价格），所以债券的待偿期愈长，其实际价格就愈低。另外，待偿期愈长，发债企业所要遭受的各种风险就可能愈大，所以债券的实际价格也就愈低。

②票面利率。债券的票面利率也就是债券的名义利率，债券的名义利率愈高，到期的收益就愈大，所以债券的售价也就愈高。

③投资者的获利预期。债券投资者的获利预期是跟随市场利率而变化的。若市场利率上调，则投资者的获利预期也高涨，债券的实际价格就下跌；若市场利率下调，则债券的实际价格就会上涨。

④资金的供求关系。债券的实际价格取决于资金的供求关系。在经济发展呈上升趋势时，企业一般要增加设备投资，所以它一方面因急需资金而抛出债券，另一方面会从金融机构借款或发行公司债券，这样就会使市场的资金趋紧而债券的供给量增大，从而引起债券的实际价格下跌。而当经济不景气时，企业对资金的需求将有所下降，金融机构则会因贷款减少而出现资金剩余，从而增加对债券的投入，引起债券实际价格的上涨。而当中央银行、财政部门、外汇管理部门对经济进行宏观调控时也往往会引起市场资金供给量的变化，其反应一般是利率、汇率跟随变化，从而引起债券实际价格的涨跌。

⑤物价波动。当物价上涨速度快或通货膨胀率较高时，人们出于保值的考虑，一般会将资金投资于房地产、黄金、外汇等可以保值的领域，从而引起资金供给的不足，导致债券实际价格的下跌。

⑥政治因素。政治是经济的集中反映，并反作用于经济的发展。当人们认为政治形势将会影响到经济的发展时，比如说在政府换届时，国家的经济政策和规划将会大变动，从而促使债券的持有人作出买卖决策。

⑦投机因素。在债券交易中，人们总是想方设法地赚取价差，而一些实力较为雄厚的机构大户利用手中的资金或债券进行技术操作，如拉抬或打压债券价格，从而引起债券价格的变动。

债券的主要交易方式可分为债券现货交易、债券回购交易、债券期货交易。本节仅以现货交易和回购交易为例。

5.3.3 债券现货交易

1. 债券现货交易的含义

债券现货交易又叫现金现货交易，是债券交易中最古老的交易方式，是指债券买卖双方对债券的买卖价格均表示满意，在成交后立即办理交割，或在很短的时间内办理交割的一种交易方式。以上交所为例，投资者可直接通过证券账户在上交所全国各证券经营网点买卖已经上市的债券品种。

2. 债券现货交易的交易过程

（1）买入债券。

投资者可以直接委托证券经纪商采用证券账户卡申报买进，买进债券后，证券经纪商就会为投资者打印证券存折，投资者以后就可以凭证券存折再行卖出。（如果投资者买的是实物债券，并且需要提取的话，证券经纪商就会按照有关债券实物代保管业务的规定办理提券手续并交给投资者。这里值得注意的是，记账式国债不能提券。）

（2）卖出债券。

对于实物债券，在卖出之前投资者应事先将它交给自己所开户市的证券结算公司或其在全国各地的代保管处进行集中托管。在这一过程中，投资者也可委托证券经纪商代理，证券经纪商在收到证券结算公司的记账通知书后再为投资者打印证券存折，这时投资者就可以委托该证券经纪商代理卖出他所托管的债券。对于记账式国债，投资者可以通过在债券发行期认购获得，然后再委托托管证券经纪商卖出。

3. 债券市场交易规则注意事项

（1）记账式国债的交易方式与股票交易相同，成交后债权的增减均相应记录在证券账户内。无记名国债在卖出交易前，投资者必须将无记名国债拿到指定的证券经纪商处办理托管手续，然后在其所指定的证券经纪商处进行交易。买入无记名国债后，投资者需要时，可在指定的证券经纪商处办理提取实物券手续。

（2）国债现货计价单位为每百元面额。

（3）国债现货交易实行“T＋0”资金清算，意味着资金可以在同一天内完成买入和卖出的交易，实现了资金的快速周转。

拓展阅读

上海证券交易所国债现货交易业务操作简介

银行间债券市场是我国债券市场的主体部分。这个市场主要由中国外汇交易中心暨全国银行间同业拆借中心承担交易功能，而中央国债登记结算有限责任公司和银行间市场清算所股份有限公司承担托管功能。参与的主体包括商业银行、农村信用联社、保险公司、证券公司等金融机构，进行债券买卖和回购的交易。

交易所债券市场也是重要的债券市场，包括上海证券交易所、深圳证券交易所和北京证券交易所。这些交易所自 2023 年 10 月 23 日起开始负责企业债券的受理工作，标志着交易所正式接手企业债券发行审核职责。

5.3.4 债券回购交易

1. 债券回购交易的含义

债券回购交易是指债券买卖双方在成交时就约定于未来某一时间以某一价格双方再行反向成交的交易，是以债券为抵押品拆借资金的信用行为。其实质内容是：债券持有方（以券融资方、资金需求方）以持有的债券作抵押，获得一定期限内的资金使用权，期满后则须归还借贷的资金，并按约定支付一定的利息；而资金贷出方（以资融券方、资金供应方）则暂时放弃相应资金的使用权，从而获得以券融资方的债券抵押权，并于回购期满时归还对方抵押的债券，收回融出资金并获得一定利息。

2. 债券回购交易的程序

一笔回购交易涉及两个交易主体、两次交易契约行为。两个交易主体即以券融资方、以资融券方。两次交易契约行为即回购交易开始时的初始交易与回购期满时的回购交易。无论是资金需求方还是资金供应方，都要经过两次交易契约行为。回购交易时一般无须申报账号，成交后的资金结算和债券管理均直接在证券经营机构（即券商）申报席位的自营账户内自动进行。

（1）以券融资（卖出回购）的程序。

以券融资即债券持有方将手中持有的债券作为抵押品以取得一定资金的行为。在交易所回购交易开始时其申报买卖部位为买入，这是因其在回购到期时反向交易中处于买入债券的地位而确定的。回购交易申报操作类似股票交易。成交后由登记结算公司根据成交记录和有关规则进行清算交割；到期反向成交时，无须再行申报，由交易所电脑系统自动产生一条反向成交记录，登记结算公司据此进行资金和债券的清算与交割。其整个业务程序如图 5-1 所示。

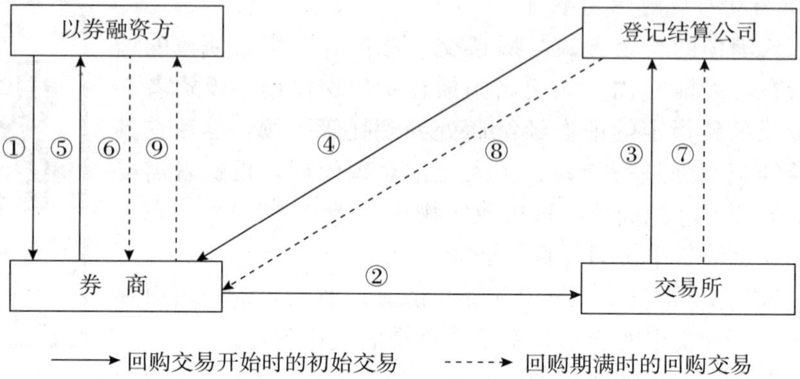

图 5-1　以券融资（卖出回购）的程序

①以券融资方向券商提出委托申请，券商审核其在该券商开设于登记结算公司处的债券账户内是否有足额的可用于融资抵押的债券量。

②券商审核无误后，由工作人员向交易所电脑系统进行申报，申报方向为买入。

③经交易所电脑系统配对撮合成交，于当天闭市后，由登记结算公司读回成交数据。

④登记结算公司根据成交数据依有关交易规则向券商划拨融入资金并冻结其相应的国债。

⑤初始成交后第二天，券商将融入的资金划入以券融资方在该券商处开立的资金账户。

⑥回购到期日前，以券融资方应将融入资金本息（按初始交易时约定价计算）划转至券商在登记结算公司指定银行开立的清算账户。

⑦在回购到期日，交易所电脑系统自动产生一条反向成交记录（无须交易双方再行申报），闭市后，由登记结算公司读回成交数据。

⑧登记结算公司根据成交数据并依回购交易规则向券商划回冻结债券并收取资金的本息。

⑨以券融资方抵押债券解冻。

（2）以资融券（买入返售）的程序。

以资融券是指资金的盈余者出让资金并取得抵押债券的行为。在交易所回购交易开始时，其申报买卖部位为卖出，这是因其在回购期满时的反向交易中处于卖出债券地位而确定的。其整个业务程序如图 5-2 所示。

①以资融券方向券商提出委托申请并事先应向券商交存足额的融券资金。

②券商工作人员在审核无误并确认资金已到账的情况下接受委托，由工作人员向交易所电脑系统进行申报，申报方向为卖出，申报价格为每百元资金年收益率。

③经交易所电脑系统配对撮合成交，于当天闭市后，由登记结算公司读回成交数据。

④登记结算公司根据成交数据并依有关交易规则从券商清算账户中划出融券资金，而对于对方抵押的债券，目前交易所不直接划入以资融券方券商的债券账户，而是由登记结

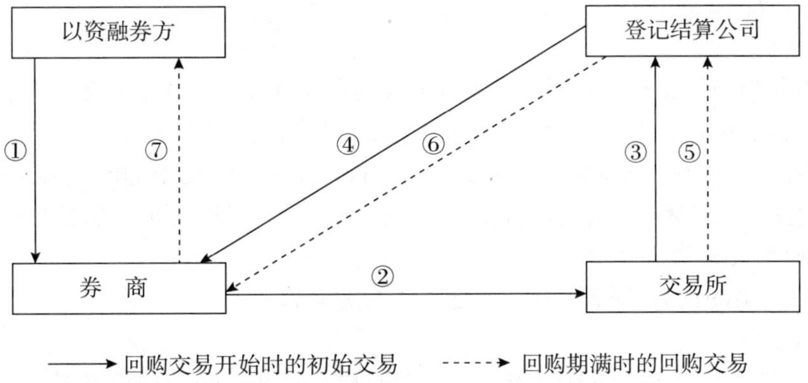

图 5-2　以资融券（买入返售）的程序

算公司予以冻结。

⑤在回购到期日，交易所电脑系统自动产生一条反向成交记录，闭市后由登记结算公司读回成交数据。

⑥登记结算公司根据成交数据并依回购交易规则向以资融券方的券商清算账户划回融券资金本息。

⑦券商于第二天将登记结算公司划回的融券资金本息划至客户在其处开立的资金账户。

3. 债券回购条件

债券回购的券种只能是国库券和经中国人民银行批准发行的金融债券。

在债券回购交易过程中，以券融资方应确保在回购交易开始至回购交易到期间其在登记结算公司存放的标准券的数量等于回购的债券量，否则将按卖空国债的规定予以处罚。若以券融资方在成交当日无足够的抵押债券，交易所将冻结其当天成交融入的资金，直至其将库存补足，其间造成的损失由以券融资方负责。

在债券回购交易过程中，以资融券方在初始交易前必须将足够的资金存入所委托的券商的清算账户中。

4. 债券回购交易的报价

在交易所行情显示中，只即时显示交易的到期购回价格，而成交量、成交金额分别显示的是当日成交手数和当日实际成交金额。

债券回购到期购回价格有如下规定：借贷成本以 100 元面额（国债）予以固定，则购回价格＝100 元＋每百元资金到期收益×实际占款天数/365 天。实际占款天数是指当次回购交易的首次交收日（含）至到期交收日（不含）的实际天数，按自然日计算，以天为单位。上海和深圳证券交易所国债回购交易最小报价变动为 0.005 元或其整数倍。

5. 债券回购交易的标准品种

标准券是指在债券回购交易中，由交易所根据券商债券账户的债券存量，按照不同的券种，根据各自的折合比率计算的、用于回购抵押的标准化国债券（综合债券）。标准券是一种虚拟的回购综合债券，是由各种债券根据一定的折算率折合相加而成的。

标准品种是指不分券种，只分回购期限，统一按面值计算持券量的标准化债券回购交易的品种。比如，上海证券交易所债券的回购期限为 1 天、2 天、3 天、4 天、7 天、14

天、28 天、91 天、182 天等。

6. 交易单位

交易单位是指证券交易所对回购交易双方参与回购交易委托买卖的数量规定。上海证券交易所对参与回购交易进行委托买卖的数量规定为：交易数量必须是 100 手（1 手为 1 000 元标准券），即 10 万元面值及其整数倍。不符合交易数量要求的申报为无效申报。深圳证券交易所债券回购的交易单位规定为以合计面额 1 000 元（即 1 手）及其整数倍为交易单位。

7. 债券回购交易的清算

债券回购交易的清算的特点为一次交易和二次清算。

（1）一次交易。

一笔回购交易涉及两次交易契约行为，即回购交易开始时的初始交易和回购期满时的回购交易。采用一次交易方式，成交后回购到期日的反向成交由交易所电脑系统自动产生成交记录，无须交易双方再行申报。

（2）二次清算。

回购业务的资金及债券的清算分两步进行，通常称二次清算，也称两次结算。第一步，回购初始交易当日的清算；第二步，回购到期日的清算。

$$回购年收益率=[(购回价格-100)/100]\times(一年的天数/实际占款天数)\times 100\%$$

其中，一年的天数为 365 天。

5.3.5 我国的债券交易市场

1. 债券市场现券交易量

我国债券市场形成了以银行间债券市场为主、以交易所债券市场为辅、以柜台市场为补充的市场格局。银行间债券市场以回购交易为主，以现券和拆借交易为辅；交易所债券市场主要进行回购交易。

如图 5-3 所示，2020 年中国银行间债券市场现券交易量为 232.8 万亿元，日均成交 9 350.4 亿元，同比增长 11.8%；2021 年中国银行间债券市场现券交易量为 214.5 万亿元，日均成交 8 578.0 亿元。

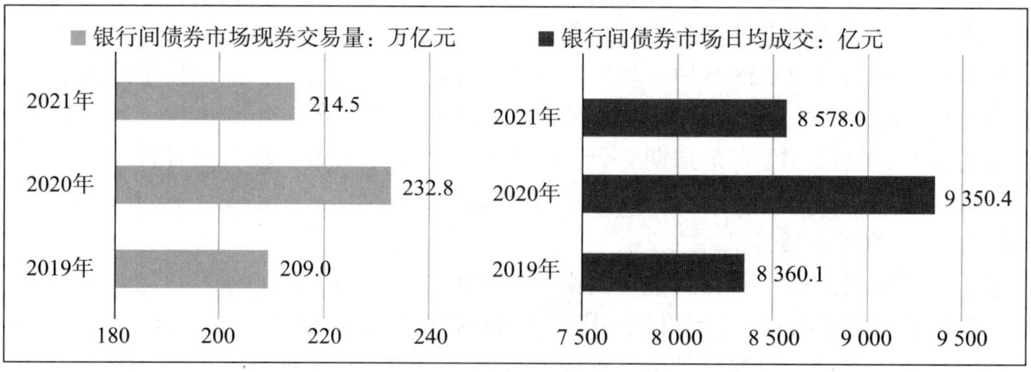

图 5-3　2019—2021 年中国银行间债券市场现券交易

如图 5－4 所示，2020 年中国交易所债券市场现券成交 20.2 万亿元，日均成交 830.4 亿元，同比增长 142.6％；2021 年中国交易所债券市场现券成交 28.9 万亿元，日均成交 1 190.4 亿元。

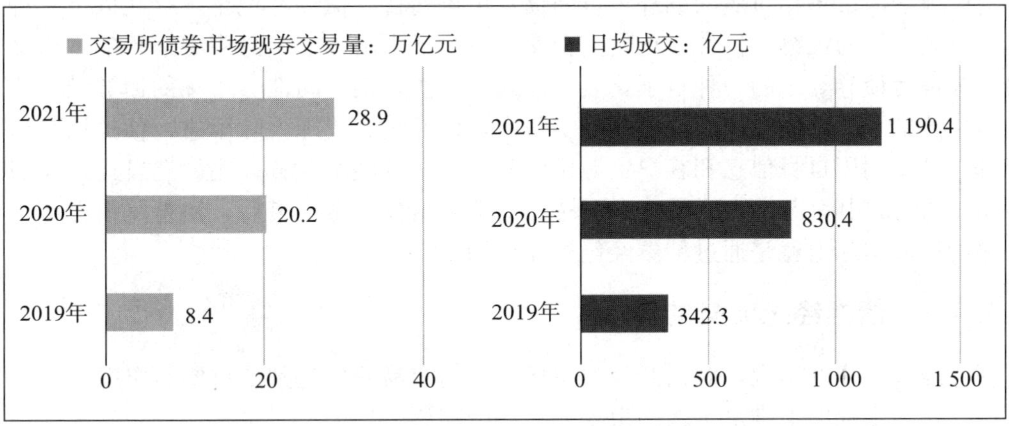

图 5－4　2019—2021 年中国交易所债券市场现券交易

2. 债券市场发展趋势

自金融危机之后，债券成为国际证券市场上的亮点。近年来，债券市场已成为中国金融市场体系中充满活力的部分之一，在提高市场融资效率、服务实体经济方面发挥了重要作用。虽然中国债券发行和托管规模均跨入了全球前列，但与发达市场相比，未来潜力还比较大。债券市场发展趋势见图 5－5。

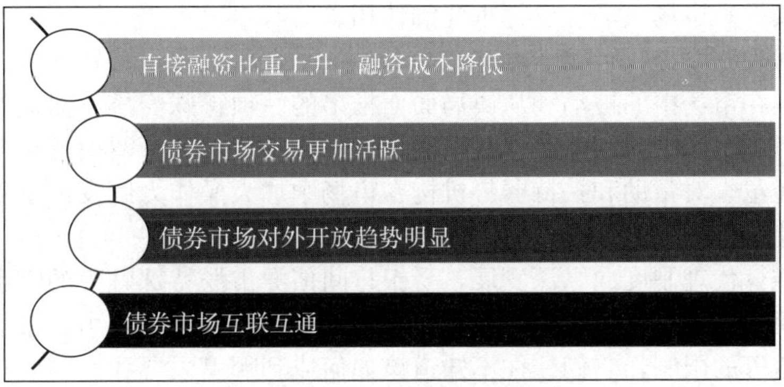

图 5－5　债券市场发展趋势

5.4　债券经纪业务

5.4.1　债券经纪业务的含义

债券经纪业务是券商作为债券经纪人代客买卖债券，以抽取佣金为其报酬的业务。另外，债券经纪人亦可兼营自行买卖债券业务。债券经纪人是指以代客买卖债券为业务，以抽取佣金为报酬的专业性的中介服务机构。尽管我们不能从有关法律法规或规章上看到有关债券经纪人制度的专门文件，但事实上债券经纪人早已在我国的债券市场上显露身影。

对于与场内市场相对应的场外银行间债券市场而言，债券经纪至少存在以下三种表现形式。首先，作为银行间债券市场的前台交易系统，中国外汇交易中心运行的本币交易系统可以被视为债券经纪的一种电子化表现形式。其次，银行间债券市场的债券结算代理人在实践中涉猎了某些债券经纪业务。在实践中，债券结算代理人除了进行债券结算代理业务以外，已经利用自身信息和客户资源优势开展了债券经纪业务。比如充当其A类成员和B类成员之间的中间人，待两人达成交易后，赚取结算佣金。最后，银行间债券市场上部分交易的达成实际上就是通过债券经纪人完成的。

5.4.2　债券经纪业务的作用

债券经纪业务的出现，对活跃债券市场、提高交易效率起到了重要的作用。

（1）在一定程度上满足了增强市场流动性的需要。

尽管银行间债券市场规模越来越大，基金公司、保险公司、非金融机构法人等在银行间债券市场的开户量、债券托管量和结算量有了突飞猛进的提高，但商业银行投资行为趋同导致的流动性差的状况一直没有得到根本性改观。作为场外市场，银行间债券市场还具有报价驱动、一对一场外询价、逐笔成交的固有特点。债券经纪人的存在可以帮助市场机构在最短的时间内以最小的成本和对手达成交易。可以想象，如果一家机构没有足够的客户资源，或者即便有足够多的交易对手，单靠自己一家一家机构询价比较，交易成本该有多高。

（2）债券经纪人制度与现有的债券结算代理制度一起，对吸引更多的机构介入银行间债券市场，间接提高市场流动性发挥重要的作用。

债券结算代理制度是银行间债券市场为满足中小金融机构，特别是非金融机构参与市场需要，改变其在市场中的被动和从属局面而推出的一项特殊安排，而债券经纪人则可以在业务拓展过程中客观上起到吸引这些机构入市的作用。两者可谓相得益彰。

（3）债券经纪人对帮助和扶持弱势机构在市场中加大操作力度发挥了重要作用，这是其最突出的功能。

随着债券结算代理制度向纵深发展，受银行间债券市场特殊魅力的吸引，已有相当数量的中小金融机构和非金融机构陆续入市。但由于受到自身规模实力、市场经验、软硬件设施、信息渠道等的限制，它们往往不知道该如何或到哪里去寻找交易对手，而债券经纪人凭借其自身信息集约化和服务专业化的优势，正好可以满足这些机构的需求，弥补做市商制度的不足，从不同的角度发挥应有的作用。

5.5　基金的交易

5.5.1　基金网上交易流程

1. 开户流程

①银行客户申请成为个人网银注册客户，或申请电子支付卡。

②点击合作基金公司页面，登录基金公司网站，点击“网上开户”，仔细阅读网上交易协议书并确认。

③按提示输入姓名、基金网上交易密码、地址、身份证号、银行卡号等信息。银行卡账户是客户基金网上交易的唯一申购和赎回账户。

④经银行系统验证客户信息的一致性后，基金公司后台系统将为客户开立基金 TA（transfer agent，交易代理）账户，并实现 TA 账户和银行卡账户的绑定，网上开户完成。

拓展阅读

证券投资基金交易的基本情况

2. 基金网上申购/认购交易流程

①客户登录基金公司网站，选择“基金网上认购/申购交易”。

②使用基金账号（身份证号）、密码登录，认购/申购基金，生成订单。

③在银行网上支付页面选择注册客户支付或电子支付卡支付并确认，完成基金认购/申购。

3. 基金网上认购/申购交易取消流程

①客户登录基金公司网站，选择“基金网上认购/申购交易取消”。

②使用基金账号（身份证号）、密码登录，客户可以申请取消已认购/申购的基金。

③取消认购/申购申请确认后，银行对于已划付成功的申购/认购资金作出相应处理。

④若取消认购/申购交易成功，认购/申购资金将退回客户原账户中。

4. 基金网上赎回交易流程

①客户登录基金公司网站，选择“基金网上赎回”。

②使用基金账号（身份证号）、密码登录，进入赎回界面后，界面显示客户目前所持有的基金份额。

③客户输入要赎回的基金以及份额，确认赎回。

④系统会返回提交成功或失败信息。

⑤成功完成基金赎回交易后，资金退回客户原账户中，赎回完成。

5.5.2 私募基金

1. 私募基金的含义

私募基金是指以非公开方式向特定投资者募集资金并以特定目标为投资对象的证券投资基金。私募基金是以大众传播以外的手段招募，发起人集合非公众性多元主体的资金设立投资基金，进行证券投资。

2. 私募基金的运作方式

此处主要以私募股权基金为例说明私募基金的运作方式，其他一些私募基金的情况之后章节会有所介绍。私募股权基金的运作方式是股权投资，即投资者主要通过增资扩股或股权转让的方式获得非上市企业股权，并通过股权增值转让获利。股权投资的特点包括：

（1）股权投资的收益十分丰厚。

与债权投资获得投入资本若干百分点的利息收益不同，股权投资以出资比例获取公司收益的分红，一旦被投资公司成功上市，股权投资的收益会十分丰厚。

（2）股权投资伴随着高风险。

股权投资通常需要经历若干年的投资周期，而因为投资于发展期或成长期的企业，被投资企业的发展本身有很大风险。如果被投资企业最后以破产惨淡收场，股权投资也可能血本无归。

（3）股权投资可以提供全方位的增值服务。

股权投资在向目标企业注入资本的时候，也注入了先进的管理经验和各种增值服务，这也是其吸引企业的关键因素。在满足企业融资需求的同时，股权投资能够帮助企业提升经营管理能力，拓展采购或销售渠道，融通企业与地方政府的关系，协调企业与行业内其他企业的关系。全方位的增值服务是股权投资的亮点和竞争力所在。

3. 私募基金合格投资者的界定

私募基金的合格投资者是指具备相应风险识别能力和风险承担能力，投资于单只私募基金的金额不低于100万元且符合下列相关标准的单位和个人：

（1）净资产不低于1 000万元的单位；

（2）金融资产不低于300万元或者最近三年个人年均收入不低于50万元的个人。

前款所称金融资产包括银行存款、股票、债券、基金份额、资产管理计划、银行理财产品、信托计划、保险产品、期货权益等。

拓展阅读

我国私募基金的发展历程

案例 5－3

著名对冲基金：量子基金

量子基金成为国际金融界的焦点，是因为索罗斯凭借该基金在20世纪90年代发动了几次大规模货币阻击战。在这一时期，量子基金以其强大的财力和凶狠的作风，在国际货币市场上兴风作浪，对基础薄弱的货币发起攻击并屡屡得手。

20世纪90年代初，量子基金在欧洲引发了英国的英镑危机和意大利的里拉危机。1994年，量子基金对墨西哥比索发起攻击，引发了墨西哥金融危机。1997年，量子基金在亚洲引发了东南亚金融危机。在过去成功的历史中，量子基金的平均收益率高达30%以上，量子基金的辉煌也在于此。

1998年后，投资失误使量子基金遭受重大损失。先是对1998年俄罗斯债务危机及对日元汇率走势的错误判断使量子基金遭受重大损失，之后该基金投资的美国股市网络股也大幅下跌。至此，量子基金损失总数达近50亿美元，元气大伤。2000年4月28日，量子基金创始人索罗斯不得不宣布关闭量子基金，量子基金这一闻名世界的对冲基金至此寿终正寝。

思考题

1. 什么是证券交易所？证券交易所有哪些主要的类别？

2. 公司制证券交易所和会员制证券交易所有哪些差异?
3. 与交易所市场相比，场外市场具有哪些特点?
4. 阐述股票交易的一般性原则。
5. 股票经纪业务的特点有哪些?
6. 区分委托人、证券经纪商的权利与义务。
7. 分析债券的实际价格的影响因素。
8. 阐述以券融资（卖出回购）和以资融券（买入返售）的程序。
9. 债券经纪业务有哪些作用?
10. 阐述基金网上交易流程。
11. 股权投资的特点有哪些?
12. 简述私募基金与公募基金的区别。

第6章 公司并购

本章提要

本章主要讲述并购的概念，详细解释在不同分类标准下的并购分类情况，阐述公司并购的相关理论，介绍投资银行人员在并购业务中的角色和做法、公司并购的一般操作程序和公司收购的支付工具，并且具体阐释了公司为了避免被并购可以采取的防范措施和对策。

重点与难点

1. 公司并购的概念和并购的分类。
2. 公司并购的相关理论。
3. 公司并购的程序。
4. 投资银行人员在并购业务中的作用和职责。
5. 公司收购的支付工具。
6. 公司防止被并购的主动性措施。
7. 公司防止被并购的被动性措施。

6.1 并购概述

6.1.1 并购的概念

企业的发展有两种途径：一种是通过自我积累滚动发展；另一种是通过并购迅速扩

张。随着金融市场的发展，并购方式日益多样化，并购技术日益成熟。对企业而言，并购已经成为越来越重要的扩张手段。通过并购，企业可以在短时间内由外部市场获得所需的技术、生产设备、营销网络、市场准入资格等多种资源。当然，这些资源还有待于企业在并购之后较好地实现整合。

并购（M&A）的说法源自西方，是合并（merger）和收购（acquisition）的总称。

1. 合并

合并，又称兼并，是指两家或以上公司并为一家公司的经济行为。在我国，《公司法》第十一章“公司合并、分立、增资、减资”第二百一十八条规定：“公司合并可以采取吸收合并或者新设合并。一个公司吸收其他公司为吸收合并，被吸收的公司解散。两个以上公司合并设立一个新的公司为新设合并，合并各方解散。”在吸收合并中，吸收方保留法人地位，成为存续公司，被吸收方取消法人地位，其资产、负债全部由存续公司承担。在新设合并中，原先的公司均取消法人地位，其资产、负债均并入新设公司。

一般来说，吸收合并方便快捷，因为这是原公司的扩展，没有设立新的公司，从程序角度看，比较便捷，同时，也可以节约合并费用。对于存续公司而言，吸收合并保证了公司运营的连续性。但是吸收合并的缺点在于：第一，财务安全问题。如果被吸收方资产质量较差，或者有大量隐藏的不良资产或者或有负债，则会影响到吸收方的财务安全。第二，吸收方与被吸收方的摩擦。吸收合并完成之后，被吸收方处于被动局面，往往会引起人事关系、企业文化等方面的摩擦和变化。

反过来看，新设合并的利弊恰好是吸收合并的反面。新设合并比较有利于合并双方的融合。但是，相应的程序较复杂、费用较高。所以，一般大公司或者强势公司对小公司或者弱势公司，往往会采用吸收合并的方式，而如果合并双方规模相当、实力相当，则往往采用新设合并的方式。

2. 收购

收购是指一家公司通过产权交易取得其他公司一定程度的控制权，以实现一定经济目标的经济行为。收购包括资产收购和股权收购两类。

收购公司（合并）比收购资产要复杂得多，因为公司不仅拥有相应的法人财产，同时也是各种契约的承担者，因此收购公司不仅是产权的转让，也是所有这些有关契约的权利和义务的转让；而收购资产则一般只包括该公司的固定资产、经营许可和产品商标等，资产价值透明，未来的隐患也相对较少。同时，收购公司与收购资产在税收处理、折旧计提等方面也不相同。综合而言，收购资产比收购公司要简单、便捷、安全，但是最终到底采用收购资产方式还是收购公司方式必须服从于公司的总体战略，即公司通过收购到底需要获得哪种经济资源。比如，如果收购公司是为了达到获取上市公司地位的目的，那么就需要收购上市公司而实现买壳上市；如果采用收购资产的方式，即使购买了所有的资产，也达不到上市的目的。公司如果需要获得对方公司的营销渠道或者市场准入资格，也需要采用收购公司的方式来实现。

采用收购部分股权的方式相对于收购整个公司而言要简单一些，所以，部分股权的收购往往成为收购公司的重要替代，通过持有一定的股权而实现战略合作，有时候比全部收购公司更有效，当然，具体方式的选择还是需要服从公司的整体战略。

案例 6-1

沃伦·巴菲特的伯克希尔·哈撒韦公司

在 1965 年接管了这家经营不善的纺织厂后，巴菲特通过在保险和其他行业的一系列收购，以及对可口可乐、美国运通、富国银行等公司的经典投资之后，将伯克希尔·哈撒韦公司变成了成功的投资机构之一。

1962 年，巴菲特第一次买入伯克希尔·哈撒韦公司的股票，当时，这家公司还是一家濒临破产的纺织厂。他的想法是，在公司倒闭关厂时会释放一定的资本金，这时会有人回购股票，在这个时候卖掉手中的股票就可以获利。不过，在与公司管理层交流过后，巴菲特被当时的高层背后“捅了一刀”，公司公布的投标价格比巴菲特的预期价格要低，这让他感觉被骗了。他非常生气，于是开始大量买进公司的股票，直到在 1965 年完全控制了这家公司，当时这家公司的净资产只有 2 000 多万美元。

不过在后来的回忆中，巴菲特说这是他投资生涯中最大的错误：“在 1966 年之后的 18 年里，我们在纺织行业里一直进行着不懈的努力，但最终只能无功而返。看来顽强（还是愚蠢?）也是有极限的。1985 年，我终于认输了，被迫终结了我们的纺织事业运营。”

不过，巴菲特从掌控伯克希尔·哈撒韦公司开始，就逐渐将其发展成为自己的投资工具。1968 年，一家叫做蓝筹印花的公司进入了巴菲特的视野。这家公司的主要业务是发行一种礼品赠券，提供给超级市场和加油站等商家，商家再把这些赠券以促销的手段分发给消费者。消费者用收集到的赠券向蓝筹印花公司兑换礼品。为了购买那些兑换赠券所需的礼品，商家会在蓝筹印花公司存入一笔资金，或是直接购买蓝筹印花公司发行的赠券，从而给蓝筹印花公司带来大量现金。

1968 年，巴菲特与查理·芒格开始买进蓝筹印花公司的股票，两人还相继进入了蓝筹印花公司的董事会。这也是巴菲特和查理·芒格真正进行投资合作的开始。巴菲特入主蓝筹印花公司后，开始转变公司的经营方向，利用公司的浮存金进行收购活动。1970 年，伯克希尔·哈撒韦公司从纺织业中赚取的利润只有让人啼笑皆非的 45 000 美元，但是它却从保险业中赚取了 210 万美元，从银行业中赚取了 260 万美元。1972 年，在查理·芒格的建议下，蓝筹印花公司以 2 500 万美元的高价收购了喜诗糖果。巴菲特后来称这家糖果制造商为“梦幻企业”，因为它不需要很多新资本就可以提升利润，因此可以腾出现金用于伯克希尔·哈撒韦公司的其他投资。被收购 30 多年后，喜诗糖果为伯克希尔·哈撒韦公司贡献了超过 10 亿美元的利润。这次成功的收购也让巴菲特的投资理念从买“便宜货”转为购买优质企业。“1972 年是伯克希尔·哈撒韦公司的一个转折年，我们那时得到了为蓝筹印花公司购买喜诗糖果的机会，而芒格、我本人和伯克希尔·哈撒韦公司均在蓝筹印花公司上拥有大量权益。到 2015 年为止，喜诗糖果已累计赚取了 19 亿美元的税前利润，而这段时间它所需要投入的增量资本仅仅为 4 000 万美元。喜诗糖果因此可以进行大量的分红，帮助伯克希尔·哈撒韦公司不断购买其他生意，这些新购入的生意反过来又可以为伯克希尔·哈撒韦公司带来大量的可分配利润（想象一下兔子的自我繁殖吧）。除此之外，经由观察喜诗糖果的运作，我了解到了一个强势品牌对企业发展的重要作用，它扩展了我的眼界，为我以后的投资方向提供了重要指引。”时值控股伯克希尔·哈撒韦公司 50 周年，巴菲特在2015年致股东的信中回忆称。在众多业务中，保险是伯克希尔·哈撒韦公司的主业。巴菲特在1967年斥资860万美元收购了国民保险公司及国家消防和海洋保险公司。1976年，美国政府雇员保险公司（GEICO）管理层在保险理赔成本评估上犯了一连串错误，几乎导致公司濒临破产。巴菲特果断出手，至1980年底一共仅投资4 570万美元就拥有了该公司33.3%的股权。到1995年，巴菲特投资GEICO的股票已增值50倍，赚了23亿美元。同时由于公司不断回购股票，其持股比例增至51%。就在这一年，巴菲特又支付了23亿美元收购了GEICO的其余股权，使其成为伯克希尔·哈撒韦公司旗下全资子公司。目前，GEICO是美国最大的汽车保险公司之一。实际上，对美股投资者来说，投资巴菲特的公司本身或许就已经是一个明智的选择。在巴菲特最初接掌伯克希尔·哈撒韦公司的时候，公司的每股账面价值只有19美元，到如今已超过25万美元，平均每年的增长幅度超过20%。2017年12月18日，伯克希尔·哈撒韦公司股价首次触及30万美元，再创历史新高。

6.1.2 并购的类型

按照不同的标准，可以对并购进行不同的分类。

1. 按照并购企业与目标企业从事业务的关联程度分类，可以分为横向并购、纵向并购和混合并购三类

（1）横向并购。

横向并购是指发生在生产同类（或同种）商品或服务的企业之间的并购，涉及在同种商业活动中经营和竞争的两家企业。横向并购可以迅速扩大生产规模，在更大范围内和更高层次上实现专业分工协作，采用更先进的技术和设备，提高产品质量，统筹安排原料采购和产品销售，以节约费用、降低成本，实现规模经济，提高企业的竞争力。与此同时，横向并购减少了一个行业内企业的数量，对竞争有着潜在的副作用，它更容易导致垄断的出现，因此，世界各国一般对横向并购进行反垄断审查。

横向并购是在19世纪末期至20世纪初期最早出现的并购形式。它为社会化大生产和资本集中提供了物质基础。横向并购是全球企业第一次并购浪潮中的主要形式。

案例6-2

饿了么收购百度外卖

2017年7月初，北京正值炎热的时节。“饿了么”网上订餐平台创始人、饿了么董事长张旭豪借着不同名义两次悄然来到北京，与百度负责人见了面，迅速敲定了收购百度外卖的事宜。没多久，据《财经》报道，交易价格分为两块，一是百度外卖以5亿美元出售，二是百度打包一些流量入口资源给饿了么，作价3亿美元，总共收购价格为8亿美元，交易完成后百度占饿了么股份5%。此次交易只包括百度外卖，不包含百度糯米。合并后，百度外卖品牌保留18个月给饿了么使用，饿了么将借助百度外卖的技术团队完善后台系统，并巩固两者相加的市场份额。饿了么收购百度外卖为典型的横向收购。

早在2015年7月，百度外卖进行第一轮独立融资后不久就已和顺丰开始接触，却始

终停留在“保持接触”的层面上，没有出实质性动作。此时的饿了么在高校称王，等待着F轮融资。美团外卖刚刚完成了4个直营城市、100个配送站的搭建，美团点评餐饮平台总裁王慧文的车上还贴着“招聘骑手”的广告纸。此时的百度外卖占据着白领市场的绝对优势，即便是偏袒竞争对手的数据报告，也会为百度外卖的白领份额留足空间。此时，百度外卖若是宣布出售，大家一定会以为它疯了。但没想到的是，短短半年时间，美团外卖就迅速崛起，饿了么加大烧钱力度，白领市场迅速被两者蚕食。百度外卖被冠上了“老三”的称号，后来也再没能翻盘。

据透露，早在2016年春节前，饿了么与百度外卖就已开始了接触，当时谈的价格是20亿美元，打包百度糯米。2016年上半年的外卖市场竞争格外激烈。拿到阿里巴巴和蚂蚁金服12.5亿美元投资的饿了么将钱疯狂砸入市场，完成合并的美团点评也将更多的资金投入到外卖上。最直观的表现就是补贴。2016年，百度外卖拿到了过亿美元的B轮融资。投资方君同资本曾在2015年对大众点评投资了8.5亿美元。半年不到，美团和大众点评就在资本的推动下合并。当7月融资消息被曝出时，许多人相信，相同的戏码即将上演，饿了么的日子不会好过了。直到9月，一位饿了么内部人士在内部群里说：“终于谈崩了。”据透露，这依然是因为百度糯米——拥有团购绝对份额的美团点评没有任何理由吃下它，但百度却迟迟不愿将百度外卖单独出售，价格依旧是20亿美元。2017年初，百度终于再度找到了饿了么，此时的百度外卖已从优质资产变成了一个尴尬的存在，无论是哪方的口径，它的市场份额都下跌了10%。这次交易已不再打包百度糯米，单一的百度外卖价格跌到了8亿美元。持续的亏损和难以追回的市场份额让当时专注人工智能的百度新任总裁陆奇选择放弃百度外卖，饿了么适时抛出了橄榄枝。

对于饿了么而言，重金买下百度外卖的理由有三：

首先在于市场竞争。不得不说，美团点评的团购基础太强了。在北京、上海、广州、深圳，饿了么与美团点评仍有一较之力，但在三四线乃至更偏远的地方，拥有团购优势的美团点评在扩张效率上是饿了么难以抗衡的。美团外卖商务拓展人员（BD）雷鸣说：“很多商家，尤其是关键客户（KA）商家，用了很久的美团外卖，早就是老朋友了。”小商家饿了么还能谈得下来，想拿下KA商家，只能投入更多的钱。而在部分城市，百度外卖也占据了优质资源。据饿了么的人士透露，在石家庄，美团外卖和饿了么加在一起都比不上百度外卖。一旦收购，饿了么在许多城市的市场份额会显著上升。

其次在于系统。饿了么的订单全靠调度员一单一单手动派发，大量的人工派送意味着高额的人力成本和极低的效率，与百度外卖相反，饿了么的订单越多，整体送餐效率就越差。这也是饿了么不把10亿美元直接砸在市场的原因。

最后在于饿了么想结束斗争了。斗争来自外部，也来自内部。阿里巴巴年报显示，2017年4月，阿里巴巴和蚂蚁金服进一步增持饿了么，总投资金额为4亿美元。由于持股比例没有变化，因此这意味着其他股东也进行了增持。饿了么账上至少有10亿美元购买百度外卖的钱。

剩下的钱也并没有全部投入市场补贴中。那个曾经高喊“市场份额才是第一！不要管成本!”的张旭豪，这次却格外冷静。与近年来的互联网公司收购不同，这次收购并非竞争结束后的资本收割，而是上演联吴抗曹的戏码，饿了么需要在短时间内完成内部整合以对抗虎视眈眈的美团点评。但是纵使饿了么千百个不乐意，补贴还是要的，而且只多不少。这是最直接的争夺市场份额的办法。

（2）纵向并购。

纵向并购是指生产、经营环节相互衔接、紧密联系的企业间，或具有纵向协作关系的企业间的并购。比如石油行业内的原油开采、石油精炼、石化与石油制品销售企业之间的并购就属于纵向并购。

纵向并购分为前向并购和后向并购。前向并购是指对产品的下游加工流程方向的并购，如石化企业对石油制品销售企业的并购；后向并购是指对产品的上游加工流程方向的并购，如石化企业对原油开采企业的并购。

纵向并购以企业内部交易代替市场交易，可以节约成本，如运输成本、采购成本、企业产品销售成本、广告宣传费用等；减少企业间交流、协调的成本，使生产、销售及反馈的信息可以在企业内部流动，改进生产，促进销售，提高经济效益。纵向并购是20世纪20年代全球企业第二次并购浪潮的主要形式。

案例6-3

中粮集团纵向收购海外原材料企业

2011年4月16日，中粮集团通过旗下澳大利亚子公司Top Glory向澳大利亚Tully糖业公司发出非约束性收购要约，拟收购其100%股权。一同竞购的还有邦吉和路易达孚支持的Mackay Sugar公司。2011年7月，中粮集团以1.4亿澳大利亚元的高价战胜国际巨头完成对澳大利亚Tully糖业公司的收购，而在澳大利亚Proserpine糖业公司的收购争夺战中，中粮集团的对手是抢先一步提出收购价格的丰益国际。为了成功将澳大利亚这两家糖厂以及其下属的甘蔗种植园一起收入中粮集团的旗下，从而提高中粮集团在农产品领域的控制力，中粮集团对Proserpine糖业公司的收购价格在高出对手500万澳大利亚元后继续加价，在此前的1亿澳大利亚元债务再融资金额上，大幅加价3 000万澳大利亚元，以1.3亿澳大利亚元的价码来提高中粮集团作为收购方的吸引力。

中粮集团在2011年7月5日宣布已经持有Tully糖业公司61.25%的股权，其中包含邦吉出售给中粮集团的6.91%的股权。Mackay Sugar公司在2011年7月18日也发表声明称，公司与中粮集团竞购Tully糖业公司股份的目的在于取得控股权，使后者成为公司业务的一部分。由于在竞购中未能实现控股，为了实现两家糖业公司的利益最大化，Mackay Sugar公司决定将所持Tully糖业公司股份全部出售给中粮集团。中粮集团对Mackay Sugar公司将所持有的31.5%的Tully糖业公司股份卖给中粮集团的决定表示欢迎。中粮集团取得完全控制权将消除澳糖收购案中的所有不确定性因素，使得中粮集团能切实履行对当地甘蔗种植者、制糖行业以及社区的承诺。

纵向并购是在生产经营同一产品相继的不同生产阶段，在工艺上具有投入产出关系的企业之间的并购行为。

优点：纵向并购一方面可以使供应方稳定销售渠道，另一方面可以使购买方稳定材料、半成品或者产品的来源，从而节约交易费用，提高企业的生产效率。通过市场交易行为内部化，减少市场风险，节省交易费用，同时易于设置进入壁垒。

缺点：企业生存发展受市场因素影响较大，容易导致“小而全，大而全”的重复建设。

（3）混合并购。

混合并购是指在产品、市场都没有关联的企业之间的并购。例如2002年北大方正集团公司以2.295亿元现金收购浙江证券51%的股权，成为合法的绝对控股股东。由于北大方正集团与浙江证券在产品、市场等方面均无关联，故称为混合并购。

案例6-4

马斯克收购推特

2022年3月14日，马斯克（Musk）低调增持推特（Twitter）股票。马斯克向美国证券交易委员会提交了相关文件。文件显示，他计划以被动投资的方式收购Twitter 9.2%的股份。从当时到4月初这中间的半个月里，他并未公开透露过自己有持股意向，同时也未和Twitter董事会告知过自己的行动。公众对此也并不知情。不过，如果按照被动投资的定义，意思就是马斯克看好这家公司，并没有左右甚至接管Twitter的意思，只是通过持有其股票进行理财。

从3月底到4月初，大搞舆论战。在这段时间里，他一直在自己的Twitter账号上发表对于这家公司的各种看法。比如在3月25日，他发布一项投票，询问粉丝是否认为Twitter遵守言论自由原则，结果有超过200万用户参与投票，其中七成认为Twitter在这一点上不合格。

4月4日开始入局。开盘之前，马斯克突然宣布自己以28.9亿美元的价格收购了Twitter 9.2%的股份，这个持股比例超过了当时所有个人、机构股东的持股比例，使得马斯克一夜之间突然成为Twitter的大股东。消息一经传出，Twitter股价在盘前就已经开始暴涨，持续了一整个交易日，当日盘后价格一度高达50.22美元一股，涨幅达到27%，创造了Twitter股价自从2018年以来的单日涨幅纪录。股价上涨也使得马斯克本人持有的Twitter股份增值了接近8亿美元。不过，马斯克的延迟披露行为可能涉嫌违法。美国证券交易相关法律规定，上市公司股东在增持比例超过5%的情况下应该尽快/最晚必须在10天内公开披露，而马斯克则拖了整整半个月。

4月5—9日，婉拒董事会席位。Twitter的首席执行官（CEO）帕拉格·阿格拉瓦尔（Parag Agrawal）通过个人账号恭喜了马斯克加入公司，并邀请他加入董事会：“我非常兴奋地和大家分享，我们将任命马斯克加入董事会！通过最近几周和他的对话，我们越发相信，他将为董事会带来巨大价值。”然而在当时，也有人指出了一个关键的问题：如果真如马斯克所说的他的投资为“被动投资”，那么加入董事会已经超过了被动投资的定义。这也是为什么很多观察者都认为，马斯克之前使用被动投资的名义，只是为了最大限度避免自己的持股计划以及后续的“阴谋”提前被Twitter董事会察觉。

4月13日发起总攻。马斯克向Twitter董事会发去了全资收购并且私有化的要约。他表示将以每股54.2美元的价格收购自己尚未持有的所有Twitter股份并且将公司私有化。在和Twitter董事长布莱特·泰勒（Bret Taylor）的一通电话中，马斯克下达了自己的

“最后通牒”：(1) 价格合适，股东会满意的；(2) 对 Twitter 现任管理层完全没有任何信心；(3) 这次是正经来收购的，不想跟董事会打太极拳；(4) 已经没有别的可选手段，最后才决定要收购；(5) 自己如果投资了一家公司，就一定要看到这家公司向好发展，然而以当时 Twitter 作为上市公司的身份是无法实现的，所以自己必须全面接管公司并且将其私有化退市。

4 月 15 日毒丸计划。为了抗击马斯克的恶意收购，Twitter 董事会启动了毒丸计划，其正式名称为股权摊薄反收购措施。Twitter 的这颗毒丸将在收购方占有的股份达到一定比例时启动。具体来说，为了保住其他股东的控制权，公司会大量低价发行新股，让其他股东买入，从而使恶意收购者手中的股权摊薄，增大收购成本。

4 月 18—21 日，搞定资金。马斯克表示已经从包括摩根士丹利等的金融机构拿到了超过 200 亿美元的债务融资和贷款承诺，并且自己也将出资 200 多亿美元。

4 月 25 日，再施压董事会，心愿达成。Twitter 方面正式宣布接受马斯克的收购要约。

按照马斯克和 Twitter 董事会的协议，在交易完成之时，Twitter 股东将会收到每流通股 54.2 美元的现金。相比马斯克月初突然公开自己持有的 Twitter 股份数量时，这一收购报价的溢价率约为 38%。

收购达成官宣后，Twitter 股价小幅上涨至接近 52 美元，当日收盘于 51.70 美元，涨幅为 5.66%——虽然距马斯克的报价仍有距离，但至少在一定程度上扫除了过去两周以来的阴霾。

在收购完成后，马斯克将对 Twitter 进行大刀阔斧的改革。值得注意的是，改革的其中一项就是对用户进行某种实名认证。

2022 年 6 月 4 日，Twitter 表示马斯克斥资 440 亿美元收购 Twitter 的美国反垄断等待期已经结束，这表明 Twitter 已经避开了美国监管机构对这笔交易的漫长审查。Twitter 表示，随着反垄断等待期的结束，完成收购 Twitter 的交易取决于其余惯例成交条件，其中包括获得 Twitter 股东和任何其他监管机构的批准。根据美国反垄断法，收购公司的交易必须向美国政府报告，由美国司法部或美国联邦贸易委员会进行审查。如果两家机构中的任何一家提交“第二次文件申请”，相应交易可能会面临持续数月的调查。

---

2. 按照收购目的分类，可以分为战略并购和财务并购两类

(1) 战略并购。

战略并购是指并购双方以各自核心竞争优势为基础，立足于双方的优势产业，通过优化资源配置的方式，在适度范围内强化主营业务，从而产生产业一体化协同效应和资源互补效应，达到资源整合后实现新增价值的目的，如波音公司和麦道公司的合并、花旗银行和旅行者集团的并购等。战略并购的目的在于通过并购提升公司原有的主营业务，从而达到资源的更优配置和整体价值的上升。战略并购往往需要很长的时间来实现并购双方的整合，其价值的增长也需要较长的时间才能体现。

(2) 财务并购。

财务并购是和战略并购相对应的一个概念，收购方将收购作为公司的一项财务战略。

财务并购并不强调参与公司运营而提升公司业绩，而是更多地着眼于通过资本运作或者价值发现而使资产价值得到提升。

财务并购可以分为资产重组型和价值发现型。

资产重组型财务并购是指并购方通过购买目标公司的控股权而对目标公司进行大规模甚至整体资产置换，通过改变目标公司主营业务并将收购方自身利润注入上市公司的方式来改善目标公司业绩，提高目标公司的资信等级以提升公司价值并拓宽其融资渠道。财务并购往往短期内造成利润的迅速提高。由于大量优质资产注入上市公司，造成目标公司股价大幅上扬，许多财务并购通过这种股份大幅上扬而取得财务收益，因此财务并购常常伴随着市场操纵和内幕交易。

价值发现型财务并购是另一类财务并购，它不需要通过资产重组。收购方往往收购被市场低估的公司的股份，然后待市场发现其价值时再抛出。价值发现型财务并购买入的目的是未来的卖出。价值发现型财务并购还往往伴随着杠杆收购，此时并购方通过小资金投入而撬动大的公司并购。

战略并购和财务并购面临的风险是不同的。战略并购不但需要考虑财务负担，还要考虑资源调整后整体能力的提高、资源互补的效率提高和产业结构的改善等方面的问题，在并购决策过程中必须充分考虑这些不确定性因素，不仅要有对各方面未来变化的预测，还要有具体的风险规避与风险控制决策。财务并购的风险主要是企业并购前后的收益率变化和融资成本的变化，一般没有企业资源整合带来的产业产品结构调整、企业管理资源和管理能力的协调以及企业文化的冲突等方面的风险。

3. 按照并购的支付方式分类，可以分为现金并购和股票并购

（1）现金并购。

现金并购是指以现金作为支付方式进行的并购，具体来讲，可以分为现金购买资产和现金购买股份两种。

现金购买资产是指并购方以现金购买目标公司的全部或部分资产，将其并入并购方或者对目标公司实施经营管理控制权；现金购买股份是指并购方以现金的形式购买目标公司的全部或部分股份，达到控制目标公司的目的。

案例 6－5

饿了么被并为阿里新零售基础建设

2018 年 4 月 2 日，阿里正式官宣确认截至当时中国互联网史上最大的一笔现金收购——95 亿美元现金收购。

2017 年，饿了么收购百度外卖时，饿了么估值尚为 60 亿美元。阿里收购饿了么，主要看中两点，即饿了么蜂鸟物流体系以及百度外卖技术含量。2016 年初，外卖战火正激烈时，饿了么创始人张旭豪曾公开表示，饿了么目前最重要的工作就是做即时配送。通过物流可以做更多品类以及更多服务，以此来覆盖全时段，从而降低成本。所以，饿了么更关注的是如何提升配送效率，以它作为长期的核心竞争力。从结果回过头去看布局，张旭豪在物流与配送领域的发力显然是成功的。饿了么与闪电购、喜士多等合作，将线下便利店服务整合起来的思路，与阿里在新零售领域的拓展是一样的。饿了么将通过餐饮与配送

发展成全品类平台。张旭豪称，蜂鸟物流体系每天通过对海量数据深度学习来提升调度效率，预测餐厅出餐时间，合理分配人力，使得“准时达”的每单订单平均不到 30 分钟就送到。在很多城市，快送接单率已达到 95%以上。在 2017 年 4 月末的饿了么年度大会上，张旭豪表示，截至目前饿了么用户规模突破 1.3 亿，在即时配送方面，服务于蜂鸟物流体系的配送员人数超过 300 万人，日运单超过 450 万单。

随着新零售概念的火爆，“人货场重构”理论已成为阿里新零售标配。在马云提出新零售概念不久，张勇即作出解读——围绕着人、货、场当中所有商业元素的重构，是走向新零售非常重要的标志，而其核心就是商业元素的重构能不能有效，能不能真正带来效率。而即时物流，即无中间仓储，直接实现门到门的即时送达服务，核心在于即时性，满足用户所提出的极速、准时的配送要求。饿了么将依托外卖服务形成的本地即时配送网络，协同阿里新零售“三公里理想生活圈”，盒马“半小时达”和 24 小时家庭救急服务，“天猫超市一小时达”，成为支撑各种新零售场景的物流基础设施。

阿里系与点我达自 2015 年即发生资本关联——2015 年 9 月，蚂蚁金服与创新工场投资数亿元人民币，2016 年 7 月阿里领头、饿了么与原投资方跟投近 10 亿元 D 轮融资，2018 年阿里再次进行了一轮战略投资。此外，2017 年 8 月，点我达成为饿了么唯一众包物流战略合作伙伴，双方系统完成深度对接，将在全国 50 多个城市开展合作。从商城快递配送到外卖餐品配送，再到线下零售店配送，点我达与饿了么物流配送深入阿里各系生态企业圈，形成本地生活物流矩阵。

（2）股票并购。

股票并购是指以股票作为支付方式进行的并购。具体来说，可以分为股票购买资产和股票交换股票（即换股并购）。

股票购买资产是指并购方以自身的股票或股权来交换目标公司的全部或部分资产的并购方式；股票交换股票是指并购方用自身的股票或者股权来交换目标公司的股票或股权的并购方式。在这一过程中，确定一个合理的换股比率是关键所在。

4. 按照并购双方进行并购的态度分类，可以分为善意并购和敌意并购

（1）善意并购。

善意并购，又称友好并购，是指并购方以较好的报价和条件与目标公司协商并购事宜，取得目标公司的理解和支持。在善意并购中，并购者也被形象地称为“白衣骑士”。善意并购的双方可以共同磋商购买条件、价格和支付方式，并购后公司的地位，以及被并购公司人员的安排等，并就上述内容签订并购要约。善意并购是在双方自愿、合作、公开的前提下进行的，一般都能获得成功。

（2）敌意并购。

敌意并购，又称恶意并购，是指并购公司事先未经目标公司董事会允许，在不管对方是否同意的情况下所进行的并购活动。在敌意并购下，并购方致函给目标公司的董事会，表达并购的意愿，并要求目标公司对并购报价迅速地作出决定。在敌意并购中，当事双方采用各种攻防策略完成并购行为，并希望获得控制性股权，成为大股东。在只涉及收购时，可用敌意收购或恶意收购表示。

5. 按照收购方式分类，可以分为协议收购和要约收购两类

（1）协议收购。

协议收购，是指直接与目标公司股东取得联系，通过反复协商，在征得董事会和管理层同意的情况下达成协议，按照协议规定的条件、价格、收购期限以及其他约定事项收购目标公司股份的一种收购方式。协议收购一般是善意的收购行为，其过程短，法律手续简单，不易产生纠纷，并且多涉及股份的场外转让，交易成本较低。

根据《证券法》，采取协议收购方式的，收购人可以依照法律、行政法规的规定同被收购公司的股东以协议方式进行股份转让。以协议方式收购上市公司时，达成协议后，收购人必须在三日内将该收购协议向国务院证券监督管理机构及证券交易所作出书面报告，并予公告。在公告前不得履行收购协议。采取协议收购方式的，协议双方可以临时委托证券登记结算机构保管协议转让的股票，并将资金存放于指定的银行。采取协议收购方式的，收购人收购或者通过协议、其他安排与他人共同收购一个上市公司已发行的有表决权股份达到百分之三十时，继续进行收购的，应当依法向该上市公司所有股东发出收购上市公司全部或者部分股份的要约。但是，按照国务院证券监督管理机构的规定免除发出要约的除外。

在我国证券市场尚不成熟、不规范的情况下，协议收购是一种比较常见的收购方式。

（2）要约收购。

要约收购是指，通过证券交易所的证券交易，投资者持有或者通过协议、其他安排与他人共同持有一个上市公司已发行的有表决权股份达到百分之三十时，继续进行收购的，应当依法向该上市公司所有股东发出收购上市公司全部或者部分股份的要约，按照规定的价格以货币或其他支付形式购买股票，以获取上市公司股权的一种收购形式。要约收购无须事先征求目标公司董事会及管理层的同意，多用于敌意并购中。

6.2 公司并购的相关理论

6.2.1 并购动机理论

1. 效率理论

效率理论从并购给企业带来的积极后果方面解释了并购发生的原因。效率理论可以分为效率差异理论、经营协同效应理论、财务协同效应理论、经营多样化理论等。

（1）效率差异理论。

该理论认为，在现实经济生活中，企业经营管理效率存在高低之分，因而可能出现高效率的企业并购低效率的企业，并且通过提高被并购企业的效率来实现潜在利润的情况。从这个意义来说，并购不仅给并购方带来利益，也带来了社会经济效率的提高。因此，效率差异理论也可称为管理协同效应理论。

（2）经营协同效应理论。

该理论基于规模经济、范围经济角度解释并购的原因，认为通过并购，企业可以实现

规模经济，从而降低单位产品成本。据调查，一些西方企业承认其并购动机与规模经济有关。一些学者对银行并购的研究表明，在并购的基础上削减成本是20世纪90年代银行并购的主要原因。

此外，经营协同效应理论还体现在通过纵向并购，将企业之间的交易关系转为内部交易关系，减少交易费用。格罗斯曼（Grossman）、哈特（Hart）和穆尔（Moore）用不完全契约理论解释了企业的边界及并购发生的原因，认为纵向并购降低了交易费用和代理费用。

（3）财务协同效应理论。

该理论认为并购的企业之间的互补性不是管理能力方面的，而是投资机会和内部现金流方面的。比如，成熟企业与成长企业兼并之后，成熟企业充裕的现金流可流向成长企业，从而实现资金在企业内部资本市场的重新配置。

（4）经营多样化理论。

该理论认为通过并购可以实现经营业务的多样化，减少企业经营的不确定性和避免破产风险，保护了企业的组织资本和声誉资本。

2. 战略动机理论

（1）通过并购进入新行业。

为了进入新行业，并购该行业的现成公司可以降低行业进入壁垒。比如，宝洁公司收购了一家造纸公司，使得宝洁公司得以开发出纸尿裤、纸巾等高度关联的纸产品。

（2）获得快速发展。

依靠企业自身扩张滚动，发展将十分缓慢，并购是企业快速扩张的重要途径。

3. 财务动机理论

（1）价值低估理论。

该理论认为并购发生的原因在于：在目标企业的股票价值被低估的情况下，即托宾q值<1时，企业市价小于企业重置成本，经营者将倾向于通过并购来建立企业，实现企业扩张。并购方通过并购目标企业的股票来获得扩张所需要的资产，这要比重置相关资产更便宜，从而增加了股东权益的价值。

（2）税收驱动理论。

该理论认为并购是出于节税的考虑。节税途径包括：利用合并重组后亏损递延条款的规定进行合理避税；利用杠杆并购后的负债利息进行避税。

4. 市场力量理论

该理论认为企业并购的动因是提高市场占有率，减少市场竞争，以增加企业长期获利机会。企业通过横向并购可减少竞争对手，增加自身的市场份额或提升垄断地位。在这种情况下，并购对企业有利，但对社会不利。

5. 狂妄假说和管理主义理论

狂妄假说认为在有效的市场里，公司的市场价格已经反映了其内在的价值，并购的原因在于管理层狂妄自大，高估了目标企业的价值和并购的协同效应。

管理主义理论则认为并购是为了满足管理层控制公司以增加自身报酬和降低职业风险的动机，因此并购并不能为公司带来价值。

6.2.2 并购是否创造价值

假设并购前 A 公司价值为 V_A，B 公司价值为 V_B，并购后的价值为 V_{AB}，则并购后协同效应价值 S 为：

$$S=V_{AB}-(V_A+V_B)=\sum_{t=1}^{T}\frac{\Delta CF_t}{(1+r)^t} \tag{6-1}$$

式中，r 表示风险贴现率，ΔCF_t 表示净增现金流，涉及净增收入、净增运营费用、净增税收和净增投资四个部分，即：

$$\Delta CF_t=\Delta R_t(\text{净增收入})-\Delta C(\text{净增运营费用})-\Delta T(\text{净增税收})-\Delta I(\text{净增投资}) \tag{6-2}$$

根据效率理论、战略动机理论、财务动机理论、市场力量理论，因为收入上升、成本下降、税负降低、资金成本减少等原因，并购将获得正的协同效应价值，即 $S>0$。

但根据狂妄假说和管理主义理论，并购并不能带来更多的协同效应价值，即 $S<0$。

贾雷尔（Jarrell）和卜尔森（Poulsen）在实证研究中发现，被收购方的股东一般可以获得超额收益，而收购方大多数获得正的超额收益，但不太显著，有时甚至亏损。但安德雷德（Andrade）等发现收购方与被收购方的总收益显著为正，说明并购创造了价值。

6.2.3 一个悖论和控制权理论

1. 格罗斯曼和哈特关于要约收购的悖论

1980 年，格罗斯曼和哈特提出了“在收购方与被收购方之间存在信息不对称时，要约收购不可能成功”的悖论。其理由是：如果收购方收购后能提升公司的价值，而增值的程度只有它自己知道，此时目标公司一个小股东的策略是不卖出自己的股份，而是希望别人卖出，以达到搭便车的目的。如果所有小股东都这样想，将会出现没有人卖出股份的情况，于是收购方将无法获得足够的股票份额，导致收购失败。

2. 希莱弗（Shleifer）和威希尼（Vishny）的大股东并购模型

1986 年，希莱弗和威希尼证明，大股东的存在将有利于成功实现并购，克服信息不对称下小股东搭便车的问题。他们的模型解决了格罗斯曼和哈特提出的悖论，同时也提供了控制权理论的一个基本模型。

6.3 公司并购的程序

6.3.1 投资银行的并购业务

1. 业务概述

频繁的并购活动为投资银行提供了并购咨询或财务顾问的业务机会。我国 2020 年修正的《上市公司收购管理办法》规定：收购人进行上市公司的收购，应当聘请符合《证券法》规定的专业机构担任财务顾问。收购人未按照本办法规定聘请财务顾问的，不得收购上市公司。财务顾问应当勤勉尽责，遵守行业规范和职业道德，保持独立性，保证其所制作、出具文件的真实性、准确性和完整性。财务顾问认为收购人利用上市公司的收购损害被收购公司及其股东合法权益的，应当拒绝为收购人提供财务顾问服务。财务顾问不得教唆、协助或者伙同委托人编制或披露存在虚假记载、误导性陈述或者重大遗漏的报告、公告文件，不得从事不正当竞争，不得利用上市公司的收购谋取不正当利益。为上市公司收购出具资产评估报告、审计报告、法律意见书的证券服务机构及其从业人员，应当遵守法律、行政法规、中国证监会的有关规定，以及证券交易所的相关规则，遵循本行业公认的业务标准和道德规范，诚实守信，勤勉尽责，对其所制作、出具文件的真实性、准确性和完整性承担责任。

投资银行的并购业务是指投资银行在企业并购或反并购过程中，因为提供了并购目标选择、并购标的估价、并购支付、融资安排等方面的并购咨询或财务顾问服务而收取费用的企业经营活动。

2008 年，瓦尔特（Walter）、约森（Yawson）和杨（Yeung）统计发现，1980 年 1 月至 2003 年 12 月，在美国的综合并购案例中，所有公司都雇用了顾问，费用平均约占交易价值的 1%，平均值与中位数之间的差异意味着费率随着交易规模的增大而急剧降低。此外，投资银行顾问质量越高，收费越高。顾问在并购交易中的收费情况如表 6-1 所示。

表 6-1　顾问在并购交易中的收费情况

	收购方顾问	目标方顾问
费用（百万美元）：		
平均值	2.89	3.06
中位数	1.00	1.13
交易价值（百万美元）：		
平均值	1 345.16	898.93
中位数	177.02	143.70
费率（费用占交易价值的百分比，%）：		
平均值	0.91	1.06
中位数	0.52	0.76
样本数量	1 996	3 932

资料来源：根据 2008 年瓦尔特、约森和杨的原始文献整理而得。

2. 投资银行并购财务顾问内容

2020 年修正的《上市公司收购管理办法》第六十五条规定，收购人聘请的财务顾问应当履行以下职责：

（1）对收购人的相关情况进行尽职调查；

（2）应收购人的要求向收购人提供专业化服务，全面评估被收购公司的财务和经营状况，帮助收购人分析收购所涉及的法律、财务、经营风险，就收购方案所涉及的收购价格、收购方式、支付安排等事项提出对策建议，并指导收购人按照规定的内容与格式制作公告文件；

(3) 对收购人进行证券市场规范化运作的辅导，使收购人的董事、监事和高级管理人员熟悉有关法律、行政法规和中国证监会的规定，充分了解其应当承担的义务和责任，督促其依法履行报告、公告和其他法定义务；

(4) 对收购人是否符合本办法的规定及公告文件内容的真实性、准确性、完整性进行充分核查和验证，对收购事项客观、公正地发表专业意见；

(5) 与收购人签订协议，在收购完成后12个月内，持续督导收购人遵守法律、行政法规、中国证监会的规定、证券交易所规则、上市公司章程，依法行使股东权利，切实履行承诺或者相关约定。

6.3.2 公司并购的一般操作程序

并购是一项非常复杂、技术性强、量体裁衣的投资银行业务。并购方需要综合考虑各种因素，从业务、财务、文化等各个方面进行综合考虑，而在具体执行时，需要选择合适的时机、计算交易金额、考虑支付方式等。在并购前，并购方一般需要选择实力雄厚、经验丰富的投资银行作为顾问，制订合适的计划，顾问在并购过程中全程参与。并购的顾问协议一般包括服务条款、费用安排、免责条款和终结条款等。

1. 筛选目标公司

目标公司的物色，可以由并购方完成，也可以由投资银行代为寻找潜在的目标公司。目标公司的选择需要符合并购方的战略要求。

物色目标公司的过程，同时也是并购需求分析和并购计划制订的阶段。在这个阶段，并购方和投资银行需要对企业的并购需求进行论证、对并购能力进行探讨、对目标公司的特征模式进行沟通，并且就主要的并购方式等达成一致意见，如二级市场收购还是非公开市场私购，融资并购还是非融资并购。

由于在此阶段尚未进入正式的并购，目标公司的相关数据只能通过公开的渠道获得。并购方也可以做一些市场调查，通过相关的政府部门、被并购方的竞争对手或合作伙伴来深入了解被并购方。

2. 评价目标公司

目标公司初步确定后，需要对目标公司进行隐秘的、全面的评估。评估主要分为财务评估、技术评估、管理评估、税务评估、法律评估、反收购评估、其他方面评估等。

在财务方面，主要考虑销售额、成本、利润、现金流量、股权结构等方面的指标。财务评估主要由投资银行完成。其中，尤其需要关注的是股权结构。股权的集中或分散程度、股权流动性高低、内部持股率等因素会很大程度上影响到后续并购方式的选择，以及并购成功的可能性。股本规模较小、股权较为分散、股权流动性较强、内部持股率较低的目标公司容易成为被收购的对象。但是，如果大股东有出售股权的意向，此时股权集中相对更好。

在技术方面，需要评估装备水平、工艺先进性、产品质量、原料供应、市场状况等。这类指标的评估往往可以聘请专业的公司或人员进行。

在管理方面，主要对主要管理人员、信息系统、监控系统等进行评估。

在税务方面，并购企业的全部过程涉及诸多税务问题，例如被并购方的税务结构及状况、资本市场并购时涉及的印花税和资本利得税等。税务评估的另一个内容是从买方整体来评估收购企业后其新的税务结构和地位的变化。

在法律方面，主要是评估交易的法律风险，主要包括交易的合法性、产权的完整性和真实性、各种合同的法律纠纷和潜在风险等。为了防范法律风险，并购方一般会请专门的律师事务所进行评估并出具法律意见书，由于一些潜在的法律问题难以在收购时弄清，并购方为了保护自己的利益，也会要求被并购方出具一个承诺。

反收购评估也是比较重要的一个调查内容，需要了解目标公司是否有反收购准备。如果有，则需要了解是哪些，有没有破解的办法。反收购评估的调查主要是对公司章程的相关规定以及降落伞计划、毒丸计划等相关协议进行调查。如果忽略反收购评估，会在收购实施过程中处于被动局面。

其他方面评估还包括劳资关系和环保等方面的评估。这两个问题虽然与生产没有直接的联系，但如果处理不好，会对企业的经营产生重大影响，在有些行业中尤为突出。

3. 估值目标公司

公司价值评估有很多种方法和模型，我们在此介绍四种基本的方法，即资产基准法、现金流贴现法、市场比较法和实物期权法等。

（1）资产基准法。

资产基准法是一种静态评估方法，往往作为并购报价的底线。在运用资产基准法时，首先要得到公司资产方面的相关数据，然后利用这些数据估算公司的价值。资产基准法主要有账面价值法、重置成本法等。另外，还有一种清算价值法。但是，清算价值法是公司终止时的价值计算法，而并购公司是以延续经营为目的的，因此，这种方法事实上并不适用于并购估值。

1）账面价值法。

账面价值法是最为简单的一种公司价值评估方法，也就是根据资产负债表中的账面净资产估算公司价值。事实上，并购很少按照账面净资产支付对价，因为购买公司和购买商品是不同的，购买公司注重的是其盈利能力和成长能力，两家盈利能力相差很大的公司即使具有相同的净资产也不会得到相同的出价。为弥补这种缺陷，在实践中往往采用调整系数，对账面价值进行调整，即：目标公司价值＝目标公司的账面净资产×（1＋调整系数）。其中，（1＋调整系数）也叫作市净率，这种调整方法也叫市净率法。账面价值法比较适用于账面价值和市场价值相差不大的公司，尤其是非上市公司。

2）重置成本法。

重置成本是指并购方重新构建一个与日标公司完全相同的公司需要花费的成本。当然，必须考虑到现存公司资产的贬值情况，贬值包括：有形损耗、功能性贬值和经济性贬值。重置成本法的思路是购买商品的思路，并不考虑被并购方资产的盈利能力，因此这种公司价值评估方法适用于以获取对方公司资产为目的的并购。

（2）现金流贴现法。

现金流贴现法（DCF）是在考虑资金的时间价值和风险的情况下，将发生在不同时点的现金流按既定的贴现率统一折算为现值，再加总求得目标公司价值的方法。现金流贴现法是比较成熟、比较科学的评估方法，它同时适用于上市公司和非上市公司的价值评估。但是，未来现金流、终值以及贴现率都是不太确定的，这就大大地影响到了价值评估的准确性。

如果说资产基准法确定了价值评估的底线，那么，现金流贴现法主要考察的是企业未来的盈利能力，它为并购估值确定了上限。

（3）市场比较法。

市场比较法是基于类似资产应该具有类似价格的理论推断，其理论依据是“替代原则”。市场比较法实质就是在市场上找出一个或几个与被评估公司相同或近似的参照公司，在分析、比较两者之间重要指标的基础上，修正、调整公司的市场价值，最后确定被评估公司的价值。运用市场比较法的评估重点是选择可比公司和确定可比指标，一般会选择行业相似、规模相似、盈利能力相似的公司作为参照。市场比较法的理论基础是有效市场理论，该理论认为当前市场的定价已经充分反映了各方面的信息，因此是合理的价格，相似公司应该以相似的价格出售。

市场比较法通过参照市场对相似的或可比的资产的定价来估计目标公司的价值。由于需要公司市场价值作为参照物，所以，市场比较法比现金流贴现法所需信息少，而且有相应的参照物，买卖双方比较容易就价格达成一致。

主要指标的比较包括市盈率比较、市净率比较、市销率比较、自由现金流比较等。

（4）实物期权法。

实物期权（real option）的概念，最初是由斯图尔特·迈尔斯（Stewart Myers）于1977年在麻省理工学院时所提出的，他指出一个投资方案产生的现金流所创造的利润来自目前所拥有资产的使用，再加上对未来投资机会的选择。

实物期权不同于金融期权，主要针对一些具有不确定性投资结果（表现为期权）的非金融资产，是该类资产定价的重要方法。实物期权的一般形式包括放弃期权、扩展期权、收缩期权、选择期权、转换期权、混合期权、可变成交价期权以及隐含波动率期权等。实物期权法是当今投资决策的主要方法之一。

实物期权法利用期权定价模型可以确定并购中隐含的期权价值，然后将其加入按传统方法计算的静态净现值中，即为目标公司的价值。

和资产基准法这种静态的定价方法相比，实物期权法考虑了目标公司所具有的各种机会与经营灵活性的价值，弥补了静态评估的缺陷。和现金流贴现法相比，现金流贴现法不考虑外在环境变化和管理策略变化对公司价值的影响，而实物期权法着重考察未来各种变化的价值，能够使并购方根据风险来选择机会、创造经营的灵活性。因此，从定价的理念角度看，实物期权法是并购定价更加科学合理的测算方法。

在实际运用中，实物期权法并不是替代传统技术的全新框架，现金流贴现法与实物期权法分析应视为具有互补性质的决策工具。前者更适合分析确定决策环境中并不复杂的项目，其预测在相对稳定的环境中更为可靠；后者更适合分析不确定环境中的复杂项目，管理者可利用新信息，积极管理项目。

并购方的收益＝协同效益－溢价，这一关系被称为并购铁律，即：并购方的收益取决于并购后能够得到的协同效益与其支付的溢价之差。

如果把并购方支付的溢价看做是被并购方的收益，那么，并购方的收益＋被并购方的收益＝协同效益，并购方和被并购方的总收益来自并购后的协同效益，支付溢价的多少体现了并购方和被并购方之间利益的分配，它来自谈判的结果。

并购铁律还有另一种表示方法，根据并购方的收益＝协同效益－溢价，如果并购方必须保证收益为正，那么协同效益必须大于所支付的溢价，也就是说，在并购过程中，并购方所支付的溢价不得超过未来的协同效益，否则并购方就会承受亏损。

4. 实施并购

目标公司一旦确定，并购方就可以开始正式并购了。

首先，并购方可以直接或者委托投资银行与目标公司的管理层接触，表达并购意向，并递交并购建议书，作为与对方谈判的基础。并购建议书的内容包括：并购价格、结构、付款方式、附带条件及建议书有效时间等。如果对方愿意在合适的条件下进行磋商和谈判，那么就可以初步签订并购意向书。并购意向书通常会确定并购标的、并购方式、尽职调查范围以及其他事项。同时，双方还需要签署保密协议，并购方承诺保守对方提供的内部信息，保证不将这些信息用于本次交易以外的任何用途。

然后，并购方将进行尽职调查，一般通过专业会计师事务所和律师事务所对公司的资产、负债、财务、经营、法律等各个方面进行调查，核对目标公司提供的财务资料是否真实，有无重大出入，各种资产的法律地位是否真实等。尽职调查是并购前的重要工作，其目的在于增加对目标公司的了解，获得更加全面、真实、准确的信息，由此形成正确的报价和并购条件。

并购意向书和尽职调查是建立在双方合作的基础上的，如果目标公司拒绝合作，或者并购方希望采用突然袭击的方式，那么并购意向书和尽职调查就都不需要了。

收购的过程分为协议收购和二级市场收购两种。

协议收购是双方通过谈判达成收购协议，并在证券交易所场外转让股份的方式。协议收购方式下收购意向确定后，收购方（也称收购人）应向目标公司的董事会提出，双方就有关收购事项进行磋商、谈判，以达成收购协议，在此过程中，要注意遵循有关法律、行政法规的规定。收购方与被收购方正式谈判开始后，应立即通知证券主管机关和证券交易所，从正式谈判之日起，被收购方的股票交易必须停牌，直至公布收购协议之日止。《证券法》第七十一条规定：“以协议方式收购上市公司时，达成协议后，收购人必须在三日内将该收购协议向国务院证券监督管理机构及证券交易所作出书面报告，并予公告。”在协议收购中，《证券法》第六十五条规定：“通过证券交易所的证券交易，投资者持有或者通过协议、其他安排与他人共同持有一个上市公司已发行的有表决权股份达到百分之三十时，继续进行收购的，应当依法向该上市公司所有股东发出收购上市公司全部或者部分股份的要约。”收购人也可以按照相关的法律规定，申请要约收购豁免。

二级市场收购的方式一般属于恶意收购，这种方式适用于目标公司股权非常分散、控股股东持股比例低的情况。《证券法》第六十三条对上市公司的收购有如下规定：“通过证券交易所的证券交易，投资者持有或者通过协议、其他安排与他人共同持有一个上市公司已发行的有表决权股份达到百分之五时，应当在该事实发生之日起三日内，向国务院证券监督管理机构、证券交易所作出书面报告，通知该上市公司，并予公告，在上述期限内不得再行买卖该上市公司的股票，但国务院证券监督管理机构规定的情形除外。投资者持有或者通过协议、其他安排与他人共同持有一个上市公司已发行的有表决权股份达到百分之五后，其所持该上市公司已发行的有表决权股份比例每增加或者减少百分之五，应当依照前款规定进行报告和公告，在该事实发生之日起至公告后三日内，不得再行买卖该上市公司的股票，但国务院证券监督管理机构规定的情形除外。投资者持有或者通过协议、其他安排与他人共同持有一个上市公司已发行的有表决权股份达到百分之五后，其所持该上市公司已发行的有表决权股份比例每增加或者减少百分之一，应当在该事实发生的次日通知该上市公司，并予公告。”

收购完成后，收购方将完成资金的交付、产权交接和公司变更等手续，股东将完成登记过户。同时，收购方支付相应的顾问费用等一系列费用。

5. 并购后整合并购方和目标公司

并购之后的整合是一个新的阶段的开始，也是最终决定并购是否成功的最为重要的步骤。股权转让的完成，只是在名义上完成了并购，但实质上的并购的完成需要有后续整合的保证。

整合主要分为以下几个方面：

（1）资产的整合。并购完成后，并购方往往会按照其意愿保留核心资产，出售非核心资产或者亏损资产，这样可以减轻现金流压力，同时也体现了业务整合的要求。

（2）业务的整合。并购方在完成并购后，会将目标公司的业务进行整合，具体分为独立保留、与并购方原有部门合并、出售或者关闭。

（3）机构和人员的整合。机构和人员的整合是与业务的整合相联系的，其中人员的整合往往是比较敏感的，若处理不当，会造成目标公司优秀员工的大批离职，损害公司长远的发展。

（4）文化的整合。文化的整合是软性的，但往往是最难处理的。很多并购就是因为文化整合失当而造成并购失败。比如，德意志银行于 1989 年收购英国的摩根建富集团后，由于德意志银行控制过严，摩根建富的许多重要高管纷纷离去。瑞士银行收购华宝集团之后，也由于并购方将自身的企业文化延伸至被并购方，导致多位明星高管离职。

案例 6 - 6

戴姆勒-奔驰和克莱斯勒并购案：失败的整合

一、1998 年，戴姆勒-奔驰和克莱斯勒联姻

1997 年 7 月，在德国戴姆勒-奔驰一年一度的集团战略会议上，负责企业计划的董事吕迪格·格鲁贝（Rüdiger Grube）作了一个题为“公司发展计划”的报告。公司内部认为，在全球汽车业发展的今天，只有通过与具有雄厚资金的企业相互联合并且使产能达到经济规模，才能保证平摊高研发费用，进而确保继续生存。“打造一家全球性大型汽车公司”是于尔根·施伦普（Jürgen Schrempp）在 1996 年登上戴姆勒-奔驰公司 CEO 宝座后定下的目标。从那时起，施伦普就开始在全球搜寻可能合作的对象。接触日本本田未果后，施伦普将目光又转到了美国第三大汽车巨头克莱斯勒。如果戴姆勒-奔驰与克莱斯勒两家公司能够合并，规模将超过丰田，排在通用、福特之后，位居世界第三。

1998年初春，施伦普飞往美国，只身走进了美国克莱斯勒公司总裁伊顿的办公室。据媒体报道，两位总裁关于两大汽车公司合并的问题仅用了17分钟就达成共识。施伦普事后曾自豪地谈道："我们甚至连一杯咖啡也没有喝完，就把合并的事情搞定了。"两大公司总裁曾信誓旦旦地表示，新公司将重塑全球汽车产业格局，并为超大规模的跨国整合提供样本。

1998年5月7日，戴姆勒-奔驰与克莱斯勒正式宣布合并，新公司的名称为戴姆勒-克莱斯勒汽车公司。这一年，戴姆勒和克莱斯勒联姻在全球引起极大轰动，被视为汽车企业强强联合应对全球化的先锋。戴姆勒-奔驰占有新公司57%的股份，克莱斯勒则占43%。两大公司合并后的市值高达920亿美元。这几乎相当于今天两个通用汽车公司的市值。这是商业史上最著名的一次跨文化合并，也是汽车工业史上最大的一宗联盟。

二、并购后的文化整合冲突

戴姆勒-克莱斯勒重组曾给业界带来无限遐想。因为戴姆勒-奔驰是豪华汽车品牌的领军企业，其豪华轿车和商用车在汽车行业首屈一指；克莱斯勒则是北美汽车市场"三强"之一，不仅在运动型多用途汽车市场有悠久的传承，在产品研发上的众多独到创意也曾引领世界潮流。更难得的是，双方在产品线、市场、品牌方面丝毫没有重叠，堪称完美互补。

然而，良好的愿景转化为竞争优势却绝非易事。由于文化差异和管理风格的截然不同，双方重组后，原克莱斯勒的高管们一个个黯然离去，两家公司之间的融合从并购一开始就埋下了隐患。

戴姆勒-奔驰和克莱斯勒的联姻仅坚持了9年双方就各奔东西了。

导致公司并购失败的德国戴姆勒-奔驰方面的原因包括文化因素和施伦普的主要失误。即使是相似公司之间的合并，也往往伴随着不同文化之间的纠葛。一方的企业文化可能是保守的，而另一方的企业文化则可能比较激进甚至鲁莽；一方的企业文化可能比较传统，而另一方的企业文化则可能比较自由散漫；一方的企业文化可能要求严格遵守标准的运作程序，而另一方的企业文化则可能很少对此作出限制；一方在心理上可能主要受财务因素的支配控制，强调成本分析与严格的财务预算，而另一方在心理上则可能主要受销售因素的支配，寻求销售额的最大化，运营灵活，不惜时常超限支出。这些文化上的差异会阻碍彼此之间的融合。在合并一周年后不久，施伦普的错误决策酿成了严重的后果。他下令在合理的市场销量之外增产75 000辆旧式汽车，以扩大公司前半年的销售额与利润。这一决策导致2000年下半年的库存严重失衡，使得2000年的年度业绩毁于一旦，也影响了2001年年初数月的经营状况。这次过量生产是克莱斯勒巨额亏损的导火索。

在合并后的9年里，位于美国的克莱斯勒子公司经营状况一直不好。2003年，克莱斯勒的营业利润下降了17%，全年营业损失达6.38亿美元。2004年后，克莱斯勒原来拥有的13个品牌分崩离析，曾被克莱斯勒购买的韩国双龙汽车公司主动提出与母公司脱离，三菱公司因亏损严重被抛弃，克莱斯勒已到了近于破产的边缘。德国汽车界业内人士分析认为，戴姆勒-奔驰与克莱斯勒的结合有先天的缺陷和后天的不足，将一家豪华汽车企业与一个大众品牌合并在一起，是犯了一个幼稚的错误。虽然在2005年克莱斯勒在合并后第一次开始盈利，但2006年克莱斯勒营业额再度下滑，亏损高达11.2亿美元。在戴姆勒-克莱斯勒总部，人们对克莱斯勒的担心与日俱增，不满之情也愈发明显。随后，德国戴姆勒-奔驰公司就出现如下说法：克莱斯勒是侵蚀戴姆勒-奔驰数十亿美元的无底洞。

2007年5月14日，戴姆勒-克莱斯勒宣布，将子公司克莱斯勒80.1%的股权出售给私募基金Cerberus，收购价格为74亿美元。

戴姆勒-奔驰与克莱斯勒分家，从侧面反映的一个问题是：或许汽车联盟的方式并不是最佳解决方案。在企业文化、技术和品牌定位无法完全融合的情况下，并购后的公司是无法运营下去的。

6.4 公司收购的支付工具

对目标公司采用何种支付工具是收购交易中的一个重要问题。可供选择的收购支付工具包括现金、普通股、优先股、公司债券和混合工具等，其中以现金和普通股最为流行。作为顾问，投资银行需要根据收购交易的整体框架来帮助客户确定合适的支付工具。

6.4.1 现金支付

从收购公司的角度看，以现金作为收购支付工具（即现金收购）的最大优势是交易速度快，手续简便。它可以使有敌意情绪的目标公司的董事会和管理层无法获取充分的时间进行反收购操作。同时，与收购公司竞购的对手公司也可能因一时难以筹措大量现金而退出。另外，现金收购不会导致被收购公司原有股权结构发生变动，不会导致公司控股权的转移和稀释。

从目标公司股东角度看，因为现金不存在流动性或变现问题，因此现金收购往往比有价证券收购更具吸引力。现金收购的缺陷在于：①对目标公司股东来说，立即收到现金使其无法推迟资本利得；②对收购公司而言，现金收购将造成公司在短期内出现大笔现金支出，造成现金流的紧张。

6.4.2 普通股支付

以收购公司的普通股作为收购支付工具，是指目标公司以其所发行的股票来换取收购公司的普通股，也称为换股收购。对收购公司来说，这种收购对价形式虽然会造成股权和每股收益的稀释，但它不用支付现金，从而减轻了现金支付的压力。

从目标公司股东角度看，其股东可以推迟收益实现的时间，故能享受税收优惠。根据美国国内收入署的规定，如果目标公司股东收到的支付工具有50%及以上是收购公司的股票（普通股或优先股均可），则股东不必为这笔收购交易中形成的资本利得纳税（即在财务上可合理避税）。此外，换股收购还使目标公司的股东继续拥有收购后新公司的股权并分享可实现的价值增值。

普通股作为支付工具的缺陷在于：①收购公司为并购而发行普通股要受证券监管部门

监督，完成发行的法定手续耗时较长，可能因此延误并购时机；②股价的波动使收购公司难以固定其收购成本，目标公司的股东也难以确定他们从收购中获取的收益，从而加大了风险；③换股收购往往会使风险套利者买入目标公司的股票，同时卖出收购公司的股票，以期在换股后获利，这可能造成收购公司的股票价格下跌。

6.4.3 优先股支付

优先股主要是指可转换优先股。由于它既有普通股的大部分特征，又有固定收益证券的性质，因此作为收购支付工具，容易为目标公司股东所接受。同时，对收购公司来说，优先股支付不挤占其运营资本，因此是一种廉价高效的支付工具。但优先股同样具有普通股收购和固定收益证券收购的弱点。

6.4.4 公司债券支付

作为收购支付工具的公司债券，一般有可转换公司债券、附认股权证公司债券和未附选择权的普通公司债券等具体形式。目标公司的股东接受收购公司发行的债券作为收购对价，意味着他们相信收购公司会在未来债券到期时履行债券偿付的承诺。固定收益证券的特征使他们失去了分享公司价值增值的机会。而可转换公司债券、附认股权证公司债券使目标公司的股东获得了选择权，因此对目标公司的股东有较大的吸引力。此外，债券作为收购对价同样使目标公司的股东具有税收推迟的好处。

对于收购公司来说，发行公司债券作为收购支付工具同样可以减轻现金支付的压力，而债券利息的税前支付则可获得省税的好处。此外，可转换公司债券利率一般低于普通公司债券利率，能降低收购成本。对比以普通股换股收购，可转换公司债券和可转换优先股都可避免立即产生股权稀释的作用。缺点是，债券融资将导致收购公司的财务杠杆比率发生重大的变化，公司将承担较大的财务风险。

6.4.5 混合工具支付

这是指将若干种支付工具组合在一起，为目标公司股东提供一揽子收购对价。混合工具支付方式既可以解决收购公司缺乏充裕的现金但又不能或不愿意完全通过发行新证券进行收购融资的困难，又可以为目标公司股东提供多种收购对价形式或选择权，从而具有更大的灵活性和吸引力。

在操作层面，根据2020年修正的《上市公司收购管理办法》，收购人可以采用现金、证券、现金与证券相结合等合法方式支付收购上市公司的价款。收购人以证券支付收购价款的，应当提供该证券的发行人最近3年经审计的财务会计报告、证券估值报告，并配合被收购公司聘请的独立财务顾问的尽职调查工作。收购人以在证券交易所上市的债券支付收购价款的，该债券的可上市交易时间应当不少于一个月。收购人以未在证券交易所上市交易的证券支付收购价款的，必须同时提供现金方式供被收购公司的股东选择，并详细披露相关证券的保管、送达被收购公司股东的方式和程序安排。

收购人聘请的财务顾问应当对收购人支付收购价款的能力和资金来源进行充分的尽职调查，详细披露核查的过程和依据，说明收购人是否具备要约收购的能力。收购人应当在作出要约收购提示性公告的同时，提供以下至少一项安排以保证其具备履约能力：

（1）以现金支付收购价款的，将不少于收购价款总额的20%作为履约保证金存入证券登记结算机构指定的银行；收购人以在证券交易所上市交易的证券支付收购价款的，将用于支付的全部证券交由证券登记结算机构保管，但上市公司发行新股的除外。

（2）银行对要约收购所需价款出具保函。

（3）财务顾问出具承担连带保证责任的书面承诺，明确如要约期满收购人不支付收购价款，财务顾问进行支付。

6.5 反收购策略

在恶意收购发生时，被收购方进入反收购，在反收购过程中有一些重要的策略，被收购方可以根据自身的情况选择使用。

常见的反收购策略包括两类：预防性措施和主动性措施。预防性措施属于被动防御，但是预防性措施的存在可以对收购方形成威慑，减少恶意收购发生的可能。主动性措施在发生恶意收购时见机采用。

6.5.1 预防性措施

预防性措施指的是在对方恶意收购之前就已经采取的预防性的反收购措施，一般通过驱鲨剂条款和内部协议达成。

1. 驱鲨剂条款

驱鲨剂条款是指为了防止公司被恶意收购而在公司章程中设立一些条款，通过这些条款来增加收购方获得公司控制权的难度。

驱鲨剂条款主要包括董事会轮选制、董事资格限制、超多数条款等防御措施。收购方收购公司，其目的在于获得公司的控制权。虽然从股份上说，获得具有多数投票权的股份就可以成为控股股东，但是成为控股股东并不能保证就获得了公司的控制权，因为公司经营管理的重大决策都是由董事会作出的，只有能控制公司的董事会，才能真正控制公司。驱鲨剂条款就是通过事前召开股东会，在公司章程中加入有利于现有控股方的条款而防止被恶意收购，当然，部分条款可能会在法律上有瑕疵，影响公平竞争的游戏规则，因此需要参考律师的意见。

（1）董事会轮选制。

董事会轮选制，也称分级董事会条款，是指公司章程规定每年只能改选部分董事，占比一般是1/3或者1/4，这样，收购方需要2～3年时间才能控制董事会。在实施董事会轮选制情况下，收购方即使收购到了足量的股权，也无法对董事会作出实质性改组。

据统计，2002年美国2 421家上市公司中就有59%的公司设置了分级董事会条款，其中在1992年至1999年之间设置分级董事会条款的公司的比例迅速增加，由34%增加到82%。

在2015年“宝万之争”后，随着并购市场的一度活跃，我国上市公司为预防恶意收购纷纷设置反收购条款，其中就包括分级董事会条款。截至2019年7月20日，深圳证券交易所主板上市公司共473家，其中在章程中引入分级董事会条款的有24家，所占比例为5.07%；上海证券交易所主板上市公司共1 471家，有36家上市公司规定了分级董事会条款，所占比例为2.45%；深沪两市主板上市公司共1 944家，总共有60家上市公司规定了分级董事会条款，所占比例为总样本的3.09%。

（2）董事资格限制。

董事资格限制是指规定董事的任职条件，董事必须具备某些特定条件才可以担任公司董事。通过董事资格限制，同样可以阻挠收购方进入董事会。设置董事资格限制的本意在于防止能力较弱、品行不良的人士进入董事会，但是，在预防反收购中，目标公司往往扩大董事资格限制的范围来限制外来股东进入董事会。

例如，2006年新大洲A（000571）修订了公司章程，对董事提名的方式和程序作出如下规定："在章程规定的人数范围内，按照拟选任的人数，由连续18个月以上单独或合并持有公司发行在外有表决权股份总数5%以上的股东按持股比例提出4名非独立董事建议名单；由公司董事会、监事会、连续18个月以上单独或者合并持有公司已发行股份1%以上的股东提出3名独立董事候选人建议名单；由公司经营管理层提出1名非独立董事建议名单。提交公司董事会提名委员会进行资格审查。"通过这一规定，董事的提名权被牢牢地控制在现有股东、董事会、监事会以及管理层手中。新来的股东即使握有多数股权，依然难以越过"连续18个月"的限制而进入董事会；即使满了18个月，也需要"提交公司董事会提名委员会进行资格审查"。

（3）超多数条款。

超多数条款是指在公司章程中规定，对于可能影响到控制权变化的重大事项决议必须经过多数股东或者董事表决同意才能通过。《公司法》和《上市公司章程指引》并未对超多数条款进行限制。2023年修订的《公司法》第一百一十六条规定："股东会作出修改公司章程、增加或者减少注册资本的决议，以及公司合并、分立、解散或者变更公司形式的决议，应当经出席会议的股东所持表决权的三分之二以上通过。"因此，收购方需要得到三分之二股东的支持，才能成功进行合并或者改组。但是，三分之二表决票的限制也是双刃剑，因为它同时也限制了控股股东的控制力。

驱鲨剂条款是通过公司章程而设置的，也就可以通过股东会修改公司章程而去除。因此，收购方可以促使召开股东会，修改公司章程中有关董事会轮选制、董事资格限制的条款。在现实中，目标公司往往会将董事会轮选制、董事资格限制相应条款与公司章程中的超多数条款结合起来，以达到更好的反收购效果。理论上收购方需要控制目标公司66%以上的股权（包括获得代理投票权等），才有可能修改公司章程、成功入主董事会、取得公司的控制权。

2. 内部协议

内部协议包括金降落伞、毒丸计划、相互持股等措施。

（1）金降落伞。

金降落伞是指目标公司董事会按照聘用合同中公司控制权变动条款对高级管理人员进行补偿的条款，规定当公司被收购或者其董事及高管被解雇时，公司需要一次性支付一大笔解职费。金降落伞条款既让收购方增加了收购成本，同时又保护了现有董事和管理层不因被收购而利益受损。

当解职补偿针对中层管理人员时，被称为银降落伞；针对一般员工时，被称为锡降落伞。锡降落伞由于受惠者人数众多，有时反而比金降落伞更加有效。

例如，中国南玻集团股份有限公司（000012，南玻 A；200012，南玻 B）股权比较分散，为防止公司因合并、分立、被收购及其他股份变动事由对高级管理人员队伍的稳定造成不利影响，保护高级管理人员的合法权益，维护公司的正常生产经营和稳定发展，它在公司章程中设置了金降落伞条款：公司因合并、分立、被收购及其他股份变动事由在聘任合同期内终止或变更合同，公司应当依照聘任合同规定对总经理或公司其他高级管理人员进行经济补偿，补偿的标准不低于被解聘人员上一年度年薪总和的十倍。

例如，伊利股份（600887）在 2006 年 5 月的股票期权激励计划中授予总裁潘刚等 33 人合计 5 000 万份股票期权，在一般情况下，激励对象首次行权不得超过获授股票期权的 25%，剩余获授股票期权可以在首次行权的 1 年以后、股票期权的有效期内选择分次或一次行权。但当市场中出现收购本公司的行动时，激励对象首次行权比例最高可达到获授期权总数的 90%，且剩余期权可在首次行权后 3 日内行权。伊利股份的上述计划是管理层激励类毒丸计划与金降落伞的结合体。

（2）毒丸计划。

毒丸计划是指目标公司发行在一定条件下（一般是面临被恶意收购威胁时）生效的证券，这些证券可以用来摊薄并购方的股权比例，从而有效地防止公司被接管。

毒丸计划是美国著名的并购律师马丁·利普顿（Martin Lipton）1982 年发明的。其最初的形式很简单，就是目标公司向普通股股东发行优先股，一旦公司被收购，股东持有的优先股就可以转换为一定数额的收购方股票。毒丸计划于 1985 年在美国特拉华州最高法院被判决合法化。

毒丸计划一般有“外翻式”（flip-over）和“内翻式”（flip-in）两种形式。外翻式是早期形式，这种毒丸计划允许目标公司的股东在被收购而与收购方合并时，以低价购买收购方的股票。内翻式是后来发展的，即允许目标公司股东以低价（一般是半价）购买目标公司自己的股票。外翻式毒丸计划曾在 1985 年被戈德史密斯（Goldsmith）破解过。他收购了 Crown Zellerbach 公司 51%的股份，因为他只是购买了其股票而并没有进一步将公司与目标公司合并，所以没有触发毒丸计划。戈德史密斯成为最大股东，后来又成为董事长，控制了董事会，并修改协议收回了毒丸计划。

相对而言，内翻式毒丸计划启动后，会导致低价新股充斥市场，从而一方面大大稀释了收购方的股权，另一方面也提高了其收购成本，从而达到抵制收购的目的。

毒丸计划还有一些其他形式，比如票据购买计划。票据购买计划是指当公司面临恶意收购时，其股东有权将其持有的目标公司的股份按约定的比例转换成一种或者一揽子债券，而这些债券往往还带有一些令收购方头疼的条款，比如具有优先受偿权或者提前清偿权、在特定条件下可以转回股票等。票据购买计划将使收购方加大财务成本，影响其现金流。这类毒丸计划也被称作毒债计划。

毒丸计划曾经是一种被广泛采用的反收购策略，但是由于毒丸计划在资本市场中是一个负面信号，会给投资者造成公司自我保护、阻碍资本自由流通、可以躲避被接管威胁等印象，造成公司股价下跌，因此，随着公司治理越来越被重视，毒丸计划的使用率已大幅下降。

案例6-7

新浪的毒丸计划

2005年2月18日，盛大及其某些关联方向美国证监会提交了13-D表备案，披露其已拥有新浪已发行普通股19.5%的股权，成为新浪的第一大股东。

2005年2月22日，新浪宣布，公司董事会已采纳了股东购股权计划（毒丸计划）。按照该计划，于股权确认日当日记录在册的每位股东，均将按其所持的每股普通股而获得一份购股权。在购股权计划实施的初期，购股权由普通股股票代表，不能于普通股之外单独交易，股东也不能行使该权利。只有在某个人或团体获得10%或以上的新浪普通股或是达成对新浪的收购协议时，该购股权才可以行使，即股东可以按其拥有的每份购股权购买等量的额外普通股。

盛大及其某些关联方的持股已超过新浪普通股的10%，而购股权计划允许其再购买不超过0.5%的新浪普通股，其他股东不能因盛大及其关联方这一0.5%的增持而行使其购股权。

一旦新浪10%或以上的普通股被收购（对盛大及其某些关联方而言，再收购新浪0.5%或以上的股权），购股权的持有人（收购方除外）将有权以半价购买新浪的普通股。

在一般情况下，新浪可以以每份购股权0.001美元或经调整的价格赎回购股权，也可以在某个个人或团体获得新浪10%或以上的普通股以前（或其获得新浪10%或以上普通股的10天之内）终止该购股权计划。

新浪的另一边防守如下：铰链型董事会。新浪董事会共有9名成员，设有补偿委员会、审计委员会和股份管理委员会。董事会的9名董事共分为3期，任期3年且任期交错，每年只有一期董事任职期满，进行新的董事选举。

由于难以破解新浪的毒丸计划，盛大于2006年无奈抛售17%的新浪股份，收购以失败告终，但在股票一进一出之间，盛大获利不少。国外媒体评论道："这是在美国资本市场上第一次一个亚洲公司对另一个亚洲公司进行的没有想到的收购。无论对法律界还是投资银行界来说都是里程碑式的事情。"

（3）相互持股。

相互持股，也称作交叉持股，指的是关联公司或者友好公司之间互相持有对方股份，一旦其中一方遭到恶意收购威胁，另一方即施以援手。相互持股的优势在于成本低，而且行动便利，便于控制。但是，相互持股可能带来公司治理方面的种种弊端，所以往往被各国法律所禁止。国内目前的法律并未禁止上市公司间相互持股，因此上市公司可以通过与比较信任的公司达成协议，相互持有对方股份，并确保在出现恶意收购时不进行股权转让，以达到防御恶意收购的目的。

相互持股的不利之处在于：其一，存在公司治理方面的弊端，由此会影响到投资者对公司价值的判断，影响公司形象和股价表现；其二，相互持股一旦失败，反而会帮助收购方一举两得，进而获得关系企业的股权。

广发证券与辽宁成大的相互持股关系，在广发证券反收购策略成功中起到了很重要的作用。广发证券是辽宁成大的第二大股东，持股16.91%。辽宁成大在2004年初持有广发证券20%的股份，2月又从辽宁外贸物业发展公司收购了广发证券约2 538万股，约占1.3%，6月从辽宁万恒集团收购广发证券约8 624万股，约占4.3%，至此，辽宁成大持有广发证券的股份比率高达25.58%，成为广发证券的第一大股东。在中信证券发出收购消息之初，辽宁成大即表示要坚定持有广发证券的股权，并于9月28日受让美达股份所持有的广发证券1.72%的股权，这种态度给了广发证券很大的信心。

3. 其他预防性安排

其他预防性安排还包括双重股权、员工持股等。

（1）双重股权是指在股权结构中安排两种股份，虽然都是普通股，但是投票权不同。比如，谷歌原始股东和管理层持有的股份，每股投票权是10票，而对公众发行的股份，每股投票权是1票，这样谷歌原始股东和管理层就可以牢牢地掌握公司的控制权。但是双重持股的安排必须有相应的法律允许才可以。

（2）员工持股，一方面，可以形成对员工的激励机制；另一方面，在面临恶意收购时可以控制一部分公司股份，增强公司的控制权，提高恶意收购者的收购难度。员工持股可以由员工分散持有，也可以由基金会集中持有，后者更有利于防御恶意收购。同时，董事会中的职工代表也有助于抵御恶意收购。我国2023年修订的《公司法》规定，董事会成员为三人以上，其成员中可以有公司职工代表。职工人数三百人以上的公司，除依法设监事会并有公司职工代表的外，其董事会成员中应当有公司职工代表。董事会中的职工代表由公司职工通过职工代表大会、职工大会或者其他形式民主选举产生。也就是说，不管职工代表的股权比例大小，职工代表可在董事会有一席之地，有的公司还会增加职工代表的比例，这样就保证了原控股方增加在董事会中的话语权。

例如在中信收购广发股权一例中，由于之前广发高层已经有员工持股的战略意图，并开始运作员工持股计划，因此，其实施员工持股计划的目标公司——深圳吉富创业投资股份有限公司（简称吉富公司）的募股非常顺利。到2004年8月20日，广发旗下包括广发证券、广发华福、广发北方、广发基金与广发期货在内的五家公司的员工交纳的募集资金近2.5亿元。在中信公布收购广发股权的消息之后，吉富公司很快就召开了成立大会，并正式运作。在成立之后，吉富公司通过收购云大科技与梅雁股份所持有的广发股权，在实现自身目标的同时也有效地阻止了中信收购的步伐。

6.5.2 主动性措施

主动性措施是指当发生恶意收购时，目标公司临时组织的反收购策略，一般包括焦土策略、出售皇冠明珠、回购股份、绿色邮件、诉诸法律、寻找白衣骑士等。

1. 焦土策略

焦土策略是一种目标公司“自残”的策略，主要包括加速还款、购买不必要的资产等，这些措施都在耗尽公司的现金资源。对收购方而言，这一方面影响了目标公司的估价，使收购方的收购兴趣下降，另一方面对杠杆收购不利，因为现金流价值下降，导致收购时的融资变得困难，收购后的整合难度也加大。但是，这些基于现金流而对收购方的干扰，从决定到实施往往需要一定时间，因此在面对速度较快的恶意收购时难以奏效。

2. 出售皇冠明珠

出售皇冠明珠，就是将公司最有价值的部分出售，从而使收购方失去收购的兴趣。目标公司一般会考虑将最有价值的资产出售给关系企业，等收购风潮过去后，再行回购。也有直接在市场中公开出售的，但是公开出售优质资产容易使优质资产直接落入收购方手中，反而减少其收购成本；也有可能使优质资产被其他竞争者购得，从而影响公司未来的发展。因此，出售皇冠明珠一定要谨慎，以免对公司业务造成实质性伤害。

3. 回购股份

回购股份，是反收购策略中经常采用的措施，目标公司买回自己公司的股票，主要作用有以下四个：其一是减少市场中可供收购的股份，使收购方收集股票的难度加大；其二是提高股价，增加收购方进一步收购的成本；其三是通过回购股份，显示抵抗的决心；其四是利用回购消耗公司的现金资源，甚至不惜负债，从而使公司的财务风险加大、被收购的价值下降。

通过回购股份进行反收购有很多优点，但也有缺点。回购股份之后需要按照相应限期转让或注销股份。注销股份会缩减整个公司的股本，这一方面会使公司的股本整体变小，不利于公司的经营，另一方面反而会提高收购方已经持有的目标公司的股票所对应的持股比例和表决权控制比例。

回购股份也是一把双刃剑。首先，高价回购本公司的股票必定急需大量资金，势必会形成沉重的债务负担。其次，即使目标公司的股价上升，由于股票流通数量减少，恶意收购者最后的出价也可能不变。此外，回购股份可能引起目标公司负债比例提高，债务包袱严重，即使目标公司的总市值不变，权益价值的比重也会降低，因此股价不一定会随着流通数量的减少而上升。运用回购股份策略需要注意几点：首先，2023 年修订的《公司法》第一百六十二条规定，公司不得收购本公司股份，减少公司注册资本、与持有本公司股份的其他公司合并等情形除外。因此，收购方可能会向证券管理部门或法院控告目标公司违反证券交易法。其次，要考察公司处于哪个税级，比较回购股份与分发红利哪个更有利。再次，回购股份在实战中往往是作为辅助战术来实施的。如果单纯使用回购股份策略，会使目标公司库存股票过多，影响公司资金的流动性。因此，目标公司财务状况是制约这一手段的最大因素。最后，注意“绿色勒索者”或“收购狙击手”可能佯攻逼迫目标公司溢价回购自身股份，以此套取可观收益。

4. 绿色邮件

绿色邮件，是目标公司以一定的溢价购买收购方先前所持有的本公司的股票。绿色邮件是对收购方的妥协。绿色邮件通常还包括一个大宗股票持有人在较长期限内不得持有目标公司股票的约定，一般为 5～10 年，此举保证了目标公司在一段时间内不会受到该袭击者的并购威胁。

绿色邮件的问题在于目标公司购回公司股票的代价高于当初回购或者争购的代价，收购方很快就实现了恶意收购的收益。也就是说，绿色邮件可能反而鼓励了公司袭击者去频繁地收购公司。

5. 诉诸法律

诉诸法律，是指利用收购方在收购过程中的法律漏洞进行诉讼，通过法律手段来判定收购无效。与收购相关的法律一般有两类：反垄断法和收购程序法。反垄断法是指收购完成后，收购方可能形成对市场的垄断，因此可以提起反垄断调查。更为常用的是寻找收购方在收购程序方面的法律漏洞。

比如，我国第一起恶意收购案“宝延风波”。深圳宝安集团在没有执行停牌公告的情况下，通过本公司和关联企业合计持有延中实业10.7%的股份，并在次日继续增持到15.98%才发布公告，宣布其持股比例和已经成为第一大股东的事实。由于宝安集团明显违反了当时《股票发行与交易管理暂行条例》第四十七条的规定，即“任何法人直接或者间接持有一个上市公司发行在外的普通股达到百分之五时，应当自该事实发生之日起三个工作日内，向该公司、证券交易场所和证监会作出书面报告并公告”，因此，延中实业提起申诉。当然，由于当时法律不健全，最后通过证监会进行行政处理，仍然判定宝安集团所获延中实业股权有效，但对宝安集团进行了少量的罚款。在大港油田收购爱使股份过程中，也采用了诉诸法律的方式，通过上海市证券管理办公室的协调，大港油田最终入主爱使股份董事会。

6. 寻找白衣骑士

寻找白衣骑士，是指在遇到恶意收购时，向关系密切的企业求助，通过关系企业参与收购竞争，从而挫败恶意收购行为或者迫使恶意收购方提高收购价格。在有白衣骑士的情况下，恶意收购者要么提高收购价格，要么放弃收购。寻找白衣骑士策略是使用最频繁的反收购策略之一。

为了吸引白衣骑士，目标公司常常通过“锁定选择权”或“资产锁定”等方式，给予充当白衣骑士的公司一些优惠条件，以便其购买目标公司的资产或股份。“锁定选择权”主要有两种类型：一是股份锁定，即同意白衣骑士购买目标公司的库存股票或已经授权但尚未发行的股份，或者给予上述购买的选择权；二是财产锁定，即授予白衣骑士购买目标公司重要资产的选择权，或签订一份合同，当恶意收购发生时，目标公司将重要资产售予白衣骑士。该策略的运用需要考虑一些因素：首先，如果袭击者的初始出价偏高，那么白衣骑士抬价竞买的空间就小，目标公司被救的可能性也就相对降低。其次，尽管锁定选择权能够使白衣骑士在竞买过程中有一定的优势，但竞买终归是实力的较量，所以充当白衣骑士的公司必须具备相当的实力。最后，白衣骑士决策的时间有限。在美国，一旦出价，仅有20天的开放期，所以白衣骑士需要闪电决策、快速行动，这就增大了白衣骑士的收购风险，导致白衣骑士临战怯场。

约请友好人士加入争夺本公司控制权的竞争本身并不违法，由此带来的竞价收购（简称竞购）还能够为目标公司股东创造更为丰厚的利润，故应该获得法律的支持和鼓励。总体而言，从目前的法律规定看，我国还是比较倾向于这种反收购策略的，但是需要符合法定的程序。2020年修正的《上市公司收购管理办法》第八条规定了被收购公司的董事、监事、高级管理人员对公司负有忠实义务和勤勉义务，应当公平对待收购本公司的所有收购人。这就明确了目标公司管理层应该公平对待所有收购人以及不得损害公司股东合法权益的原则。关键问题在于，如何确定公平与否的标准。一般认为，在财产锁定和股份锁定中，以市场价格为基础，给予白衣骑士合理幅度的优惠应该是被允许的，但如果该价格明显低于市场交易价格，则不能被法院认可，法院应该根据案件的具体情况、市场价格或者中立中介机构的评估价判断具体优惠措施的合理与否。至于非售协议，我们认为它不是引进竞争，而是由管理层引进第三者强行中断竞争，这不利于公司股东利益最大化的实现，在法律上应该是明确禁止的。

案例 6-8

哈啤反收购战

2004 年 5 月 1 日，在中国香港上市的哈尔滨啤酒集团公司（简称哈啤）宣布单方面终止与其第一大股东 SAB 米勒公司（以下简称 SAB，持股 29.41%）的独家策略投资者协议。5 月 2 日，SAB 的全球竞争者安海斯-布希公司（以下简称 AB）宣布将以每股 3.70 港元的价格从哈啤的第二大股东手中购入约 29.07%的股权。SAB 为巩固其在哈啤中的第一大股东地位，于 5 月 4 日宣布将以每股 4.30 港元的价格全面要约收购哈啤。在竞购战中，哈啤管理层抵制 SAB 的收购，而支持 AB 作为白衣骑士对哈啤进行的收购。5 月 19 日，AB 正式成为哈啤持股 29.07%的第二大股东，而 SAB 则于 5 月 24 日正式公告了要约收购书。5 月 31 日和 6 月 1 日是竞购战的转折点，在这两天里 AB 以 5.58 港元的高价增持哈啤股份至 36%，一跃成为第一大股东。6 月 3 日，AB 以每股 5.58 港元的价格全面要约收购哈啤，高出 SAB 的收购价 30%。至此，哈啤竞购战胜负已明，SAB 宣布撤回恶意收购，并将其所有持股转让给 AB。

案例 6-9

广州通百惠服务有限公司和胜利股份

1999 年 12 月 10 日，广州通百惠服务有限公司（简称通百惠）竞拍取得胜利股份 13.77%的股票，成为其第一大股东。面临被通百惠收购的危险，胜利股份的管理层利用关联企业山东胜邦企业有限公司（简称山东胜邦）先后购得胜利股份的股票并使持股上升至 15.34%，超过通百惠成为第一大股东。通百惠不甘落后，于 2000 年 3 月中旬再次以竞拍方式取得胜利股份的股票，使其持股跃升至 16.67%，与此同时，山东胜邦继续受让胜利股份，持股达到 17.35%，仍然保持领先地位。在此后的委托书征集战中，通百惠最终落败，山东胜邦成功地挫败了通百惠的收购，保住了胜利股份的管理层对公司的控制权。在本案中，为了防止通百惠恶意收购，胜利股份的管理层利用关联企业获取公司控股权，该策略属于寻找白衣骑士策略，即在公司成为其他公司的并购目标后（一般为恶意收购），公司的管理层为阻碍恶意接管的发生，去寻找一家友好公司进行收购或合并，而这家友好公司被称为白衣骑士。

案例 6-10

反收购：三特索道祭毒丸计划对抗湘鄂情董事长举牌

湘鄂情董事长在 2013 年 2 月分 5 次在二级市场上买入三特索道 603.91 万股，占当时公司股份总数的 5.03%，达到举牌红线，并在当年 3 月初公布的简式权益报告书中声明不排除将继续增持股份。三特索道已于 2 月发现其在市场上的操作，为了防止其通过继续增持取得控股权，三特索道于 2013 年 2 月 26 日公布定向增发预案，计划向第二大股东武汉当代科技产业集团股份有限公司、第六大股东武汉恒健通科技有限责任公司，以及公司董事、高管等 9 个对象非公开发行股份 3 000 万股，发行价格为 13.99 元/股，募集资金总额为 4.2 亿元，主要用于投资旅游项目。在本案中，三特索道使用的策略是通过定向增发引入白衣护卫。在此次增发中，增发对象并不包括三特索道控股股东武汉东湖开发公司，而是包括其第二大股东与第六大股东。白衣护卫是白衣骑士的修正形式，区别在于不允许其掌握控股权。目标公司常采取向白衣护卫发行新股的方式，并使用优先股以限制其表决权，或限制其持股比例。

思考题

1. 试分别举例说明横向并购、纵向并购和混合并购的含义和目的。
2. 并购动机理论主要包括哪几个理论？
3. 请举例说明从协同效应角度考虑，协同可以细分为哪些方面，并进行分析。
4. 公司收购的支付工具有哪些？具体特点是什么？
5. 请举例分析公司收购支付工具的优缺点。
6. 反收购策略主要包括哪些具体措施？
7. 请举例分析反收购策略的实际应用和原理。
8. 请列举我国对公司并购和私有化的相关规定。

第7章 项目融资

本章提要

本章首先介绍项目融资的概念，阐述了项目融资的特征和适用范围，然后分析了项目融资的基本结构，最后介绍了项目融资的模式，如产品支付法模式和产品购买协议模式、建设—运营—移交（BOT）模式、政府和社会资本合作模式（PPP）、私人主动融资（PFI）模式等。

重点与难点

1. 项目融资的概念。
2. 项目融资的特征。
3. 项目融资的适用范围和主要参与者。
4. 项目的投资结构、项目的融资结构、项目的资金结构和项目的信用保障结构。
5. 产品支付法模式和产品购买协议模式。
6. BOT 模式的基本概念和运作程序。
7. PPP 的基本概念和运作程序。

7.1 项目融资概述

7.1.1 项目融资的产生

从 19 世纪中叶起，特许权制度开始国际化，最典型的例子就是著名的苏伊士运河融资模式，它是由私人投资以特许的方式修建完成的。但真正意义上的项目融资此时还没有开始，项目融资的兴起源自 20 世纪 30 年代。由于 1929—1933 年大萧条，大批企业破产倒闭，还有相当一部分企业处于破产的边缘，此时即使有好的项目，也会由于企业自身信誉低下而难以从银行获得贷款。这些经济困难催生了通过项目本身去获得融资的设想，并逐渐得到实施。

从 20 世纪 50 年代开始，美国的一些银行为石油、天然气项目所安排的融资模式可以认为是项目融资的早期形式。20 世纪 60 年代中期，英国开发北海油田项目时采用了有限追索项目融资模式。1970 年以后，在欧美发达国家，大规模基础设施开始建设，所需要的资金也采用了项目融资的方式。随着项目规模不断扩大，单个银行有时很难满足一个项目的资金需求，这时便出现了银团项目融资形式，实现了筹资和风险分散的双重功能。到了 20 世纪 70 年代末 80 年代初，一些发展中国家开始采用 BOT 投资方式进行基础设施建设，获得了解决资金短缺和引进技术设备两大有利之处。从此，项目融资开始在世界范围开展，形成了跨国项目融资风潮。

7.1.2　项目融资的概念

项目融资作为一个金融术语，又称项目贷款或者项目筹资。虽然业务已经实现了一定程度的发展，但是到目前为止，还没有一个明确的公认定义。美国会计准则委员会（FASB）对项目融资的定义是对需要大规模资金的项目采取的融资活动，借款人原则上将项目本身所拥有的资金及其收益作为还款资金来源，而且将其项目资产作为抵押条件来处理。项目主体（项目发起人）的一般性信用能力通常不被作为重要因素来考虑。这是因为项目主体要么是不具备其他资产的企业，要么对项目主体的所有者（母体企业）不能直接追究责任，两者必居其一。根据 Clifford Chance 法律公司《项目融资》一书的定义，项目融资用于代表广泛，但具有一个共同特征的融资方式，该共同特征是：融资不是主要依赖项目发起人的信贷或所涉及的有形资产。在项目融资中，提供优先债务的参与方的收益在相当大的程度上依赖于项目本身的效益，因此，参与方将其自身利益与项目的可行性以及潜在不利因素对项目影响的敏感性紧密联系了起来。

对项目融资的一般理解是：项目融资是一种为特定项目借款，并完全以项目自身现金流量作为偿债基础的融资方式。在这种融资方式下，项目发起人通常为该特定项目的筹资和运营而成立一家项目公司，由项目公司承担贷款，以项目公司的资产或者权益作为抵（质）押，以项目公司的现金流量作为还款来源，贷款银行对项目发起人无追索权或者只有有限追索权。

2009 年 7 月，《项目融资业务指引》（银监发〔2009〕71 号）公布，其中第三条解释了项目融资："本指引所称项目融资，是指符合以下特征的贷款：（一）贷款用途通常是用于建造一个或一组大型生产装置、基础设施、房地产项目或其他项目，包括对在建或已建项目的再融资；（二）借款人通常是为建设、经营该项目或为该项目融资而专门组建的企事业法人，包括主要从事该项目建设、经营或融资的既有企事业法人；（三）还款资金来源主要依赖该项目产生的销售收入、补贴收入或其他收入，一般不具备其他还款来源。"

7.1.3 项目融资的特征

1. 项目导向型融资安排

项目融资用来偿还贷款的首要资金来源被限定在项目公司自身的经济能力之中，而不是项目发起人，这一特征被称为项目导向特征，是项目融资与传统融资最主要的区别。项目融资是以项目为主体安排的融资，贷款人在项目融资中的注意力主要放在项目在贷款期间能够产生多少现金流量用于贷款，贷款的数量、融资成本的高低以及融资结构的设计都是与项目的预期现金流量和资产价值直接联系在一起的。

项目融资与传统融资的区别在于以下几个方面：

(1) 贷款取决于项目而非发起人的实力。

项目导向特征使得原先很难获得的融资成为可能，因为融资的成功与否，取决于项目经济价值，而不是发起人的信用状况。比如，某个公司获得了开采某地块石油的许可，然而开采所需资金量非常大，而且期限长，仅凭该公司主体信用难以获得如此大规模的融资，但是该公司可以通过许可证安排项目融资来完成资金的筹集。又比如，一些大型的机场、隧道、地铁等基础设施建设，一般也都是通过项目融资来完成的。

(2) 贷款风险与项目发起人隔离。

由于项目导向特征，贷款风险与项目发起人隔离，因此发起人可以同时运作多个项目，而不会出现过度负债问题，影响到资产负债表。

(3) 规模和期限往往超常规。

与传统融资相比，项目融资一般可以获得较高的贷款比例，根据项目经济强度的状况通常可以给项目提供2/3左右的资金需求。项目融资的贷款期限可以根据项目的具体需要和项目的经济生命周期进行安排设计，期限可以更长，有些项目贷款的期限能够达到20年甚至更长。

2. 融资的有限追索权

追索权是指在借款人未按期偿还债务时，贷款人要求以抵押资产以外的其他资产偿还债务的权利。对于传统融资，贷款人为项目借款人提供的是完全追索形式的贷款，即贷款人更主要依赖的是借款人自身的信用状况，而不是项目本身。作为有限追索的项目融资，贷款人可以在贷款的某个特定阶段（例如，项目的建设期和试生产期）对项目借款人实行追索，或者在一个规定的范围（这种范围包括金额和形式的限制）内对项目借款人实行追索，除此之外，不能对该项目除资产、现金流量以及所承担的义务之外的任何形式的财产实行追索。有限追索的极端情况是“无追索”，即融资全部依赖于项目的经济强度，在融资的任何阶段，贷款人均不能追索到项目借款人除项目之外的资产。当然，在实际工作中是很难获得这样的融资结构的。

3. 风险共担

因为项目融资的贷款一般没有追索权或仅有有限追索权，所以项目发起人虽然是项目的权益受益者，但是仅承担项目风险的一小部分，对于项目有关的各种风险，需要以各种形式在项目投资者、与项目发起人有直接或间接利益关系的其他参与者和贷款人之间进行分担，并通过要求项目所在国或所在地政府作出担保或者承诺、向跨国保险公司投保以及贷款抵押等各种形式有效地对风险进行分散。成功的项目融资应该是在项目中没有任何一方单独承担起全部项目债务的风险责任，这一点构成了项目融资的第三个特点。在组织项目融资的过程中，项目借款人应该学会如何去识别和分析项目的各种风险因素，确定自己、贷款人以及其他参与者承受风险的最大能力及可能性，充分利用与项目有关的一切可以利用的优势，最后设计出对投资者具有最低追索权的融资结构。

4. 结构复杂、成本较高

与传统融资相比较，项目融资存在的一个主要问题是相对筹资成本较高，组织融资所需要的工作较多。项目融资涉及面广、结构复杂，需要做好大量有关风险分担、税收结构、资产抵押等的一系列技术性工作，融资文件数量比一般公司融资文件数量要多出几倍，需要几十个甚至上百个法律文件才能解决问题，这就使得组织项目融资花费的时间要长一些。因此，商业银行和投资银行都会成立专门的部门来处理项目融资。

在项目融资中，由于还款来源集中于项目本身，风险较高而且技术含量较高，因此，贷款利率比普通贷款利率要高一些，同时还要收取较高的手续费。另外，由于项目融资的融资文件一般较多，因此包括融资顾问费、承诺费、法律费等的融资前期费用也比较高，通常占贷款金额的0.5%～2%。

5. 多样化的信用结构

在项目融资中，需要设计良好的结构，结构的重要作用在于将贷款的风险分配到与项目相关的各个关键方面，由多方面共同分担项目风险，从而减少融资的不确定性，并且对相关风险提前作出安排。一个好的项目融资，不仅依靠项目本身的经济强度，还要依靠项目之外各方面的直接或者间接的担保，所以，多样化的信用结构是一个项目融资成功的重要保证。

6. 表外融资方式

项目导向特征使得项目融资的债务独立于项目发起人，因此，项目融资不体现在项目发起人的资产负债表中，而只是以某种说明的形式反映在公司资产负债表的注释中。表外融资的好处，一方面降低了项目发起人的财务风险，减轻了项目失败对项目发起人的拖累；另一方面降低了项目发起人的财务杠杆，使得项目发起人可以利用有限的资金开展更多的项目，避免过度融资。

项目发起人的资金投入一般体现在对项目公司的股权投资中，但是项目贷款人并不要求项目发起人进行大量股权投资。当然，贷款人为了避免风险，也常常会要求项目发起人投入相当大的资金，以保证其对项目承担的责任，并保证发起人的求偿权从属于贷款人，从而减少了项目总的偿债责任。

7.1.4 项目融资的适用范围

由于贷款的技术性强、费用高、各方面要求复杂并且有些要求甚至在谈判中很难达成一致，因此，项目融资相对于传统融资更加复杂、成本更高。因此，对项目发起人和运营方来说，项目所带来的收益应该足以弥补多支出的成本。对于借款人而言，项目融资方式明显的吸引力在于风险分担、政治风险、财务待遇、借款限额和税收减免方面的规定。在此基础上，项目融资才能够实现投融资双方的共赢。

1. 资源开发项目

资源开发项目包括石油、天然气、煤炭、铁、铜等资源的开发。项目融资最早就是源自资源开发项目，因为资源开发项目投资量大、投资期长，资源开发产出不确定，资源价格波动大，而且往往牵涉跨国投资中的政治风险，因此，传统融资难以适应如此复杂并且风险难以控制的项目。但是资源产出能够得到良好的现金流量，这些现金流量可以经过结构化的处理而被贷款方接受。资源开发项目的特殊要求造就了项目融资，并且使这一融资方式扩散到其他领域，同时项目融资方式也已成为资源开发项目的主要融资模式。

2. 基础设施项目

当今的项目融资主要集中在大规模的基础设施项目，如发电站、高速公路、铁路和机场，这些项目大量采用项目融资方式。比如1981年9月11日，英国首相撒切尔和法国总统密特朗在伦敦举行首脑会议后宣布，英法海底隧道由私人部门来出资建设和运营。1985年，被选中的隧道方案的提供公司分成了两个组成部分：一个是TML联营体，负责施工、安装、测试和移交运行，属于总承包商；另一个是欧洲隧道公司，负责作为业主运行和经营。1986年3月，英法政府与欧洲隧道公司正式签订协议，授权该公司建设和运营欧洲隧道55年，后来延长到65年。以此特许权为基础，欧洲隧道公司进行了一系列复杂的项目融资。近年来，新兴工业化国家基础设施建设项目较多，这些项目经常采用BOT结构。在我国，大量的基础设施建设也采用了项目融资的方式。

案例7-1

北京地铁四号线PPP项目

北京地铁四号线是我国城市轨道交通领域的首个PPP项目，该项目由北京市基础设施投资有限公司（简称京投公司）具体实施。四号线全长28.2公里，车站总数达24座，工程概算总投资达153亿元，于2004年8月正式开工，并于2009年9月28日通车试运营。

2003年北京市政府出台《关于本市深化城市基础设施投融资体制改革的实施意见》，明确轨道交通可以按政府与社会投资7∶3的比例进行社会资本投融资建设。同年，北京基础设施投融资平台——北京市基础设施投资有限公司成立，制定了四号线市场化运作初步方案，与香港地铁等多个投资者进行接触。

2004年4月，北京市发展和改革委员会（简称北京市发改委）组织多个大型招商简介会，对四号线进行招商。

2004年9月形成《北京地铁四号线特许经营实施方案》，北京市发改委进行审批并上报，11月获北京市政府批准，11月北京市交通委员会牵头成立四号线特许经营项目政府谈判工作组，与“港铁-首创联合体”“西门子-中铁工联合体”等社会资本开展《特许经营协议》竞争性谈判，四号线特许经营项目取得实质进展。

2005年2月，政府谈判工作组与优先谈判对象港铁-首创联合体达成一致协议，北京市交通委员会代表市政府与港铁-首创联合体草签《北京地铁四号线特许经营实施方案》。

经市政府批准，北京市交通委员会与京港地铁于2006年4月12日正式签署了《北京地铁四号线项目特许协议》和《资产租赁协议》。

北京地铁四号线投资建设分为两部分，A部分为洞体、车站等土建工程，投资额为107亿元，占总投资的70%；B部分为车辆、信号等设备部分，投资额为46亿元，占总投资的30%，由京投公司、香港地铁公司和首创集团按2∶49∶49的出资比例组建的北京京港地铁有限公司负责。四号线项目竣工验收后，京港地铁通过租赁取得四号线公司的A部分资产的使用权并负责四号线的运营管理、全部设施（包括A和B两部分）的维护和除洞体外的资产更新，以及站内的商业经营，通过地铁票款收入及站内商业经营收入回收投资并获得合理投资收益。30年特许经营期结束后，京港地铁将B部分项目设施完好、无偿地移交给北京市政府指定部门，将A部分项目设施归还给北京地铁四号线PPP项目公司。

四号线PPP项目实施过程大致可分为两个阶段：第一阶段为由北京市发改委主导的实施方案编制和审批阶段；第二阶段为由北京市交通委员会主导的投资者竞争性谈判比选阶段。特许（经营）协议是PPP项目的核心，是PPP项目投资建设和运营管理的依据和坚实的法律保障。《北京地铁四号线项目特许协议》由主协议、16个附件协议以及后续的补充协议共同构成，涵盖了投资、建设、试运营、运营、移交各个阶段，形成了一个完整的合同体系。

完善的政策保障体系是推进PPP项目的关键。在开展北京地铁四号线PPP项目的过程中，北京市政府出台了《关于本市深化城市基础设施投融资体制改革的实施意见》，为项目提供政策保障，同时指导各部门高效推进项目进程。合理的收益分配机制和风险分担机制是社会资本入场的催化剂。北京地铁四号线PPP项目通过设计票价机制和客流机制，实现了社会投资者的经济利益和政府方的公共利益的有效平衡。

---

3. 制造业项目

虽然项目融资在制造业领域有所应用，但范围比较窄，因为制造业中间产品多、工序多，操作起来比较困难。另外，其对资金的需求也不如前两个领域那么大。在制造业中，项目融资多用于工程上比较单纯或某个工程阶段中已使用特定技术的制造业项目，此外，也适用于委托加工生产的制造业项目。

4. 房地产开发项目

房地产开发要求巨大的资金投入。投资规模大、投资回收期长是房地产开发投资的共性。房地产开发分为住宅房地产开发和商业房地产开发，前者融资难度相对较小，而商业房地产开发的风险更大，因为其收益主要来源于租金收入。

房地产开发项目根据不同情况可以采用不同的项目融资方式。比如，一般的房地产开发项目可以采用直接安排模式，即房地产开发商作为项目发起人成立项目公司，直接安排项目融资；在承包建设廉租房项目、工业设施或服务性设施时，可以通过“委托加工协议”采用“设施使用”的房地产开发项目融资模式；当房地产开发商代某组织开发某项房地产业务（比如单位集资建房）时，可以采用“产品支付”的房地产开发项目融资模式。

7.2 项目融资的基本结构

典型的项目融资由四个基本模块组成：项目的投资结构、项目的融资结构、项目的资金结构和项目的信用保障结构。

在研究项目融资的基本结构之前，有必要了解项目融资的主要参与者。

7.2.1 项目融资的主要参与者

1. 发起人

发起人（sponsor）又称发起方，是项目公司的投资主体，以股权方式投资项目。项目发起人可以是某家公司，也可以是由多个投资者组成的联合体，如承包商、供应商、项目产品的购货商或项目设施的使用者。

项目发起人拥有项目开发权，这种开发权一般是该特定项目的特许经营权或者合同经营权。项目发起人在项目融资中起着核心作用，项目融资因它而起、为它运作，而且项目发起人也是项目融资最大的受益者。项目发起人的主要责任是成立项目公司、发起项目融资、负责项目的组织工作、对项目公司提供股权投资和适当担保、监控投资资金的使用和工程进展状况等。

2. 项目公司

项目公司（project company）是项目发起人出资设立的直接承担项目债务和风险、直接负责项目的投资和管理的法人实体。它是项目融资债务的承担者，也是组织和协调整个项目开发建设的核心。

项目公司的主要责任是为单一项目负责，直接拥有项目资产的产权和项目营业权，承担该项目的所有资产、负债和营业活动。

项目公司通常为有限责任公司，也可以采用合伙制企业、信托机构等组织形式。

项目公司并不一定是项目的经营管理人，很多项目都会设定其他的经营管理人来负责项目的经营建设。从国际项目融资的实践来看，组建项目公司的主要目的是便于控制拟建设项目的资产负债状况、损益状况和现金流状况，而非令其担任项目的经营管理人。当然，根据不同融资项目的要求，项目公司也可以同时担当借款人及拟建项目的经营管理人。

3. 贷款人

项目融资的贷款人（lender）是指为拟建项目提供融资的金融机构。大型项目融资的贷款人通常是由多家商业银行组成的贷款银团，利用这种方式所提供的贷款也称为辛迪加贷款（syndicated loan）。但如果采用证券化方式安排项目融资的话，贷款人实际上是由负责安排证券化的投资银行来担任。在贷款银团中，各家银行根据在贷款银团中的作用不同被分为牵头行和参加行等。其中，牵头行在征求各家银行意见的基础上负责安排融资结构和具体的融资细节，同时也对项目发起人和项目融资的其他参与各方提供专业咨询和金融管理的职责。当然，在法律意义上，参加贷款银团的每个贷款人均与借款人形成独立的债权债务关系；在有关的贷款文件中，甚至要求各贷款人声明其依赖于自己的独立判断参加贷款银团，而不使牵头行负担保责任。

4. 项目产品购买人

项目产品购买人是指根据项目产品购买合同或使用合同，将长期购买项目产品或长期使用项目设施的商业当事人。典型的项目产品合同通常采取“提货与付款”或“提货或付款”（又称“无论提货与否均需付款”）的合同形式，其作用在于对项目融资提供信用支持。购买方通常是具有批售能力和资金实力的批发商，在我国的项目融资实践中，往往由项目发起人或者政府机构（如在交通运输或电力项目中）承担项目产品购买人责任。该项购买具有预定承诺性质，由于项目产品购买是项目融资信用保障结构的一部分，因此，项目产品购买人实际上在项目融资谈判阶段即已介入项目。

项目产品购买人在项目融资中发挥着重要的作用。项目的产品销售一般通过事先与项目产品购买人签订长期销售协议来实现，而这种长期销售协议形成的未来稳定现金流量构成银行融资的信用基础，特别是资源开发项目受到国际市场需求变化影响，价格波动较大，能否签订一个稳定的、符合贷款银行要求的产品长期销售协议往往成为项目融资成功与否的关键。例如，澳大利亚的阿施顿矿业公司开发的阿盖尔钻石项目欲采用项目融资的方式筹集资金。由于参与融资的银行认为钻石的市场价格和销售存在风险，融资工作迟迟难以完成，但是在该公司与伦敦信誉良好的钻石销售商签订了长期包销协议之后，阿施顿矿业公司很快就获得了银行的贷款。

5. 工程承包人

工程承包人是指依据工程承包合同负责以约定价格、约定期限和约定工程质量全面完成拟建项目工程的建设工程公司。工程承包人通常以竞标方式确定，依其责任，它可分为负责项目管理和工程全面竣工的总承包人与接受分包的各分包人。项目融资中的工程承包由一系列复杂的合同文件构成，其基本作用在于锁定工程造价、完工期限与工程质量标准，以实现“交钥匙工程”目标；为限定工程完工风险，其违约控制与索赔条款规定得极为严格。项目承建商的实力和历史经营纪录可以在很大程度上影响项目融资的贷款银行对项目建设期间风险的判断。通过选择优良的承建商，可以减少项目发起人、贷款人等参与者在项目建设期间承担的责任和风险。

6. 供应商

供应商（supplier）是指根据项目设备和原材料供应合同，向拟投资项目定期或长期售卖项目设备、提供能源或提供原材料的销售商。根据项目结构和相关合同的安排，供应商向项目公司或工程承包人售卖项目设备、能源或原材料之价款可以由贷款人信托受托人以贷款定期支付，由此形成项目公司的信贷购买；也可以由供应商按照出口信贷方式延期收款，由此形成供应商向项目公司提供信贷融资。在国际项目融资实践中，国际贷款人往往将借款人购买其本国设备或原材料作为承诺贷款的重要条件，这不仅支持了本国企业的产品出口，而且具有分散项目融资风险的作用。

7. 信托受托人

项目融资中的信托受托人是指通过与项目公司签订信托合同而负责管理项目融资过程中作为担保的项目资产、项目收入和现金流量的独立金融机构。根据信托合同，信托受托人一方面负责对设为担保的项目资产进行直接管理或监督管理；另一方面，将负责以独立账户托管项目现金流量或其中的受托管理部分，确保其中的可还贷部分首先用于清偿债务。通常的支出顺序为生产成本支出、折旧还贷支出、管理费用支出、财务费用或贷款利息支出、税收支出、偿还贷款本金、利润分配。信托机构的尽职尽责，可以保证项目资金运行方面的安全性，并使资金流动遵守事前各方的约定。

8. 保证人与保险人

在项目融资中，贷款人除要求以项目资产和项目现金流量为担保外，一般还会要求项目公司或项目发起人提供各项担保。除此之外，还会有保险公司参与其中。此种就一定信用数额提供有限担保的当事人为项目融资的保证人，提供保险的为项目融资的保险人。国际项目融资中的保险除工程保险和项目财产保险外，更重要的是对项目所在国可能发生的战争、内乱、国有化、法律变革、外汇汇率变动等事件的保险，后一类保险通常由相关国家的官方或半官方保险机构承保。除此之外，在某些国际项目融资中，项目所在国政府机构或其代理机构（如项目发起人或项目投资者）对投资项目提供的运营特许、税收优惠特许、外汇汇兑特许和担保性承诺也对项目融资具有重要的信用保障作用。

9. 政府机构

在项目融资中，政府机构往往起到重要的支持作用，尤其是在跨国的大型项目融资中。政府机构的作用主要体现在：第一，可以向项目发起人或项目公司提供某种形式的经营特许权，保证建设项目的排他性和市场份额的稳定性；第二，可以为项目开发提供充足的土地资源、良好的基础设施和长期稳定的能源供应，减少项目的建设风险和经营风险；第三，可以为项目提供优惠的出口信贷、贷款担保以及其他形式的金融支持；第四，可以为项目提供税收优惠特许；第五，东道国政府还常常直接或者通过代理机构（比如国家电力公司）提供产品购买承诺和担保性承诺，从而提高项目的信用保障。

10. 融资顾问

项目融资的结构具有复杂性和多样性，其设计、组织、安排工作需要具有专门技能的人来完成，绝大多数项目投资者缺乏相关经验，需要聘请专业融资顾问。融资顾问在项目融资中担当着极其重要的角色，在某种程度上决定了项目融资能否成功。融资顾问这个角色通常由投资银行担任。

融资顾问的主要任务是：第一，设计项目融资的交易结构，包括项目的投资结构、融资结构、资金结构以及信用保障结构等；第二，代表项目发起人与各方参与者沟通、磋商和谈判；第三，起草相关文件，约定各方参与者的责任和权益。

除投资银行以外，项目发起人和贷款人还会聘用一些专业顾问机构，其中最重要的是工程顾问、财务顾问和法律顾问。工程顾问通常负责协助项目发起人或贷款人进行项目可行性分析和项目风险预测；财务顾问除负责财务审计工作外，还将协助贷款人对拟投资项目进行财务税务分析和现金流量预测；法律顾问除对拟投资项目和环境进行法律分析外，主要协助项目发起人和贷款人确定项目融资结构，起草有关的法律文件，出具法律意见等。

各个参与者在项目融资中的关系示意图如图 7-1 所示。

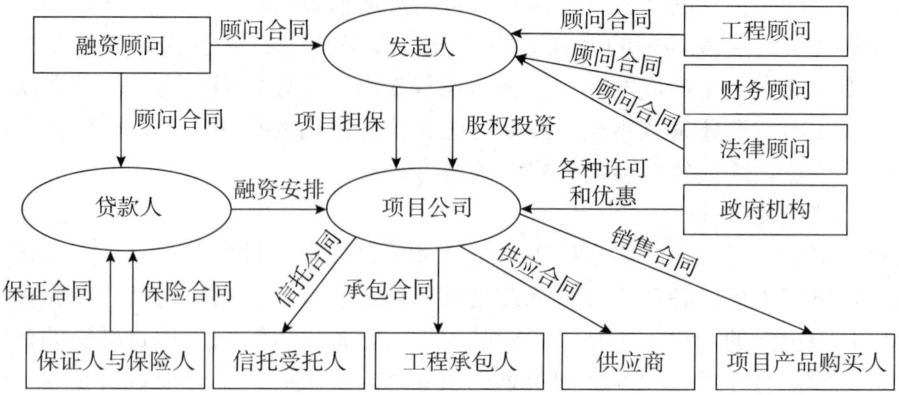

图 7-1　各个参与者在项目融资中的关系示意图

7.2.2　项目的投资结构

项目的投资结构即项目的所有权结构，是指项目投资者对项目资产权益的法律拥有形式。此外，大型项目的开发有可能超出了一家公司的财务、管理等方面的承受能力，常常由多个投资者共同发起，使用合资结构。项目的风险可以由所有的项目投资者共同承担。项目的投资结构还要正确体现投资者之间的合作关系。

采用不同的投资结构，投资者对项目资产的拥有形式、对项目产品和项目现金流的控制程度、承担的债务责任、享有的收益分配权以及涉及的税务结构等都有较大的差异，这些差异会对项目融资的整体结构设计产生很大影响。

1. 公司制投资结构

公司制投资结构是指项目发起人单独或者与其他项目投资者一起出资设立一家项目公司，以公司实体从事项目的建设和运营，持有项目资产，控制项目的产品和现金流。项目公司可以是有限责任公司，也可以是股份有限公司。

在项目的投资结构中，公司通过独立的公司法人的法律实体与其出资人实现有限责任的风险分离。作为独立的法人，公司拥有一切公司资产和处置资产的权利，承担一切有关的债权债务，在法律上具有起诉权，也有被起诉的可能。

公司制投资结构有以下特点：

（1）债务责任主要被限制在项目公司中，投资者的风险只包括已投入的股本资金以及一些承诺的有限债务责任，有利于实现对项目发起人的有限追索。

（2）项目的管理以项目公司作为主体，各个投资者组成股东大会，选举董事会，决策机制完全按公司模式运作，责任、权利清晰，有利于提高效率。

（3）项目公司统一控制项目的建设、生产和市场，可以整体使用资产作为融资的抵押和信用保证，同时，项目公司整体控制项目产品和现金流，可以根据公司的总体资金构成和对融资安排的考虑，选择符合投资目标的现金流分配方式，即依照优先级别按次序偿付债务。这些特点有利于得到贷款银行认可。

（4）在公司制投资结构下，项目发起人对现金流量缺乏直接的控制。

（5）公司制投资结构以项目公司作为纳税实体，税务结构简单，但是缺乏灵活性，不利于合理避税，往往需要配合其他税务安排。

2. 非公司制投资结构

非公司制投资结构可以分为契约型结构和信托基金结构。契约型结构并非一种法人实体，而是投资者之间所建立的契约性质的合作关系，投资各方依据契约共同管理项目，承担一定比例债务责任并享有相应利益；信托基金结构则是项目发起人将项目资产组建为信托资产，交由信托机构进行托管，并通过发行信托凭证筹集资金。

非公司制投资结构与公司制投资结构的不同之处表现在：

（1）在非公司制投资结构中，每一个投资者按约定的投资比例投入相应资金，直接拥有全部项目资产的一个不可分割的部分，直接拥有并有权处理其投资比例所代表的项目产品，每一个投资者的责任都是独立的，对其他投资者的负债不负共同的和连带的责任。

（2）通常成立项目管理委员会，对项目实施管理决策。

（3）以项目投资者作为纳税实体，税务结算灵活，有利于合理避税。

投资银行应该根据项目投资者的发展战略、利益追求、融资方式以及其他先决条件，考虑公司制投资结构和非公司制投资结构的特点，设计合理的投资结构，最大限度地满足各方对投资目标的要求。相对而言，公司制投资结构比较普遍，但是投资者如果强调对项目资产保留独立的法律所有权，强调对项目产品和现金流的某种程度的控制，则倾向于采用非公司制投资结构。比如，中国国际信托投资公司（简称中信公司）在澳大利亚波特兰铝厂项目中的融资就采用了非公司制投资结构。投资各方通过合资协议形成投资关系，同时成立项目管理委员会作为合资项目的最高管理决策机构。

案例 7-2

中信公司在澳大利亚波特兰铝厂项目中的融资

中信公司在澳大利亚波特兰铝厂项目中的融资是一个非常典型的以杠杆租赁为基础的有限追索项目融资模式。

波特兰铝厂位于澳大利亚维多利亚州的港口城市波特兰，主要由美国铝业澳大利亚公司（简称美铝澳公司）投资，始建于1981年，因为国际市场铝价大幅度下跌和电力供应等问题而于1982年停建。在与州政府达成30年电力供应协议之后，于1984年重新开始建设。1985年，美铝澳公司邀请中信公司投资波特兰铝厂。经过历时一年的投资论证、可行性研究、收购谈判及融资谈判等紧张的工作，中信公司于1986年8月成功地向波特兰铝厂进行了投资，持有项目10%的资产，每年可获得3万吨铝锭产品。

（1）波特兰铝厂项目投资结构分析。

波特兰铝厂项目采用的是非公司制投资结构。1986年，具体的投资比例根据合资协议分配的情况如下：美铝澳公司为45%；维多利亚州政府为35%；第一国民资源信托基金为10%；中信澳大利亚有限公司（简称中信澳公司）为10%。1992年，维多利亚州政府又将其在波特兰铝厂中的10%资产出售给日本丸红公司，这样新的投资结构组成如下：美铝澳公司为45%；维多利亚州政府为25%；第一国民资源信托基金为10%；中信澳公司为10%；日本丸红公司为10%。

投资各方在该项目中的职责分别是：

1）由各投资者的代表组成一个项目管理委员会，作为该合资项目的最高管理决策机构，负责项目的建设、生产、资本性支出和生产经营预算的审批等一系列重大决策问题。这是非公司制投资结构在管理上的操作特点。

2）项目资产根据合资协议由各投资者按比例分别直接拥有，波特兰铝厂本身不具有法人地位。投资各方单独安排自己的项目建设和生产所需资金，单独安排项目生产中所需要的主要原材料（氧化铝和电力），并直接获得相应比例的最终产品、直接销售其所获产品。这种投资结构为中信公司在安排项目融资时直接提供项目资产作为贷款抵押担保提供了客观上的可能性。

3）由于其他投资者都不具备生产、管理铝厂的经验和技术，由项目管理委员会与其中一个投资者——美铝澳公司的一个全资控股的单一目的公司——波特兰铝厂管理公司签订项目管理协议，由波特兰铝厂管理公司作为项目经理负责项目的日常生产经营活动。

（2）中信公司的融资模式分析。

中信公司为了具体参与到该合资项目中来，特成立了中信澳公司，代表总公司管理项目的投资、生产、融资、财务和销售，承担总公司在合资项目中的经济责任。经过认真分析，中信公司决定为在该项目中的投资份额设计一个以杠杆租赁为基础的有限追索项目融资模式，为此，又成立了由中信澳公司100%控股的单一目的公司——中信澳（波特兰）公司直接进行该项目的投资。

其操作过程可简单归纳如下：

1）选定项目融资经理人。中信公司聘请美国信孚银行澳大利亚分行（简称BT银行）作为项目融资顾问，由其负责设计项目融资结构。

2）组建股本参与银团。由五家澳大利亚银行组成一个合伙制租赁公司，作为项目的股本投资者，在法律上拥有中信公司投资的波特兰铝厂10%的投资权益。为了更好地利用项目的税务优惠，这五家银行只提供项目建设资金的10%，其余资金由债务参与者提供，以充分利用项目资产加速折旧及贷款利息税前支付的税务好处。所以，作为合伙制租赁公司的投资者，银行将通过两方面来获得收益：一是来自项目的巨额税务亏损，通过利用合伙制结构特点吸收这些税务亏损抵免公司所得税；二是收取租金。

3）寻找债务参与银团。由这五家银行作为股本参与者去寻找债务参与者的合伙制租赁公司来提供债务资金，用以购买波特兰铝厂10%的投资权益。

在具体操作中，由比利时国民银行提供项目建设所需的2/3的资金，但该行不愿意承担任何项目信用风险，所以，由BT银行作为主经理人组成一个债务参与银团，为比利时国民银行的贷款提供信用证担保来承担项目信用风险。其之所以选择这种融资结构，是因为在当时比利时税法允许其国家级银行申请扣减在海外支付的利息预提税，因此，澳大利亚利息预提税成本就可以不由项目的实际投资者和借款人——中信澳公司承担（1992年，比利时政府修改税法，已取消了这种税务优惠安排）。此举为中信公司节省了总值几百万美元的利息预提税。

4）债务参与银团由BT银行牵头，由澳大利亚、日本、美国、欧洲等的九家银行组成国际贷款银团，它们本身不对项目提供任何资金，主要以银行信用证方式为合伙制租赁公司的股本参与者和比利时国民银行的贷款资金提供信用证担保，承担全部项目风险。

5）中信澳（波特兰）公司作为项目的承租人，与合伙制租赁公司的全资项目代理公司签订了一个为期12年的租赁协议，从项目代理公司手中获得10%波特兰铝厂项目资产的所有权。中信澳（波特兰）公司自行安排氧化铝及电力等的关键性供应合同，使用租赁的资产生产出最终产品——铝锭，并直接销售给母公司［当然，并非中信澳（波特兰）公司直接生产，而是由美铝澳公司全资控股的波特兰铝厂管理公司负责生产出铝锭，再按投资比例由中信澳（波特兰）公司直接拥有项目产品］。

6）在融资担保上，由母公司中信公司和其100%控股的中信澳公司为中信澳（波特兰）公司提供一定程度的信用支持。其信用支持方式表现在五个方面：

第一，由中信澳（波特兰）公司与中信澳公司签订“提货与付款”性质的产品购买协议（简称“提货与付款”协议），该协议是一个期限与融资期限相同的产品长期销售协议。根据该协议，中信澳公司保证按照国际市场价格购买中信澳（波特兰）公司生产的全部铝锭产品，这样就大大降低了债务参与银团的市场风险。

第二，由于当时的中信澳公司和中信澳（波特兰）公司都只是一个“空壳公司”，所以债务参与银团要求中信公司作为母公司对于它们之间签订的“提货与付款”协议提供担保。

第三，中信公司还以担保存款方式为项目提供了“完工担保”和“资金缺额担保”。为此，中信公司在海外一家国际一流银行存入了一笔固定金额的美元担保存款。在项目建设费用超支和项目现金流量不足时，杠杆租赁经理人就可以动用该担保存款的本金和利息。事实上，由于项目经营良好，担保存款从来没被动用过，并在1990年通过与银行谈判解除了担保。

第四，中信公司在项目中也投入了一部分股本资金，但其投入形式选择了以大约相当于项目建设总金额4%的资金购买合伙制租赁公司发行的与融资期限相同的无担保零息债券，实际上是一种准股本资金的投入形式。这种形式在对债务参与银团起到一种良好的心理作用的同时，给项目发起人自身也带来了诸多灵活性。

第五，中信公司同意项目公司以总公司的名称冠在其前面，即以“中信澳（波特兰）公司”的名称出现。因为中信公司在国际上的知名度是大多数银行认可的，所以中信公司以这种形式提供的担保正是“默示担保”。

波特兰铝厂项目融资结构图如图7-2所示。

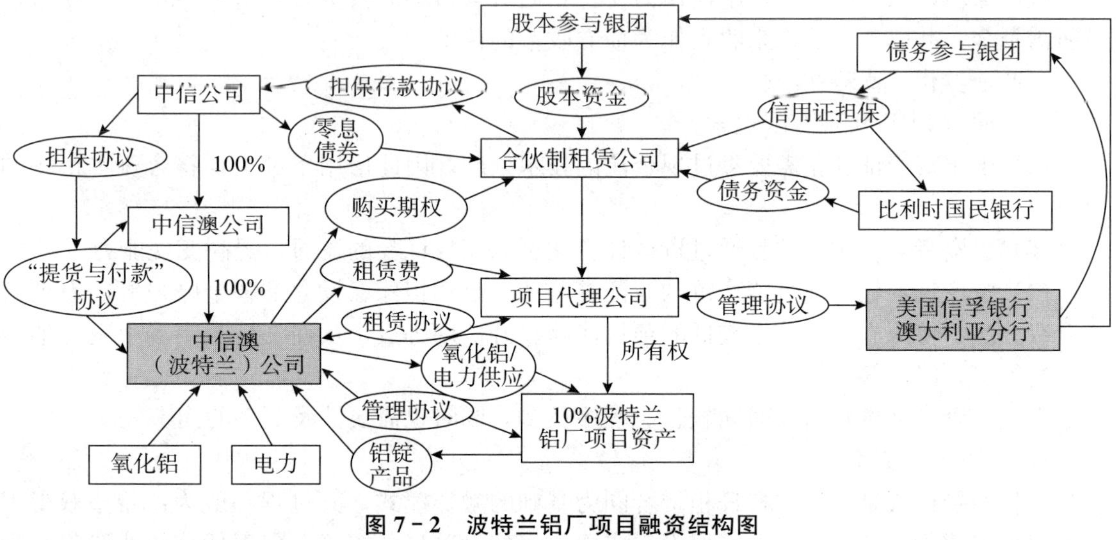

图7-2　波特兰铝厂项目融资结构图

7.2.3 项目的融资结构

项目的融资结构是指筹集项目资金的模式，是项目融资的核心部分。

1. 产品支付法或产品购买协议模式

产品支付法是一种以产品所有权为基础的融资模式。在无追索或有限追索的前提下，项目公司定期向贷款银行提供特定份额的产品，这部分产品的收益成为项目公司偿还债务的资金来源。

产品支付法具有以下特点：

(1) 由于所购买的资源储量及其销售收益被用作融资的主要偿债资金来源，融资较容易被安排成为无追索或有限追索的形式。

(2) 融资期限短于项目的经济生命周期。

(3) 贷款银行一般只为项目的建设和资本费用提供融资，而不承担项目生产费用的贷款，并且要求项目投资者提供最低生产量、最低产品质量标准等方面的担保。

(4) 如何计算所购买的资源储量是安排产品支付法融资的一个关键性问题。

产品购买协议模式可以说是产品支付法的演变形式。项目公司与项目产品的购买者预先签订长期产品购买协议，如果所开发的项目不是生产某种产品，而是建造某种基础设施（如港口、铁路、石油或天然气输送管道等），产品购买协议则表现为设施使用协议，即项目公司与客户签订协议，由客户长期使用所建造设施并按照协议确定的时间和金额支付设施使用费。依据产品购买协议或设施使用协议，项目公司形成长期、稳定的预期现金流，以此为基础安排融资。

2. 资产证券化模式

资产证券化模式是一种以资产为基础的融资模式，它将项目资产与项目发起人的其他资产完全剥离，过户给 SPV，SPV 通过金融担保、保险及超额抵押等方式取得较高的信用评级，然后以项目的预期现金流作为支持，向资本市场的投资者发售债券，筹集项目建设所需资金，并以项目的未来收入作为债券收益的保证。

资产证券化的优势在于：

(1) 通过 SPV 实现有限追索。

(2) 由于资产证券化需要经过现金流的技术处理，因此信用条件更加符合资本市场的要求。

(3) 投资者多元化，并且通过资产证券化可以实现证券的流通，提高变现能力。

(4) 资产证券化将通过资产重构、证券分档、超额担保、设立准备金账户等一系列信用升级方法，使原本信用等级较低的项目能够提升信用等级，从而在证券市场上发行债券以进行筹资，降低筹资成本。

但是，资产证券化所需时间较长、程序较多，同时也需要涉及更多的当事人。

3. 杠杆租赁模式

杠杆租赁模式是一种以杠杆租赁合同为基础的融资模式，其过程一般为：希望获得工厂或大型专用设备的一方（即承租人）成立一家特设项目公司（有限责任公司或股份有限公司），以该公司作为租赁公司，由承租人与租赁公司签订租赁工厂或设备的合同，租金由一家或几家银行做担保，租赁公司负责建造或购买工厂或设备，交由使用方使用。租赁合同期满，租赁公司将该工厂或设备出售给承租人。特设项目公司（即租赁公司）以租赁合同为基础向银行借取贷款，筹集建设工厂或设备所需要的项目资金。

杠杆租赁模式是一种较好的融资安排，利用了金融租赁的优势来达到融资的效果，同时减轻了支付压力，节约了税收。

4. BOT模式

BOT即建设—运营—移交。一般由东道国政府或地方政府通过特许权协议，将项目授予项目发起人为此专设的项目公司，由项目公司负责基础设施（或基础产业）项目的投资、建造、运营和维护。在规定的特许期内，项目公司对该设施拥有非完整意义上的所有权，对设施使用者收取费用，并以此回收项目投融资、建造、运营和维护的成本费用。特许期满后，项目公司将设施无偿移交给政府。这种方式一般用于大型电厂、高速公路、桥梁、隧道、铁路、城市供排水、污水处理等能源、交通、城市市政设施建设等方面。在BOT模式中，项目公司以特许建设权和运营收费权为基础，向银行借取贷款、筹集项目资金，并以运营收费作为偿还贷款的唯一资金来源。

采用BOT模式的优势在于能减少政府的直接财政负担，减轻政府的借款负债义务，同时通过社会资本的运作有利于提高项目的运作效率并实现财务方面的节约，也有助于减少政府直接投资所出现的腐败问题，以及工程建设过程中所出现的低效低质超预算等问题。

BOT模式是当前比较经常使用的模式。

7.2.4 项目的资金结构

项目的资金结构是指在项目总投资中如何安排资金，资金具体包括股本资金、准股本资金和债务资金。在项目的投资结构和融资结构初步确定的基础上，如何安排项目资金的来源及其构成比例就成为项目融资结构整体设计工作中的另一个关键环节。

1. 项目的资金来源

项目融资的资金可以由三个部分构成：股本资金、准股本资金和债务资金。

（1）股本资金。

股本资金是指项目公司的股本金，包括普通股和优先股，是项目发起人以股本方式投入项目的资金。

在项目融资中，贷款银行通常要求发起人投入一定比例的股本资金，其作用可以归纳成以下三个方面：

1）提高项目的风险承受能力。项目预期的现金流量（在偿还债务之前）在某种意义上讲是固定的，它们将用于支付项目的生产成本、管理费用、资本支出，并按计划偿还债务。项目中的股本资金投入比例提高，则债务资金比例相对降低，偿还债务所需要的现金流量减少，贷款银行面临的潜在风险降低；反之，项目中的股本资金投入比例降低，则贷款银行面临的潜在风险提高。

2）将项目发起人的利益与项目前景密切联系。投资者对项目管理和前途的关心程度与其对项目投入资金的多少是成正比的，而项目的现金流是偿还银行贷款的主要资金来源。贷款银行希望项目发起人能够尽最大努力管理项目，因而要求发起人投入一定比例的股本资金。

3）投资者在项目的股本资金代表着投资者对项目的承诺和对项目未来发展前景的信心，可以对组织融资起到很好的心理鼓励作用。

（2）准股本资金。

准股本资金是指项目发起人或者与项目利益有关的第三方所提供的从属性债务（或称次级债务）。

准股本资金的常见形式包括无担保贷款、次级债券和可转换债券等。

1）无担保贷款是最简单的一种信用贷款，在形式上与商业贷款相似，但它没有任何项目资产作为抵押和担保，本息的偿还次序列于其他贷款之后或带有一定附加限制条件。

2）次级债券，或称从属性债券，这类债券没有资产抵押或担保，其本息的偿还次序列于其他债券（或称高级债券）之后或带有一定附加限制条件。在项目出现违约时，项目资产和抵押、担保权益的分割将严格按照债务序列进行，只有在高级债券获得清偿后，从属性债权人才有权获得补偿。

3）可转换债券是从属性债券的一种形式，其持有人有权在一个特定时期内按照规定的价格将其转换为项目公司的普通股。

准股本资金可以采取与股本资金和债务资金平行的形式进入项目，也可以采取承诺的准备金形式，用于支付项目建设成本超支部分、生产费用超支部分，或用于按期偿付其他债务的本息。由于其本息的偿还次序列于其他债务之后或带有一定附加限制条件，所以形成了对其他债务的保护。

（3）债务资金。

债务资金是项目投资最主要的资金来源，如何安排债务资金是解决项目的资金结构问题的核心。

从资金渠道来看，债务资金可以来源于境内资金市场和境外资金市场，其中，境外资金市场包括外国政府的出口信贷银行、国际性金融组织（如世界银行、亚洲开发银行等）等；从金融工具来看，债务资金包括商业银行贷款、辛迪加银团贷款、中长期高级债券、商业票据等；从期限结构来看，债务资金包括中长期债务和短期债务，通常以中长期债务为主，短期债务（流动资金贷款、商业票据等）应该设计合理展期；从利率结构来看，债务资金可以采取固定利率、浮动利率和浮动利率与固定利率相结合三种方式，其中比较普遍的是浮动利率方式，即以基准利率为基础，根据项目风险程度和市场资金供求状况等因素，加上一定的百分点。

2. 决定项目资金结构的因素

项目的资金结构影响项目参与方分担风险、享有权利以及对权利的保障程度等方面，因此，它对项目发起人和贷款银行都具有十分重要的意义。设计合理的项目资金结构一般需要考虑以下因素：

（1）项目资金需求总量。

准确地制订项目的资金使用计划，确保满足项目资金需求总量，这是一切项目融资工作的目标。新建项目的资金预算应由三个部分组成：项目资本投资（包括土地、基础设施、厂房、机器设备、工程设计和工程建设等的费用)；投资费用超支准备金，即不可预见费用（一般为项目总投资的10%～30%)；项目流动资金。

（2）预期现金流。

项目的预期现金流是偿付项目投资资金的唯一来源，各种类型的资金会对项目预期现金流的分配时间、分配数量和分配次序产生不同的要求，因此，项目融资安排必须以项目的预期现金流为基础。项目资金结构的设计者不仅要准确预测未来现金流的总量，而且要预测现金流在各个阶段的分布状况。

（3）资金期限。

设计项目资金结构的核心问题是使项目的预期现金流与债务偿付支出相互匹配，这就需要把握各类资金的使用期限、偿付方式。原则上，股本资金是项目中使用期限最长的资金，其回收只能依靠项目的投资收益，而债务资金都具有固定期限，形成特定的偿债压力。如果能针对具体项目的现金流的特点，根据不同项目阶段的资金需求采用不同的融资手段，安排不同期限的贷款，就可以起到优化项目债务结构、降低项目债务风险的作用。例如，利用短期贷款为项目安排长期资金的做法是不经济的，应该根据项目的经济生命周期和项目现金流状况安排必要的长期贷款。然而，如果采用票据发行便利等措施，则可以通过票据的循环发行实现长期债务的短期化。同样，对流动资金的安排也可以采取银行贷款承诺、银行循环信贷额度、银行透支等方式，使贷款的借取和偿还比较灵活。

（4）资金成本。

股本资金成本是一种相对意义上的成本概念，也被称为“机会成本”，债务资金成本则是一种绝对的成本，就是项目贷款的利息成本。项目债务资金的利率风险是项目融资的主要风险之一。项目融资可以选用固定利率、浮动利率或者两者结合三种方式，它们各有利弊。

（5）利息预提税。

预提税（withholding tax）也称预扣税，是一种主权国家对外国资金的管理方式，可分为红利预提税和利息预提税，其中，利息预提税的应用最为广泛。利息预提税通常为贷款利息的10%～30%，一般由借款人缴纳，在借款人向境外贷款银行支付利息时，从所付利息总额中扣减，但是境外贷款人一般要求所获取的利息收入不受到或尽可能少地受到利息预提税的影响，利息预提税成本最终将以不同形式被转嫁到借款人身上。因此，项目的资金结构应注意回避利息预提税。

国际金融界存在一些比较成熟和常用的合法减免利息预提税的做法：①根据两国之间的避免双重征税条约选择贷款银行。有些国家之间签订了避免双重征税条约，借款人向缔约国的金融机构借款，可以避免征收利息预提税。②采用不需要支付利息预提税的融资方法，或将境外融资转化为境内融资。例如，按照一些国家的法律，如果外汇债务不是来自境外的银行或其他金融机构，而是来自“公众”（如通过发行欧洲债券、欧洲期票、美国商业票据等)，则其利息可以不缴纳利息预提税。此外，有些国家的法律规定，本国银行向外国银行支付利息时也不需要缴纳利息预提税，在这种情况下，借款人通过本国银行安排境外贷款，就可以将境外融资转化为境内融资，降低融资成本。

7.2.5 项目的信用保障结构

项目融资包含着众多潜在风险，按其表现形式可以划分为信用风险、完工风险、生产风险、市场风险、金融风险、政治风险、环境保护风险等。风险是客观存在的，为了筹建债务资金，项目发起人必须提供信用保障，尽力提高债务资金的安全性。

对贷款银行和其他债权人而言，项目融资安全性来自两个方面：项目自身的现金流和各种直接或间接的担保。这些担保可以由项目发起人提供，也可以由第三方提供；可以是直接的财务保证（如完工担保、资金缺额担保、不可预见费用担保等），也可以是间接或非财务担保（如技术服务协议、能源长期供应协议、原材料长期供应协议、项目产品长期购买协议等）。项目的信用保障结构是指各种担保形式的总和。

1. 项目担保人

项目担保人包括项目发起人、与项目利益有关的第三方参与者和商业担保人。

（1）项目发起人。

项目发起人作为担保人是项目融资结构中最常见的一种形式。

（2）与项目利益有关的第三方参与者。

与项目利益有关的第三方参与者是指在项目发起人之外，与项目开发有直接或间接利益关系的机构，大致分为以下几种类型：

第一类是政府机构。政府机构为项目融资提供担保极为普遍，尤其是在发展中国家的大型项目建设中，政府的介入可以减少政治风险和经济政策风险，因而具有重要意义。

第二类是与项目开发有直接利益关系的商业机构。这些机构主要是指工程公司、项目设备或主要原材料的供应商、项目产品（设施）的用户等，它们通过为项目融资提供担保来换取自己的长期商业利益。

第三类是世界银行、地区开发银行等国际性金融机构。这类机构虽然与项目开发并没有直接的利益关系，但是它们承担着促进发展中国家经济建设的职能，对于一些重要的项目，可以寻求到这类机构的贷款担保。

（3）商业担保人。

商业担保人是以提供担保作为一种盈利手段，承担项目的风险并收取担保服务费用的机构，这种担保人一般为各种类型的保险公司。

2. 项目担保类型

项目担保可以分为物权担保和信用担保。物权担保的常见方式是担保人将动产或不动产抵押给债权人；信用担保则是担保人以法律协议的形式作出的承诺，依据这种承诺向债权人承担一定的义务。信用担保又分为直接担保、间接担保、或有担保和意向性担保等。

（1）直接担保。

直接担保是最普通的担保方式。项目融资中的直接担保通常承担有限责任，即对担保金额或有效时间加以限制。例如，用于担保支付项目成本超支的资金缺额担保通常事先规定最大担保金额，当项目建设成本超支时，担保人的最大经济责任以担保金额为限；完工担保则在时间上有所限制，即在一定的时间范围内，完工担保人对贷款银行承担全面追索的经济责任。

（2）间接担保。

项目融资中的间接担保是指担保人以商业合同和政府特许权协议等形式为项目提供的财务支持。最常见的间接担保是以“无论提货与否均需付款”合同为基础发展起来的一系列合同形式，包括“提货与付款”合同、“供货与付款”合同、“无论使用服务与否均需付款”合同等。这类合同为项目产品提供了稳定市场，保证了项目的稳定收入，从而保证了贷款银行的基本利益。

（3）或有担保。

或有担保是针对一些不可抗拒或不可预测因素所造成项目损失的风险所提供的担保。按其担保的风险的性质，或有担保可以划分成三种基本类型：第一类主要针对不可抗拒因素造成的风险，如地震、火灾等；第二类主要针对项目的政治风险；第三类主要针对与项目融资结构特性有关的项目环境风险，例如，在以税务结构为基础建立起来的杠杆租赁融资模式中，贷款银行的很大一部分收益来自项目的税务优惠，如果政府对税收政策作出不利于杠杆租赁结构的调整，将会损害贷款银行的利益，甚至损害项目融资结构的基础。

（4）意向性担保。

严格地说，意向性担保不是一种真正的担保，因其不具备法律意义上的约束力，仅仅表现出担保人有可能对项目提供一定支持的意愿。经常采用的形式是支持信。支持信也称安慰函，通常由项目公司的控股公司或项目所在地政府机构写给贷款银行，表达它对项目公司以及项目融资的支持。它起到的担保作用在本质上是由提供该信的机构向贷款银行作出的一种承诺，保证向项目公司施加影响以确保后者履行其对于贷款银行的债务责任。

7.3　项目融资的模式

7.3.1　产品支付法模式和产品购买协议模式

1. *产品支付法模式*

产品支付法模式是一种以产品所有权为基础的融资模式。如前所述，在无追索或有限追索的前提下，项目公司定期向贷款银行提供特定份额的产品，这部分产品的收益成为项目公司偿还债务的资金来源。产品支付法模式的特点是完全以特定份额的产品及其销售收益的所有权作为偿债保证，而不是采用整体产品及其销售收益所有权的抵押、转让方式。

产品支付法模式广泛运用于已经探明资源储藏量的石油、天然气和矿产品等项目。这类项目产品具有广阔的市场，其价格具有明确的国际市场标准，特定份额的产品是决定偿债现金流的主要因素，能够采用产品支付法模式的项目必须拥有这一特征。此外，采用产品支付法模式安排项目融资通常要求项目发起人提供最低生产量和最低产品质量标准等方面的担保。

2. *产品购买协议模式*

产品购买协议模式可以说是产品支付法模式的演变形式。当项目产品没有广泛市场

（项目产品一般销售给特定客户）或产品价格不确定时，产品支付法模式会面临局限。项目公司与项目产品的购买者预先签订长期产品购买协议，如果所开发的项目不是生产某种产品，而是建造某种基础设施，产品购买协议则表现为设施使用协议，即项目公司与客户签订协议，由客户长期使用所建造设施并按照协议确定的时间和金额支付设施使用费。依据产品购买协议或设施使用协议，项目公司形成长期、稳定的预期现金流，以此为基础安排融资，这种模式称为产品购买协议模式。

（1）协议的性质和内容。

产品购买协议模式的基础是产品购买协议或设施使用协议。为了保证项目公司具有充足的现金流，足以偿还银行贷款的本金和利息，降低贷款银行的风险，产品购买协议或设施使用协议通常签订为"无论提货与否均需付款"合同。

"无论提货与否均需付款"合同又称"绝对付款"合同、"无货亦付款"合同、"提货或付款"合同。与传统贸易合同相比，它的最大特点就是绝对性和无条件性。传统贸易合同是以买卖双方的对等交换为基础，即所谓的"一手交钱，一手交货"，如果卖方不能提供产品或服务，买方可以提出同时履行抗辩，解除其付款义务。但是，在"无论提货与否均需付款"合同中，买方在合同项下的支付义务是不可撤销的，即使卖方未能按时间、数量和质量提供合同项下的产品，买方仍要履行其支付义务。即使出现项目毁灭、爆发战争、项目财产被没收或征用等与协议双方无关的绝对事件而导致项目公司完全不能履约，只要在协议中没有作出相应的规定，项目产品的购买者仍须按合同规定的时间和金额支付款项。"无论提货与否均需付款"合同的订立，实际上是购买人保证在合同规定的期限内，向项目公司提供一笔确定金额的资金，使项目公司有足够的资金按期偿还贷款，其本质上是一种间接担保。

（2）具体操作细节说明。

假定：某煤炭产区的产量和海外销售量急剧增加，但海外运输能力有限，为此，几家大型煤矿公司拟联合兴建一个煤炭运输港口，并希望通过产品购买协议模式安排项目融资。其主要操作环节如下：

第一步，各家大型煤矿公司（项目发起人）共同出资组建一家煤炭运输港口公司（项目公司），由该公司负责拥有、建设、运营整个煤炭运输港口系统。煤炭运输港口公司也可以吸收其他投资者，当条件成熟时，还可以公开发行股票并上市，广泛吸收机构投资者和公众的资金，扩大资金规模。

第二步，煤炭运输港口公司与各个项目发起人、主要的煤炭客户签订港口设施长期使用协议。该协议属于"无论提货与否均需付款"性质，即在港口建设开工后的一个特定时期内，各个项目发起人、主要的煤炭客户向煤炭运输港口公司支付规定数量的港口使用费。如有必要，可以要求各个项目发起人、主要的煤炭客户取得银行备用信用证，用以作为它们执行本协议的信用担保。

第三步，采用招标方式选择工程承包人，签订工程承包合同。中标的公司必须具备规定的技术和资信，并且由银行提供履约担保或与专业担保机构签订完工担保合同。

第四步，完善其他内容的保险或担保。例如，与项目发起人签订资金缺额担保（当建设、生产资金出现缺口时，项目发起人以追加资本或股东贷款方式补充资金）、与原材料供应商签订长期原材料供应合同、与保险公司签订项目资产保险合同等。

第五步，以港口设施长期使用协议、工程承包合同、完工担保合同、资金缺额担保、长期原材料供应合同等文件为基础，与银行协议安排贷款融资。贷款融资由一揽子贷款计划组成，其特点为：第一，贷款总规模既要保证项目的完成，又要实现本金和利息的正常偿付。因此，贷款总规模应综合考虑港口建设的投资资金需求和预期的现金流状况。第二，贷款计划由短期贷款、中期贷款、长期贷款组合而成，形式多样化，根据港口的建设投资进度安排短期贷款，根据港口的经济生命周期安排中、长期贷款。第三，偿还贷款本息的唯一来源是港口的预期使用费，偿还贷款本息的现金支付流应该与港口使用费的现金收入流相互匹配。

产品购买协议模式示意图如图 7-3 所示。

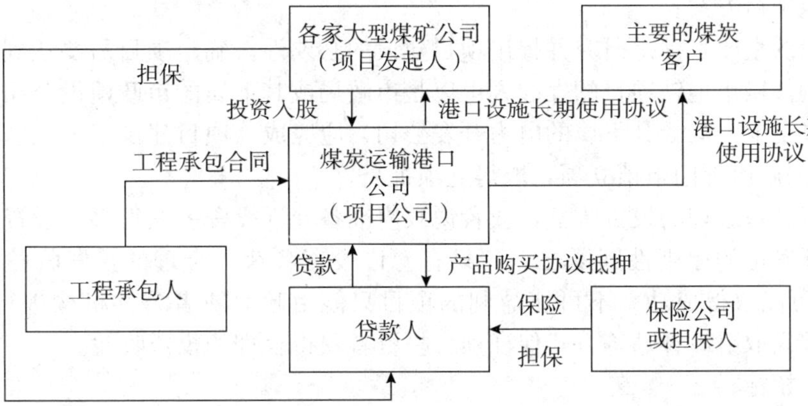

图 7-3 产品购买协议模式示意图

7.3.2 BOT 模式

1. BOT 概述

如前所述，BOT 即建设—运营—移交，在我国又被称作特许权投融资方式。

在实践中，BOT 模式有许多形式，一般可以分为以下几种具体形式：

（1）BOT：build-operate-transfer（建设—运营—移交），这是最基本的 BOT 模式。

（2）BOOT：build-own-operate-transfer（建设—拥有—运营—移交）。

（3）BOO：build-own-operate（建设—拥有—运营），与传统 BOT 的最大区别是项目公司永久拥有项目的经营权。

（4）BLT：build-lease-transfer（建设—租赁—移交）。

（5）TOT：transfer-operate-transfer（转让—运营—移交）。TOT 模式是比较常用的一种模式，是指政府部门或国有企业将建设好的项目的一定期限的产权和经营权，有偿转让给项目公司，由其进行运营管理。项目公司在一个约定的时期内通过运营收回全部投资和得到合理的回报，并在合约期满之后再无偿交回给政府部门或原国有企业。TOT 模式也是企业进行并购所采取的一种特殊形式。项目公司以产权和经营权转让合同为基础，在无追索或有限追索的条件下，通过银行贷款以及其他方式筹集资金，实现项目的转让和运营，形成一种特殊的项目融资模式。与委托运营和承包运营不同，TOT 模式的特点是在一定时期内实现了产权和经营权同时转让，而委托运营和承包运营只转让经营权，不转让产权。

（6）BT：build-transfer（建设—移交），项目公司不拥有项目的经营权，其投资回报一般由政府（项目发起人）采用固定回报的方式，给予项目公司现金流量补贴，以便投资者回收投资，并取得合理的利润。BT 模式一般适用于现金流量不充分或者没有现金流量的项目融资。北京地铁奥运支线就采用了 BT 模式。

2. BOT 的运作程序

按照惯例，BOT 的运作程序主要包括确定项目方案、进行招标、进行融资安排、项目实施等。

（1）确定项目方案。

这一阶段的主要目标是研究并提出项目建设的必要性，确定项目需要达到的目标。项目发起人（例如城市地铁项目的发起人可以是市政局或其下属的市政建设公司，电厂项目的发起人可以是电力局或其下属的电力开发公司）应完成《项目建议书》或《项目可行性研究报告》，向政府部门申请立项，取得立项批复。

项目是否具备合理的投资收益，或者说政府准备允许投资者获得多少投资收益，是在这一阶段必须确定的原则性问题之一。只有允许投资者获得合理的投资收益，项目采用 BOT 模式才可能取得成功。不可能盈利的项目只能由政府或者公共机构进行投资建设，除非政府能够采取财政补贴等方式保证项目投资者获得合理的投资收益。

（2）进行招标。

项目的具体建设开发者通常采用招标方式来确定。项目立项工作完成后，即可成立招标委员会和招标办公室，发布项目招标信息，邀请具备资格的国内外公司参加竞标。

愿意参与项目建设的投资者可以按照规定的时间、地点和程序递交竞标书，竞标书一般应详细说明所有关键性事宜，例如：①设施的类型及所提供的产品或服务的性能、质量；②建设进度安排及目标竣工日期、工程造价；③产品的价格或服务费用；④价格调整公式或调整原则；⑤履约标准（产品的数量和质量、资产寿命等）；⑥投资收益预测、融资结构（投资、贷款比例）和资本偿还计划；⑦外汇安排（如果是外资 BOT）；⑧不可抗力事件的规定；⑨维修计划（这对于 BOT 项目尤其重要，因为项目的所有权必须在寿命中期移交给政府）；⑩风险分析与分配。

招标委员会对招标书进行评议，确定中标的投资者。

（3）进行融资安排。

1）组建项目公司并取得项目特许权。

中标的投资者应该为该项目的投资、建设和运营组建专门的项目公司，由项目公司与政府部门签订协议，取得项目特许权。

特许权协议是 BOT 项目中最重要的环节，政府和私营部门的权利和义务都要在合同中明确规定，包括：①签约各方的法定名称、住所，项目的建设地址、内容、规格标准及建设期；②项目的特许权内容及期限；③项目的总投资额、资金构成、境内外融资额及融资方式与条件；④成本构成与费用支付安排计划；⑤收费标准与方式；⑥工程设计、施工、采购、经营、维修标准和程序；⑦项目的组织实施计划与安排；⑧签约各方风险的分担；⑨签约各方的权利、义务与责任；⑩转让、抵押、征收、终止及不可抗力条款；⑪特许权期满时项目移交内容、标准及程序；⑫罚责与仲裁。

特许权协议重点强调：第一，批准项目公司建设开发和运营项目，政府给予使用土地、获得原材料等方面的便利条件；第二，在特许期满后，政府无偿收回（或以协议约定的价格购买）整体项目，项目公司必须保证政府所获得的是一个运转正常并且保养良好的项目；第三，政府可以按照协议约定的价格购买项目产品。

2）其他信用证明文件。

在签署特许权协议的同时，项目公司还需要签署其他许多协议，以保证项目公司有能力按计划开发项目。通常情况下，项目公司必须签署的相关协议有：

第一，与贷款银行或银团的信贷协议草案。

第二，与建筑承包商的建设合同及其完工担保。

第三，与供应商的设备和材料供应合同。

第四，与保险公司的保险合同。

第五，与项目产品用户或政府机构的“无论提货与否均需付款”性质的产品购买协议（或设施使用协议）。

3）融资安排。

以特许权协议和其他信用保证文件为基础，项目公司与贷款银行或银团正式签订信贷协议。

4）风险分担原则。

项目公司自行承担项目的融资、建设、运营和维护等方面的商业性风险。对项目公司不能预测而带来的风险采取以下承担原则：

首先，若国家政策、法律法规的变化致使项目公司受到实质性的影响，则政府部门可以通过调整收费价格、延长特许期限或其他相应措施予以补偿；

其次，自然不可抗力风险由项目公司通过保险方式承担；

最后，政治不可抗力风险可通过协议协商加以化解。

（4）项目实施。

1）项目建设。

项目公司在签订所有合同之后开始进入项目的实施阶段，即按照合同规定，聘请设计单位开始工程设计，聘请总承包商开始工程施工。项目公司负责项目建设的资金使用和工程进度监督，并进行项目竣工验收。

2）项目运营。

项目公司根据特许权协议负责所建设设施的运行、保养和维修，收取项目产品的销售收入或设施使用费，支付项目贷款本息，并为项目的投资者取得投资收益。

3）项目移交。

项目公司保证在特许期满时，项目运行情况符合协议约定的移交标准，并按照约定程序将项目所有权和经营权移交给政府机构。

案例 7 - 3

广东省深圳市沙角 B 电厂项目

这是中国最早的一个有限追索项目中小企业融资案例，也是事实上在中国第一次使用 BOT 中小企业融资概念兴建的基础设施项目。沙角 B 电厂的中小企业融资安排本身也比较合理，是亚洲发展中国家采用 BOT 模式兴建项目的典型。

该项目 1986 年完成中小企业融资安排并动工兴建。该项目采用中外合作经营方式兴建。外方负责提供项目的全部外汇资金，组织项目建设，并且负责经营电厂 10 年。外方获得在扣除项目经营成本、煤炭成本和付给中方的管理费后全部的项目收益。外方将电厂的资产所有权和控制权无偿地转让给中方。项目贷款组成是：日本进出口银行固定利率日元出口信贷 26 140 万美元，国际贷款银团的欧洲日元贷款 5 560 万美元，国际贷款银团的港币贷款 7 500 万美元，中方深圳特区电力开发公司的人民币贷款（从属性债务）9 240 万美元。中方深圳特区电力开发公司除提供项目使用的土地、工厂技术操作人员以及为项目安排优惠的税收政策外，还提供“供货与付款”性质的煤炭供应协议，承诺向项目提供生产所需的煤炭并购买项目产品即电力。中方为项目提供了较为充分的信用保证。

该项目并没有像一般在发展中国家兴建基础设施项目那样以政府特许为基础，而是中外合资双方以合作协议和其他商业合同为基础组织起来的。由于中方深圳特区电力开发公司和项目的主要担保人广东省国际信托投资公司都具有明显的政府背景，广东省政府也以出具支持信的形式表示了对项目的支持，因此沙角 B 电厂项目实际上也具有一定的政府特许性质。

国际项目中小企业融资中一般存在信用风险、完工风险、生产经营风险、市场风险、金融风险、政治风险和环境保护风险等常见风险。

7.3.3 PPP

1. 基本概念

PPP（public-private-partnership，政府和社会资本合作模式）是在公共基础设施建设中发展起来的一种优化的项目融资模式，又称“公共私营合作制”，是指政府与社会资本（私人投资者）之间，为了合作建设城市基础设施项目，或是为了提供某种公共物品和服务，彼此之间形成一种伙伴式的合作关系，并通过签署合同来明确双方的权利和义务，以确保合作的顺利完成，最终使合作各方达到比预期单独行动更为有利的结果。

PPP 项目主要由社会资本投资、经营、管理，可以赚取正常利润；政府公共部门提供一定数量的投资，只取得很低的投资收益率甚至不要求投资收益率，但负责制定项目使用对象、适应方式和产品价格（或收费标准）等政策，以保证所建设的基础设施具有公益性。PPP 广泛应用于公益性基础设施（如学校、体育场馆、监狱、城市供水系统、城市铁路等）建设，如果不进行整合，这些公益性基础设施不具有商业投资价值，很难利用社会资本建设。PPP 将这些不具有商业投资价值的项目商业化，在项目运营过程中，政府付出最小的代价。

与BOT相比，PPP更注重政府与私人投资者的合作，强调让政府多层次、多环节地参与到项目中去。在PPP项目中，政府并不是把项目的责任全部转移给私人投资者，而是根据政府及私人投资者各自的特点，充分发挥各自的特长。这种政府与私人投资者的合作不仅有利于减少政府与私人投资者双方的风险，而且有助于保持基础设施的公益性质，因而近年来广受欢迎。

PPP在我国逐渐在公共工程中使用。我国首次运用PPP的项目是北京地铁四号线。之后，深圳地铁四号线也采用了PPP。另外，在公共体育设施方面，我国也采用PPP，典型的例子是为2008年奥运会所修建的国家体育场（鸟巢）项目。在该项目中，中信集团联合体与北京市国有资产经营有限责任公司共同组建项目公司，作为国家体育场的项目法人，负责国家体育场的设计、投融资、建设、运营及移交。项目公司获得2008年奥运会后30年的国家体育场经营权。占国家体育场总投资58%的资金由北京市政府提供，委托北京市国有资产经营有限责任公司作为出资代表，注入项目公司。政府出资以外的投资则由项目公司进行融资。

2. PPP的优势

PPP的最大优势在于能够充分发挥政府和私人投资者各自的优势，即把政府的社会责任、远景规划、协调能力与私人投资者的创业精神、民间资金和管理效率结合到一起。PPP的主要优势如下：

（1）有利于避免费用超支，提高工程效率。

由于公私双方共同参与项目，因此PPP有利于提高工程效率，降低工程造价，消除项目完工风险和资金风险。

（2）有利于转换政府职能，减轻财政负担。

政府在提供公共物品的过程中，可以由原先的提供者变成一个监管者。在项目开展过程中，资金由金融机构提供，减轻了政府的财政负担，同时，政府又具有监控权，保证了公共项目的公益性。

（3）政府和私人投资者发挥各自的优势。

与单纯的BOT项目相比，政府可以配合为项目寻找资金，提供必要的担保，这些都有利于私人投资者又好又快地开展项目，而私人投资者具有政府所不具备的专业优势、成本优势和效率优势。双方的结合可以达到社会资源的最优化组合。

（4）适用于非营利性项目。

在BOT中，私人投资者对所参与的基础设施项目有较高的盈利性要求，在特许经营期内如果不能盈利，项目公司和项目发起人将蒙受损失。而在PPP中，通过政府的参与，采用投资入股、项目赎回、补贴等多种方式，保证了私人投资者的盈利性，从而使该模式可以适用于道路、铁路、机场、医院、学校、监狱、城市各项市政公用事业等。

3. 运作程序

PPP运作程序与BOT比较类似，都是典型的项目融资程序，具体包括选择项目合作公司、确定项目、成立项目公司、招投标和项目融资、项目建设、运营管理、项目移交等环节。

PPP与BOT两种模式的不同主要体现在项目前期。在PPP中，私人投资者从项目论证阶段就开始参与项目，而在BOT中，私人投资者从项目招投标阶段才开始参与项目。

PPP的运作程序示意图如图7-4所示。

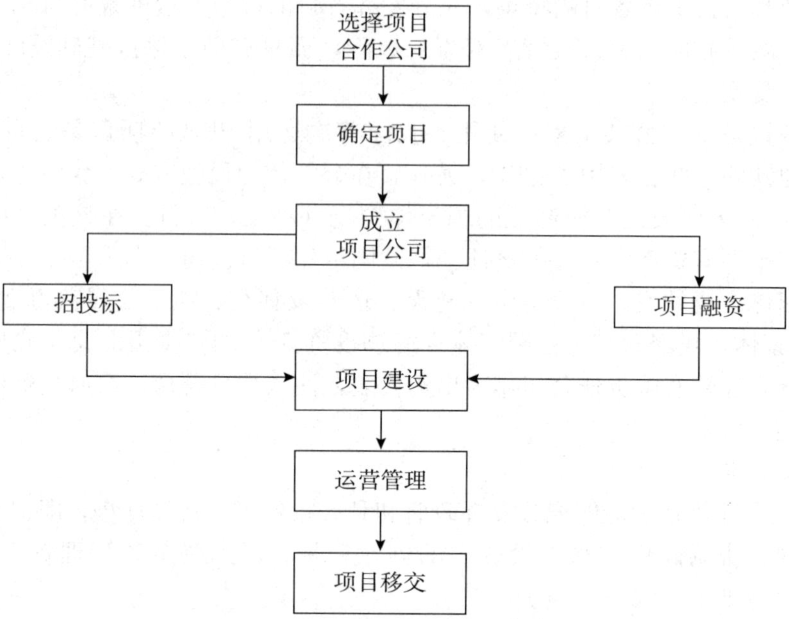

图7-4　PPP的运作程序示意图

案例7-4

市污水处理项目PPP融资

在有效信贷需求不足、贷款投放乏力的大背景下，银行及非银行金融机构均积极探索新的金融服务模式和利润增长点，PPP热潮恰好为其提供了难得的商业机遇。

某市位于中部某省，发展迅速，经济建设步伐加快，但随之而来的政府债务也在不断积累，制约了该市基础设施的有效供给和经济的进一步发展。因此，该市政府决定将部分需求稳定、预期收益可靠的存量市政和基础设施项目以PPP让渡给社会资本，后者通过适当的改扩建，进一步提高基础设施供给效率并赚取可靠收益。同时，通过盘活存量资产，政府可以实现用更少的资金撬动更多的社会资本参与市政和基础设施建设，促进经济长期稳定发展的目的。某污水处理项目即是该市首批转让项目之一。

一、项目进展介绍

由于该项目启动时，尚未有明确的物有所值评价和财政承受能力评价要求，因此，政府聘请咨询公司对其是否采用PPP进行了必要性、可行性论证，在此基础上，以下工作有序进行：

（1）启动股权招商工作。2013年9月24日下午，市政府召开国有资产管理工作会议，同意开展污水处理厂股权招商工作，由市政府指定的城市投资公司（以下简称“城投公司”）与社会资本组建某污水处理厂（以下简称“项目公司”），以负责项目融资、改扩建、运营及移交工作。

(2) 完成项目方案编制及财务测算。2014 年 5 月 23 日，市政府委托某咨询公司负责编制项目方案。这项工作对整个项目准备、谈判、融资及执行都起到重要的指导作用。

(3) 公开招标。2014 年 10 月 29 日，市住建局委托某招标代理公司编制并发布了《某污水处理厂特许经营项目招标公告》，共有 3 家公司参与竞标。2014 年 11 月 18 日，开标确定了第一中标候选人某集团有限公司。

(4) 开展合同谈判。2014 年 11 月下旬，与第一中标候选人某集团有限公司进行了 3 轮谈判，确定关键合同条款。

(5) 组建项目公司及签署 PPP 相关协议。2015 年 3 月 6 日，项目公司双方股东举行《合营合同》《资产权益转让协议》《污水处理服务协议》《特许经营协议》等协议签订仪式，开展项目公司筹备工作。

(6) 资产转让、资金支付。社会资本及项目公司申请银行贷款用于资产转让款的支付，完成支付后进行资产转让。

(7) 项目移交工作。2015 年 5 月，项目资产转让给项目公司，未来 30 年内由项目公司负责污水处理厂的运营、维护及最后的移交工作。

二、项目交易结构

该项目资产权益转让价款为人民币 1 亿元。根据《合营合同》，项目公司的注册资本为 5 000 万元，其中城投公司以现金出资 1 000 万元，占 20%；社会资本以现金出资 4 000 万元，占 80%。经营期限为 30 年，与特许经营期一致，并随特许经营期期满而终止。在协议生效之日起 3 年内，任何股东不得转让股权。项目交易结构如图 7－5 所示。

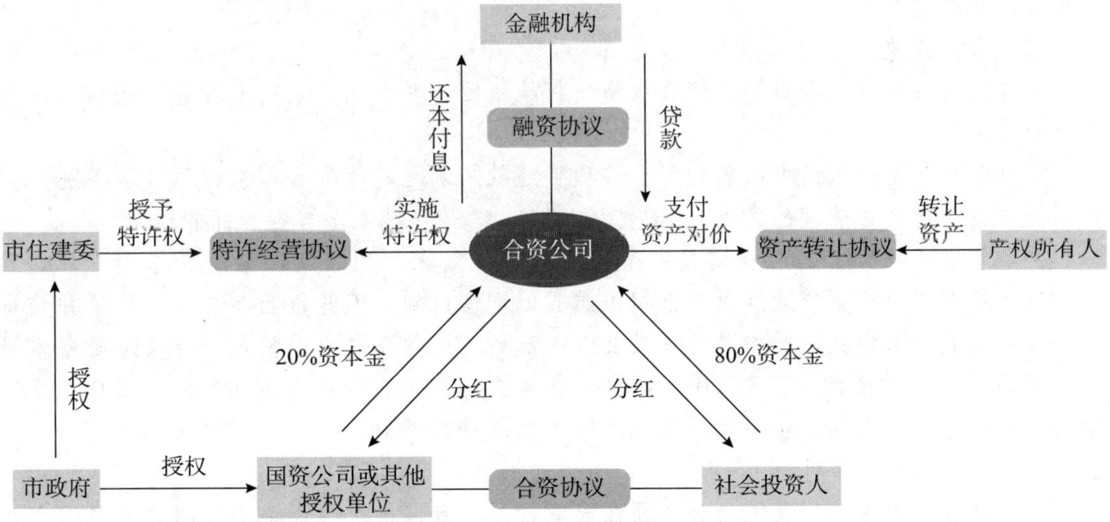

图 7－5 项目交易结构

三、项目融资方案

1. 总投资估算

项目总投资 1 亿元，其中粗格栅及进水泵房 4 326 万元，细格栅及旋流沉砂池 2 345

万元，污泥处理系统 1 890 万元，鼓风机房及尾水排放系统 1 439 万元。项目公司注册资本为 5 000 万元，另外 5 000 万元通过银行贷款等负债资金解决。经测算，该项目税后内部收益率为 7.19%，财务净现值为 177 万元，动态投资回收期为 28.34 年，项目收益稳定、合理。

2. 融资方案

（1）融资安排方案。

三家银行通过尽职调查、贷款审查，最终确定的方案为：以银团贷款方式提供不超过 7 000 万元的贷款（三家银行贷款比例为 4∶3∶3），包含为社会资本提供的 5 年期、2 000 万元、基准利率的并购贷款和为项目公司提供的 15 年期、5 000 万元、基准利率下浮 10% 的固定资产贷款（项目贷款），项目公司可在不超过 5 000 万元信用总额度内办理不超过 500 万元非融资性保函（履约保函等）。并购贷款本金由社会资本以自身经营收入按年等额偿还，项目公司固定资产贷款以某污水处理厂经营收入偿还。贷款按季结息，贷款再定价周期为按年。

工程建设期内可循环额度贷款。在项目贷款发放后，银团将逐年对项目公司进行评级和授信，并针对项目公司日常业务经营情况提供短期流动资金贷款，以满足日常经营和临时性需要。

低价、高效的结算服务。汇票、支票、本票等结算手续费在人民银行允许的范围内给予最大优惠；免收支票、本票、电子凭证等结算凭证工本费；对于跨系统资金汇划业务，代理行将按同业公会要求最低费率收取汇划手续费；为保证项目资金专款专用，代理行协助项目公司利用结算网络和资金监控经验，对企业支付给施工单位的资金进行延伸监控，以保证项目建设顺利进行。

（2）增信措施。

特许经营权质押。项目特许经营权需质押给银团，并办理合法的质押登记手续，质押率不超过 70%。

还款资金支出纳入地方政府预算。该项目还款来源为财政资金，须按照《国务院关于加强地方政府性债务管理的意见》（国发〔2014〕43 号）纳入全口径预算管理。

并购贷款＋项目贷款组合模式产生的隐形担保效果。项目实际融资需求为 7 000 万元，项目股东不为项目贷款提供保证担保或其他增信措施，因此银团参与行设计了并购贷款＋项目贷款组合模式，其中并购贷款 2 000 万元，社会资本为借款人，将以注册资本投入项目公司。这样既满足了 7 000 万元的融资需求，同时使社会资本实际上为 2 000 万元融资承担直接还款责任，在一定程度上降低了整体贷款风险。

（3）融资限制性条件。

专户监管。项目公司及城投公司须在代理行开立专户，财政资金支付的该项目污水处理费全部归集到城投公司专户，城投公司支付的购买服务费收入及时进入项目公司专户接受监管并按计划归还银团贷款。

后续项目优先介入权。贷款期间，如果社会资本或城投公司在某市拓展新建项目，银团参加行有优先合作权。

项目公司及股东承诺。贷款存续期内，项目公司股权及资产不能质押（抵押）给除了银团之外的第三方；除非经银团一致同意或提前偿还全部贷款，项目公司不能新增融资。

3. 项目启示

该项目的融资全部到位，项目进展顺利，2016年下半年已经全部完工。项目运营正常，付费及时。此案例对社会资本参与PPP项目有如下启示：

(1) 设计完整详尽的项目方案至关重要。该市政府在项目初始阶段聘请专业的咨询公司对项目运作全过程进行论证分析，充分考虑到各个环节及细节，设计了完整的项目方案和操作细则。在具体实施时以项目方案为指导，咨询公司配合项目主导机构——某市住建局开展各项工作，充分与参与机构进行协商，确定最终方案，这是项目成功实施的关键因素之一。目前国家大力推行PPP，但是各参与机构特别是地方政府缺乏相关经验，能力不足，项目推进困难重重，聘请专业的咨询公司开展全程专业服务或是解决这一难题的有效方式。

(2) 融资方提前介入谈判有助于推进项目并控制风险。对于PPP项目而言，融资是关键环节。社会资本直接投入往往有限，需要金融资本以各种方式参与到项目中来，包括股权形式和债权形式。PPP项目周期长、投资大、风险高，金融机构一般较为审慎，因此邀请融资方提前介入项目，参与项目方案设计和融资谈判，可以使融资方充分识别和管理融资风险，有利于项目融资。同时，融资方的深度参与也能够进一步完善项目实施方案，从整体上降低项目风险。

(3) 政府与社会资本密切配合，有利于提高融资可获得性。对于PPP项目而言，融资不只是社会资本的职责。一方面，政府最终承担向公众提供基础设施的职责，而融资的难易决定了项目的成败，因此配合社会资本融资也是政府的应尽职责。另一方面，政府的积极参与可给融资方以信心，起到“隐形担保”之功，提高融资便利性，降低融资成本。在该项目中，政府城投公司和社会资本积极邀请双方长期战略合作银行参与投标，营造竞争氛围，优选融资方案，是项目融资成功的关键因素。

(4) 设计精巧的融资方案有利于降低融资风险。该项目采用银团贷款方式，提高了融资方谈判话语权，有利于分散融资风险。同时考虑到城投公司和社会资本不提供直接担保的现实问题，贷款银团设计了并购贷款+项目贷款组合模式，巧妙地将部分融资风险转移到社会资本，在一定程度上降低了融资风险。

(5) PPP的“合作”内涵应延伸到融资方。PPP强调政府与社会资本合作，这里的社会资本不仅包括专业投资者如建筑商、材料或设备供应商，也包括财务投资者如保险公司、产业资金等，还应该包括融资方如银行、信托、基金等。PPP所指合作应该是广义上的合作，是项目各参与主体基于共同而有区别的目标所采取的通力合作，各主体平等参与、充分协商，实现风险的合理分配，促进项目顺利实施。

7.3.4 PFI模式

PFI (private finance initiative) 模式是在1992年由英国政府首先提出的，PFI的英文原意为“私人融资活动”，在我国被译为“民间主动融资”或“私人主动融资”，PFI模式强调获得私人在项目中的主动性和主导性，政府采用PFI模式的目的在于获得有效的服务，而并非旨在获得最终的基础设施和公共服务的所有权。

PFI 是一种将政府采购公共服务与外包相结合的形式，通过这种形式，私人部门按照公共部门详细规定的内容提供公共设施项目，公共部门在一定期限内按照协议向私人部门购买公共服务，一旦协议到期，根据预先的约定，私人部门可以拥有该项目资产，或者将项目资产移交给公共部门。

PFI 在英国主要有三种形式，分别是设计—施工—融资—运行（design-build-finance-operate，DBFO）、合资和独立融资，它的概念范围要小于 PPP。

PFI 项目比较多样，大的项目可能来自国家重点领域，如国防部军事飞行培训计划、机场服务支持等；小的项目可能来自公共服务设施，如教育或民用建筑物、警察局、医院、能源管理或公路照明，甚至包括监狱。PFI 模式重在由私人部门提供服务的过程。

思考题

1. 项目融资的产生背景是什么？项目融资的概念是什么？项目融资具有什么特征？
2. 项目融资一般适用于什么范围？试举例说明。
3. 项目融资的主要参与者有哪些？请说明参与各方的情况。
4. 试举例分析 BOT 模式的优势和劣势。BOT 的变化形式有什么？
5. 什么是 PPP？试比较 PPP 与 BOT 两种项目融资模式。

第 8 章 风险投资业务

本章提要

本章主要介绍了风险投资的概念、特点和功能，描述了国际风险投资和我国风险投资的发展历程，阐述了风险投资的运作流程，以及风险投资基金、天使投资和私募基金的区别。

重点与难点

1. 风险投资的定义、特点。
2. 风险投资的功能。
3. 风险投资的发展历程。
4. 风险投资的运作流程。
5. 风险投资的退出机制。

8.1 风险投资概述

风险投资起源于 19 世纪末期的美国，当时美国一些私人银行通过对钢铁、石油和铁路等新兴行业进行投资获得了丰厚的回报。1946 年，美国哈佛大学教授乔治·多里奥(Georges Doriot) 等人成立了第一家具有现代意义的风险投资公司——美国研究与发展公司，从而开创了现代风险投资业的先河。通过 70 多年的发展，美国已成为当今世界上风险投资最为发达、相关法律制度最为完备的国家。

风险投资在 20 世纪 50 年代以前的发展比较缓慢，真正兴起是从 20 世纪 70 年代后半期开始的。1973 年伴随着大量小型合伙制风险投资公司的出现，美国风险投资协会宣告成立，为美国风险投资业的蓬勃发展注入了新的活力。同时，这一时期计算机、生命科学等高科技领域的快速发展引发了对风险投资的巨大需求，并且证券市场的持续繁荣也营造了有利于风险投资行业发展的有利环境。风险投资在经历了 20 世纪 80 年代短暂的低迷之后，由于 90 年代信息网络、生物工程、医疗卫生等行业的蓬勃发展，呈现出极大的活力，得到了持续的增长，特别是纳斯达克市场的引入，给风险投资的退出提供了良好的渠道。美国许多著名的高科技企业如微软、英特尔、苹果、雅虎、亚马逊等在发展的初期都有风险资本的扶持，风险投资为这些企业的超常规发展提供了巨大的推动力。

风险投资是将高新技术和资本融合在一起的金融创新，风险投资促进了科技创新体系的建立和完善，促进了产业结构和经济结构的调整，完善了企业融资体系，优化了资本配置，提供了大量的就业机会，增加了国民财富。风险投资的重要作用已经被人们所普遍认同。

8.1.1 风险投资概念

风险投资（venture capital，以下简称 VC）又称创业投资，广义的风险投资泛指一切具有高风险、高潜在收益的投资；狭义的风险投资是指以高新技术为基础，生产与经营技术密集型产品的投资。根据美国风险投资协会的定义，风险投资是由职业金融家投入新兴的、迅速发展的、具有巨大竞争潜力的企业中的一种权益资本。风险投资的内涵不仅是创业资金，本质上是对高新技术产业化的支持系统，是科研、创业和金融的有机结合。

风险投资根据组织程度的不同可以划分为三种形态：①个人分散性的风险投资，又称天使投资，此类投资由个人分散地将资金投资于创业企业，或者通过律师、会计师等非职业性投资中介将资金投资于创业企业，这类投资始于 19 世纪末。②非专业管理的机构性风险投资，一些控股公司、保险公司等非专门从事风险投资的机构，以其部分资本投资于创业企业，这类投资始于 20 世纪前叶。③专业化和结构化管理的风险投资，即所谓的风险投资基金，它与前两类风险投资的本质区别是，风险投资基金是由专业化的风险投资经营机构管理，基金规模大，可以开展多元化投资分散风险，提高了基金的运作效率。

案例 8-1

IDG 资本

IDG 资本自 1993 年起率先在中国开展风险投资业务。多年来，IDG 资本始终追求长期价值投资，与来自世界各地多样化的投资伙伴保持长期亲密的合作关系。IDG 资本在风险投资、私募股权和并购领域均积累了丰富的投资经验，重点关注消费品、连锁服务、互联网及无线应用、新媒体、教育、医疗健康、新能源、先进制造等领域，投资覆盖初创期、成长期、成熟期等各个阶段。

IDG 资本在风险投资、私募股权和并购领域均积累了丰富的投资经验。IDG 资本拥有业界最完整、经验最丰富的专业团队之一。团队成员具有多元化的行业背景以及全球化的投资视角和资源，教育及工作背景覆盖技术、市场、财务、法律、管理咨询、投资银行等多个行业。除为企业发展提供资金以外，IDG资本还在品牌建设、市场营销、渠道拓展、人才引进、财务管理、全球扩张等多方面为企业提供专业支持、经验和资源，帮助被投企业实现长足发展。IDG资本对处在不同发展时期公司的不同需求了如指掌，这使得它可以广泛涉猎初创期、成长期、成熟期等各个阶段的投资。得益于多年积累的深刻洞察和成功经验，IDG资本能够在经历市场波动乃至危机时仍然保持出色的投资业绩，帮助被投资企业取得成功。

案例8-2

红杉资本

红杉资本（Sequoia Capital）于1972年在美国硅谷成立。红杉资本作为第一个机构投资者，投资了苹果、谷歌、雅虎等众多创新型公司。2019年11月16日，胡润研究院发布《2019胡润全球独角兽活跃投资机构百强榜》，红杉资本排在第1位。红杉资本在美国、中国、印度三个国家设有本地化的基金。

红杉资本始终致力于帮助创业者成就基业长青的公司，为成员企业带来全球资源和历史经验。红杉资本中国基金是2005年9月由沈南鹏与红杉资本共同创办。红杉资本中国基金作为创业者背后的创业者，专注于科技/传媒、医疗健康、消费品/服务、工业科技四个方向的投资机遇。红杉资本中国基金的投资对象包括京东商城、阿里巴巴、蚂蚁金服、京东金融、今日头条、饿了么、滴滴出行、爱奇艺、蔚来汽车、新浪等。

8.1.2 风险投资的特点

风险投资是由资金、技术、管理、专业人才和市场风险等要素组成的高风险投资活动，具备以下特点：

1. 多采取权益投资方式

风险投资多采取权益投资方式，例如风险投资基金采取私募的权益投资方式，较少涉及债权投资，主要通过非公开方式面向少数机构投资者或个人募资，这意味着风险投资基金是权益基金而不是借贷资金，其着眼点并不是投资对象短期的盈亏，而在于投资对象的发展前景和价值提升，以通过上市、并购和出售的方式获得高额收益。另外，私募形式使销售和赎回都是基金管理人通过私下与投资者协商进行，在投资方式上也是以私募形式进行，绝少涉及公开市场操作，一般无须披露交易细节。

2. 多关注新技术行业的创业企业和研发企业

选择投资对象时不仅基于企业的技术背景，而且还依靠创业者的管理能力，多关注新技术行业的创业企业和研发企业。

3. 投资期限相对较长

投资期限一般可达3～5年或更长，属于中长期投资。

4. 高风险、高收益

一般来说，每10项风险投资中，往往有2项是彻底失败的，损失全部投资；有3项是部分损失的，有 3 项是不盈不亏的，只有 2 项是能够成功的。不过一旦成功，其投资收益将会非常丰厚。

5. 参与管理型的投资方式

风险投资不仅向投资对象提供资金，而且还以其经验、知识和信息协助创业企业管理人员管理企业，在战略、财务、营销等方面提供增值服务。

风险投资与一般金融投资的区别如表 8－1 所示。

表 8－1　风险投资与一般金融投资的区别

	一般金融投资	风险投资
投资对象	成熟的传统企业，主要以大中型企业为主	新兴的、迅速发展的、具有巨大竞争潜力的企业，主要以中小企业为主
投资方式	主要采取贷款方式，需要按时偿还本息，所关心的是安全性	通常采取权益投资方式，所关注的是企业的发展前景
投资审查	以财务分析和物质保证为审查重点，有无偿还能力是关键	以技术实现的可能性为审查重点，对技术创新和市场前景的考察是关键
投资管理	对企业的运营有参考咨询作用，一般不介入企业决策系统，是借贷关系	参与企业的经营管理和决策，投资管理严密，是合作开发关系
投资收益	按贷款合同期限收回本息	风险共担，利润共享，企业若获得巨大发展，可转让股权收回投资
投资风险	风险较小，到期如收不回本息，除追究经营者责任外，所欠本息不能豁免	风险大，投资的大部分企业可能失败，但一旦成功，收益足以弥补全部亏损
人员素质	懂财务管理，不要求懂技术开发，可行性研究水平较低	懂技术、管理、金融和市场，能进行风险分析和控制，有较强的承受力
市场重点	现有成熟市场，易于预测	未来潜在市场，难以预测

8.1.3　风险投资的功能

风险投资对高新技术产业的发展具有强大的支撑作用。风险投资机构汇集了各方面的专家，包括金融专家、技术专家、财务专家、企业管理专家和法律专家等，可以适应项目评估、企业咨询和参与企业管理的需要。此外，风险投资机构以减少和分散风险为取向，通过严格的项目选择和项目执行过程管理，辅之以强化的技术和市场预测，这些都有助于减少企业的技术风险、市场风险和经营管理风险，从而降低高新技术产业化过程的风险损失，具体表现如下：

（1）风险投资机构大量吸纳社会余资，填补了高新技术产业化环节中巨大的资金缺口，对高新技术成果转化有着较强的催化作用。

（2）拥有庞大资金规模和丰富投资经验的风险投资机构能够弥补创业企业家在资本与管理方面的不足。

（3）风险投资有助于推动区域产业集群的形成和经济转型升级。例如，有大量风险资本活跃在美国硅谷。与此类似，英国剑桥高新技术产业集群的形成，除了剑桥地区拥有雄厚的教育和科研力量这个原因外，该地区比较成熟的风险投资机制也发挥了重要作用。剑桥高新技术产业集群的风险投资主要有三种类型：风险资本投资、公司风险投资和天使投资。这三种类型的风险投资形成互相补充的风险资金供给格局，拥有多层次的投资体系，满足了剑桥地区不同阶段创业企业的资金需求。

8.1.4 风险投资的发展历程

1. 国际风险投资的发展历程

风险投资是风险投资机构在目标企业创业发展初期投入风险资本，待其发育相对成熟后，通过市场退出机制将所投入的资本由股权形态转化为资金形态，以收回投资，同时取得高额风险收益的过程。

最早的风险投资出现在美国。1946 年世界上第一家风险投资公司美国研究与发展公司（ARD）成立。作为一家上市的封闭型投资公司，其成立的使命就是为新兴企业提供权益性启动资金，推动新兴企业的发展。

20 世纪 50 年代初期，风险投资还没有成为一个行业，只是有个别公司从事零星的投资业务。直到 1958 年，在美国政府的直接参与下，风险投资才真正发展成为一个行业。美国国会通过了旨在支持高科技企业发展的《小企业投资公司法》，政府对小企业投资公司提供低息贷款，并给予税收上的优惠。1958—1963 年，美国有 600 多家公司注册为小企业投资公司。

20 世纪 60 年代末，美国经济萧条，加上金融不景气和税制上的不足，使得风险投资行业的发展处于停滞状态，风险资本的规模明显减小。

20 世纪七八十年代，各种新技术大量涌现，半导体技术的迅速发展使得计算机得到广泛应用，风险投资机构从这些行业中获得了巨额利润，风险投资行业快速发展。

美国的风险投资领域已经形成了一个由风险资本家和各种中介机构主持的高效运作的市场。风险企业具有较强的市场意识，善于通过资本市场为自己的新产品、新技术寻求资金支持，同时，也通过市场中风险资本家的职业眼光检验自己的创新思想，保障创新企业能够健康、快速地发展。20 世纪 80 年代后期以来，风险投资在全球范围内蓬勃发展。目前，风险投资已经成为新兴金融产业的重要组成部分。

2. 我国风险投资的发展历程

风险投资在我国起步相对较晚，1985 年中国新技术创业投资公司的成立标志着中国风险投资行业的开始。虽然经过 30 多年的发展，我国的风险投资已经取得了一些成绩，并逐步为人们理解、被社会接受，但仍存在很多困难和问题。例如，我国的风险投资真正对高新技术企业的支持并不多，其主要投资对象是一些中小企业的“短、平、快”项目，项目技术层次较低，因此，它还不是典型意义上的风险投资；相对于高新技术产业化的巨大资金缺口而言，目前投资公司数量仍然较少，资金实力偏弱，能够得到投资公司资助的项目不多，投资公司影响力有限。为使风险投资真正成为扶植高新技术企业发展的金融杠杆，必须加快建立和完善中国的风险投资体制机制，例如，需要制定完善的法律体系，规范行业发展；设立引导基金扶持中小企业发展，为初创期企业提供所需的人才、资本及管理上的增值服务；鼓励风险投资人才的培养及引进，大幅缩小与国际在风险投资经验上的差距。总之，一旦高新技术与风险投资进行有机结合，就能极大地提高我国企业的科技水平和国际竞争力，使其掌握国际竞争的主动权。

8.2 风险投资的运作流程

风险投资的运作流程涉及的当事人一般包括风险资本投资者、风险资本运作方、风险企业三方当事人。

1. 风险资本投资者

风险资本投资者是风险资本供给方，可以是机构投资者、商业银行、投资银行、大型公司、个人或家族、政府等。其中，机构投资者可以是养老基金、保险公司、大学捐赠基金等。

2. 风险资本运作方

风险资本运作方是风险资本投资的决策方，是成熟的投资者，可以是天使投资人、风险投资基金、风险投资公司等。

3. 风险企业

风险企业是资本的需求方，是资本的注入标的，可以是生产企业、风险项目等。

风险投资的运作流程主要包括四个阶段：筹资阶段、项目筛选阶段、管理阶段和退出阶段，如图 8-1 所示。

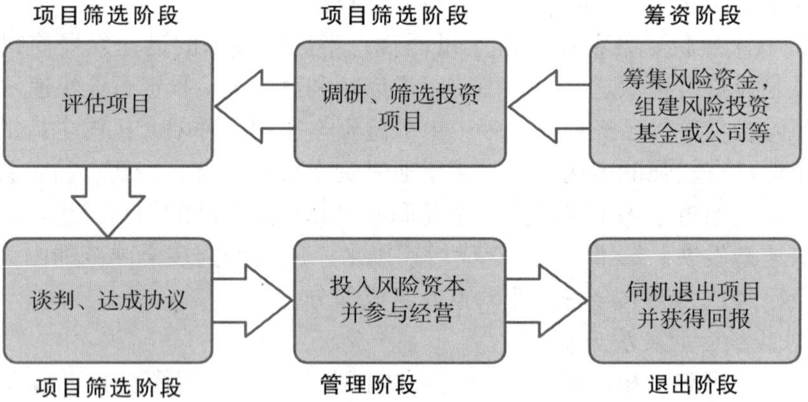

图 8-1 风险投资的运作流程图

8.2.1 筹资阶段

在本阶段，主要是要解决风险资金的筹集问题。

1. 机构投资者

机构投资者资金实力雄厚，而且具有长期投资的意愿和动机，在国外一直是风险投资资金的主要提供者。

养老基金是发达国家风险投资重要的资金来源。一般来说，养老基金的投资理念比较保守，一方面受养老基金经营者的低风险偏好的影响，另一方面受政府法规的约束，但是风险投资显现出的高获利能力还是吸引了投资者的注意，使养老基金成为风险投资资金的主要来源。但是风险投资资金在养老基金总额中的比例还是很低的，体现了养老基金经营者保守的理念和法规的约束。

2. 大型公司

大型公司的资金在美国的风险投资资金构成中占很大比例。大型公司介入风险投资有许多优点，例如通过内部的风险投资可以获得技术窗口和并购的候选目标，并且风险企业还可以获得大型企业营销、管理和技术等多方面的支持。大型公司参与风险投资主要是出于自身的战略目标考虑，为企业寻找新的增长点。

3. 私人投资者

风险投资中的私人投资者一般对风险投资认识较为深刻，是对风险较为偏好的群体。他们中的有些人自身就是负责风险投资的经理；有些是以前的创业家，曾受到风险投资的支持而从自己的企业中获得了巨大的收益。他们对某一领域的强烈兴趣和充分了解，使得他们希望用自己的资金投入同行业或相关行业的风险企业。个人和家庭也是发达国家风险投资资金的主要来源。

4. 银行

银行曾经是风险投资资金的重要来源，但是随着机构投资者进入风险投资市场，其重要性在逐渐下降。银行虽然是大量闲散资金的主要集中地，但是银行的谨慎特性使其不可能成为风险投资资金的主要提供者。

5. 政府（本国国家资本）

出于产业政策、宏观经济的考虑，政府会给予风险投资一定的扶持，包括直接投资、财政担保、低息贷款等。对于风险投资事业处于发展阶段而且风险资本严重不足的发展中国家而言，政府的支持是风险资本的重要组成部分。

6. 外国资本

从风险投资发展的伊始，风险投资就具有国际化的特点。发达国家在外资流入方面的优势吸引了大量的外国资本参与风险投资。随着经济全球化，发展中国家正吸引着越来越多的外国资本，美国的一些著名的风险投资公司也纷纷在中国等新兴市场设立机构，抢占市场。

8.2.2 项目筛选阶段

在募集完风险投资资金后，进入第二阶段，即项目筛选阶段。这个阶段主要是解决将钱投资到哪里去的问题。这个阶段主要进行项目的筛选、评价并作出决策。

选择投资项目是确保风险投资成功的最关键的步骤。投资什么样的项目或公司是风险投资者最为关心的问题，也是衡量投资者眼光和素质的重要指标。筛选项目的重要方法是建立多渠道的项目源，并形成充分的项目流。一般来说，风险投资者可以通过发布的项目指南或是风险投资网站的推荐等收集风险项目。

虽然风险投资者项目筛选标准各异，但一般来说，风险投资者要对投资规模、投资行业、投资时点、市场情况和管理水平等方面进行全面的综合分析。

1. 投资规模

考虑到培育投资对象都需要花费一定的时间和成本，风险投资基金一般不会大量投资小额的创业项目，同时，为了规避风险，一般也不会只投资于一两个创业企业。因此，风险投资基金一般都规定了对风险投资的最高和最低金额，其投资金额的大小取决于创业企业所处的行业和基金的规模。通常，风险投资基金把每个投资对象的投资规模控制在资本总额的10%左右，换句话说，平均每个基金投资于10个风险企业。对于超额而又值得投资的创业项目，风险投资基金会选择和其他基金一起进行联合投资。

2. 投资行业

风险投资基金的管理人员一般都是专业人员，不仅了解一些具体的行业情况，而且具备一定的投资经验，因此，一般会优先选择投资其所熟悉的行业以确保投资的专业性和安全性。同时，很多风险投资基金的限制性条款也禁止基金管理人员投资他们不熟悉的行业。

3. 投资时点

根据企业的发展周期理论，通常可以将创业企业的发展分为五个阶段：种子期、创立期、成长期、扩张期和获利期。风险投资可以参与创业企业的不同阶段，并且每个阶段所需要的资金的性质和规模都不同。创业企业在不同发展阶段具有不同的特征和对资本的需求。

（1）种子期。

在这一阶段，创业者只有一个创意，尚未创建企业，这个创意可以是一项技术，也可以是一种崭新的营销模式。在这个阶段，创业者需要寻找融资渠道，将创意转换成产品。这一阶段的创业投资的资金需求不高，资金主要用于证明某种想法或点子是否存在商业价值、是否值得进一步继续。

对于正处在此阶段的创业者而言，风险投资基金通常不会投资，投资一般由天使投资来完成。这一阶段的风险主要包括设计的产品无法生产或成本太高、产品开发延期、市场潜力不够或技术发展迅速使新产品很快被淘汰等。创业者在种子期的失败率很高，但是一旦成功，则可以获得丰厚的收益。

（2）创立期。

创业企业已经成立，但只有粗略的商业计划、处于初级阶段的产品和并不完善的创业团队。创业企业不但没有收入，而且还有开销。这一阶段的风险投资主要用于完成产品的开发、产品原型测试和市场检验。另外，创业企业还要进一步研究市场潜力、完善创业团队和修改商业计划。在这一阶段，创业企业面临的主要风险有产品性能不佳、管理不完善无法吸引人才、资金消耗过度、销售量不够、潜在竞争者率先占领市场等。

（3）成长期。

创业企业的产品或服务已经开始销售，数量有限的顾客开始使用产品或服务，营业费用逐渐增加，但是尚未盈利。在这一阶段，风险投资主要是完成产品的定型，着手实施拓展计划，大量的资金被用于扩张市场、扩充设备。由于很多创业者是技术人员出身，管理能力不够，在这一阶段应注意制造成本超支等财务控制失当所带来的风险。

（4）扩张期。

创业企业出售产品和提供服务，但是费用仍然大于收入。创业企业的生产、销售、服务已经成型，并且具备成功的基本条件。这一阶段的风险投资主要是用于组建创业企业的销售队伍、扩大生产线、增强研发后劲、进一步开拓市场。这一阶段的创业企业面临的风险有：管理不够规范、创业者无法适应扩大了的企业的规范运作、管理者流失、财务控制失当、预料之外的竞争者出现、市场增长率降低、公司上市受阻等。

（5）获利期。

创业企业开始盈利，经营管理趋于完善，产品有了较大的市场份额。在这一阶段，风险投资往往会继续向创业企业投入一些资金，开始包装美化企业，为风险投资退出做准备。

不同时期创业企业的情况对比，如表 8-2 所示。

表 8-2　不同时期创业企业的情况对比

阶段	种子期	创立期	成长期	扩张期	获利期
企业状态	概念、计划	生产、运作	销售	盈利	增速放缓
风险情况	极高	很高	高	一般	低
风险投资用途	开发、试产	市场营销	扩产促销	增长利润	上市、并购
投资年限	7～16 年	5～10 年	3～7 年	1～3 年	1～3 年
投资工具	自筹、天使投资	优先股	优先股、债权	普通股、债权	过渡性工具
预期收益率	＞60％	40％～60％	30％～50％	25％～40％	25％左右

4. 市场情况

任何一项高新技术或产品都需要以市场为基础，市场是高新技术产业化的保证，也是创业企业利润的保证。高新技术在满足先进性的同时还要满足实用性，这样才能符合市场的要求。

5. 管理水平

在选择创业投资对象时，需要主要考虑的一个因素是创业者素质，这比技术背景和市场前景更加重要。创业者素质包括：创业精神，能够全身心投入创业之中；开放、协作的团队精神；将创业成功看作是其生活的一部分而不仅仅是获得金钱的途径；独到的眼光，能捕捉到技术和市场的机会。一流团队加上二流产品会比二流团队加上一流产品更能吸引风险投资者的兴趣。

8.2.3　尽职调查

对筛选出的投资项目进行尽职调查的具体做法是由专门的调查小组在商业计划、市场、财务等方面对投资项目进行详细的分析，并决定是否投资。有时，调查小组还将与其他雇员、利益相关方、信用机构和行业协会进行接触。调查小组深入取证、详细分析并实地考察企业，根据调查的结论对风险企业进行估价。估价的方法有很多，主要结合风险、收益和现金流等方面进行测算。

8.2.4　风险投资工具的选择和合同设计

风险投资公司在作出投资决定后，便开展风险投资方案的构造工作，这时会与创业企业协商签订一系列合同，主要涉及投资额、融资工具的类型、管理层的保证和声明等。

1. 选择风险投资工具

（1）债券。

普通债券是一种纯债务式投资工具，体现一种借贷关系，是一种债券凭证而不是所有权凭证。对于风险投资基金而言，债券的优点是收益稳定，并且在创业企业进行破产清算时有很高级别的求偿权，但是债券的流动性差。同时，债券不能保证风险投资基金对创业企业有足够的控制权，不能参与创业企业的管理监督。所以，一般来说，债券一般是在创业企业发展较为成熟时使用，这时创业企业已经开始盈利，并且在创业企业的管理层希望保持大部分股权的情况下，风险投资基金可以考虑采用债券的形式进行投资。

（2）普通股。

普通股的优点在于能够享受企业市场价格上升的价值收益，有比较好的流动性，在创业企业发展的后期，尤其是当股市相当活跃时，创业企业上市的可能性比较大，风险投资者可以选用普通股来投资。但是普通股在企业资产中只有最低求偿权，资本保全的风险较大，缺少安全性。在缺乏保护条款和合理的治理结构安排的情况下，风险投资者一般会对普通股安排提出附加要求，例如要求创业者放弃更多的股权份额等，这些都会体现在最终的交易定价和股权结构安排上。

（3）优先股。

优先股同时具备普通股和债券的特点。相对于普通股而言，优先股通常享有盈余分配优先、剩余财产分配优先等特权，并且可以享有如同债券一样的固定比例股息，因此，优先股投资的风险小于普通股。但是在享受这些权利的同时，优先股股东也需要受到一些限制，例如放弃表决权。但是，在风险投资方案的设计中，风险投资者往往要求其所持的优先股具有表决权或者对某些特定行为有表决权，以满足对创业企业的控制。

（4）可转换债券。

可转换债券的持有者可以按照事先约定的条款在一定时期内按一定比例或价格将之转换成一定数量的发行人的股票。债权人可以在转换期内行使转换权，也可以放弃转换权。当企业经营不景气时，可转换债券的价值损失要小于股票，但转换成本一般高于直接购股成本。当企业经营理想时，风险投资可以选择将可转换债券以事先约定的条件转为普通股，还可能要求与普通股股东一样获得股息。

2. 风险投资中的合同设计

（1）反稀释条款。

该条款限制创业企业出售股票的价格和受让方，规定新股售价必须大于或等于风险投资公司的优先股和债券的转换价格。反稀释条款的目的在于确保风险投资公司的股权比例不因新投资而受到稀释。反稀释条款又分为棘轮型和加权型两种，前者规定债券或优先股转换为普通股的价格可以降至任何普通股的最低值，后者则是按所有发行在外的普通股的加权平均值来转换。

（2）业绩没收条款。

条款规定企业经营者如果不能达到预期的经营业绩，风险投资公司可以将其所持有的股权没收。被没收的股权将被转让给新的经营者。此类条款的目的在于鞭策经营团队，并防止创业者过于乐观。

（3）控制条款。

要求创业企业每年聘请国家承认的会计师事务所审计财务报表；风险投资公司有权任命经理人员；依据所持股份，风险投资公司还可将其一个或几个代理人纳入董事会；尽管只持有小部分股权，但重要决策须经风险投资公司同意。此类条款的目的是确保风险投资公司对风险企业拥有监督权。

（4）同业竞争限制。

限制创业者在未来若干年内从事相同行业。

（5）股东协议。

此类协议涉及股票出售和新发行股票的管理。它规定，股东出售股票时应先向企业及协议成员出售，企业新发行股票时应向当前股东按持股比例出售，以保证当前股东的股权不受稀释。

（6）信息披露。

在投入资金之前，风险投资公司要求创业企业披露财务状况及经营情况，提供证据证明企业状况佳、已纳税、遵守法律等。

（7）雇佣合约。

规定创业企业对创业者是一种雇佣关系。目的有：一是让风险投资公司在创业企业经营者的人选上保持一定的选择权，当发现企业成长、企业经营管理的要求变高，经营者不能胜任时，解除雇佣关系，聘用新的经营者；二是使企业保持稳定，不因经营者频繁变动而影响发展。

（8）退出条件。

风险投资者在投资时还会确定退出的时间、方式及价格等条件，以保证在企业经营不理想时及时抽身退出，在企业经营理想时获得高额收益，或者当企业有机会上市或者并购时可以优先退出。

8.2.5 管理阶段

风险投资者有别于传统金融机构的重要特征之一是风险投资者具有在投资之后介入创业企业经营管理的意愿和能力。风险投资者对被投资企业的监督是为了通过预测可能出现的问题并提供及时的决策信息来使自己的损失最小化和收益最大化。

风险投资者本身一般是企业管理的专家或与专家有着广泛的联系，能够在财务、营销方面对创业企业提供强有力的支持；另外，与金融机构的密切关系也为创业企业追加融资提供了来源。通常来说，创业者对自己的产品和服务有比较全面的了解，但是缺乏必要的市场推广能力和企业管理专长，而风险投资者在该领域积累了丰富的实践经验，风险投资者的介入和管理能够有效地降低风险，帮助创业企业发展壮大。风险投资者参与企业经营和管理的主要方式有：过程监控、业绩监控、逆境识别与诊断、危机处理和合同制约。

（1）过程监控是指风险投资者对创业企业生产经营的各个环节进行全过程的检测，例如参加董事会、查阅经营计划、查看设备资料、了解企业发展的经济环境和产业政策等。一般来说，首席风险投资者担任创业企业的董事长，影响、引导和控制董事会，发挥监督咨询的作用。

(2) 业绩监控是指利用风险投资者财务管理方面的特长，对财务报表进行严格的审查，强调报表的准确性、有效性和及时性，并根据财务报表进行敏感性分析以预测未来的风险和收益，控制费用支出等。

(3) 逆境识别与诊断是指风险投资者用特定的评价指标判断创业企业的具体经营环节是否发生逆境现象。风险投资者会根据已识别的各种逆境现象进行成因分析、过程分析和发展趋势的预测，分析哪些因素是主要的，哪些是次要的。

(4) 危机处理是指风险投资者在企业管理层已无法控制局势的时候撤换管理人员，执行特别计划来介入企业的经营活动。

(5) 合同制约是指风险投资者除了日常的生产经营活动外，还在合同中设立一些限制条款，限制创业者从事可能损害风险投资者利益的行为。如果创业者违反合同，则可能遭受处罚。

总之，风险投资并不是简单地对创业企业的资金投入，而是为其提供全方位的网络资源支持、后续融资支持、战略支持和管理支持，通过提供不同的资源影响企业创业导向的过程。风险投资者将自己的网络关系提供给被投企业，拓展了被投企业原有的社会网络，便于其获得更丰富的战略资源及开展创新合作。风险投资者凭借自己在金融界的人脉和资本运作技能，协助被投企业不断筹集后续资金，使其能够大胆地投入资金从事研发创新活动，敢于领先竞争者推出产品，并为促进创新的人力资源实践活动提供资金支持。此外，风险投资者通过参与企业的重大决策、协助企业进行战略规划，还可以发现创新机会和先动商机，提升高风险项目的评估准确性。风险投资者还帮助企业优化激励约束机制和组织结构，向创业者提供管理经验来提高企业的管理效能，增强企业的创新实力和动力。

8.2.6 退出阶段

风险投资之所以敢冒高风险，目的在于追求高额收益。风险投资与普通资本市场投资的很大不同在于：普通资本市场投资主要通过分红派息和股价变动来获得收益，风险投资则更侧重于以股份增值作为收益手段。风险投资为了防止资金被锁定，一般在契约条款中意向性规定有资金的退出时间和方式。风险投资的退出方式主要包括首次公开发行、出售、清算或破产。

1. 首次公开发行

在美国，首次公开发行是风险投资最常用的退出方式之一。它是风险投资安全退出、取得预期收益的理想方式。风险投资通过首次公开发行而退出获益有着令人骄傲的历史记录。例如，苹果公司首次公开发行使老股东获得了 235 倍的收益。风险投资通过首次公开发行方式退出得到的投资收益最高，往往是投资额的几倍甚至几十倍。对创业企业而言，首次公开发行使企业获得了大量的现金流入，增强了流动性，提高了自身的知名度，便于进一步融资。创业企业的管理层也很欢迎首次公开发行，因为这种方式保持了企业的独立性，创业者的控制权一般不会发生转移，创业者的股权也可以在市场上得到套现。

不过，首次公开发行退出方式也存在一些缺点。为了保护中小股东利益和稳定股价，风险投资者在创业企业上市时不能立即出售其所拥有的股份，在大多数情况下，首次公开发行后风险投资者（普通合伙人）仍要参与创业企业的管理，直至股票出售。尽管如此，在首次公开发行后继续持有股票并非无利可图，首次公开发行之后投资价值有时仍然是稳步上升的。此外，通过首次公开发行退出的费用往往很高，必须满足首次公开发行的严格要求，因此这限制了一些创业企业的首次公开发行。

值得注意的是，在此阶段容易产生逆向选择问题。外部投资者缺少必要的信息和相关的专业知识，因此在评价选择风险投资者所投资的创业企业时面临严重的信息不对称问题。风险投资者掌握着更多有关创业企业的信息，可能利用信息上的不对称优势而采取损害外部投资者利益的行为，可能导致逆向选择问题。也因为这种信息的不对称性以及风险投资者能力的不确定性而产生了不同的讨论。一部分学者的研究认为，风险投资者分两次投资风险企业能够在一定程度上克服逆向选择；还有一部分学者关注的重点则是风险投资合同订立及治理机制，他们认为不同风险投资者对创业企业的控制权及剩余索取权的关注程度不同，应动态地分析风险投资者的激励和监督来解决风险投资退出过程中的逆向选择问题。

2. 出售

考虑到风险投资者在股票首次公开发行后尚需一段时间才能完全从创业企业中退出，那些不愿意受到首次公开发行的种种约束的风险投资者可以选择以出售的方式退出。

出售包括一般并购、二级出售和股票回购等。一般并购主要是指公司间的兼并与收购，即将创业企业出售给相关行业的企业。二级出售是指由风险投资者单方面将所持有的创业企业股份卖给另一个风险投资者。股票回购是指当创业企业进入稳定发展期时，创业企业希望由自己控制企业，会要求风险投资者把股份卖给自己。这里最重要的是所谓的一般并购。但是公司管理层并不欢迎一般并购这种方式，因为创业企业一旦被一家大公司并购就不能保持其独立性，可能失去控制权，公司管理层的地位将受到影响。对于风险投资者和有限合伙人来说，出售是有吸引力的，因为这种方式可以立即收回现金或可流通证券，也使得风险投资者可以立即从创业公司中完全退出。出售的获利虽然不如上市，但它时间短、费用少、操作简便，可以一次性全部撤出资金，适合各种规模类型的企业，是一个经常被采用的退出方式。

3. 清算或破产

有很大部分的风险投资不成功，风险投资的巨大风险反映在高比例的投资失败上。越是早期阶段的风险投资，失败的比例越高。因此，对于风险投资者来说，一旦确认创业企业失去了发展的可能或者成长太慢，不能给予预期的高收益，就要果断地撤出，将能收回的资金用于下一个投资循环。清算或破产的退出方式是痛苦的，但是在很多情况下是必须果断采取的方案。风险投资者要理性地承认失败，果断行动、立即退出，不可动作迟缓。风险投资者投资于糟糕的项目并不可怕，可怕的是知道糟糕后仍然执迷不悟，越陷越深。投资失败的必然结果便是创业企业清算或破产，风险投资者承担很大程度的损失。

案例8-3

高瓴资本

1972年，张磊出生在河南驻马店一个双职工家庭。1990年，他考入中国人民大学财政金融系；1998年赴美国留学，在耶鲁大学获得工商管理硕士及国际关系硕士学位。

创立高瓴资本前，张磊已是纽约证券交易所首任中国首席代表，与妻儿定居美国，过着令人艳羡的中产生活。但是随着中国经济正式进入发展的快车道，国内财富机会丛生，张磊坐不住了。2005 年，张磊和 4 个创业伙伴共同创立高瓴资本，该名字取自“高屋建瓴”。从名字上来看，张磊对高瓴资本的未来充满信心。耶鲁大学校友基金的 2 000 万美元成为高瓴资本的启动资金。主导这笔大学投资的不是别人，正是张磊在耶鲁大学深造时的恩师、耶鲁大学首席投资官大卫·史文森（David Swensen）。史文森对投资机构的发展产生了十分深远的影响，在国际市场上是可以与巴菲特齐名的泰斗级人物。在史文森的领导下，耶鲁大学投资办公室成为机构投资者人才的诞生地，从这里走出了众多大学捐赠基金管理人和投资机构首席投资官。史文森的信任当然也换来了丰厚的收益。张磊在《价值》一书中透露，截至 2020 年 4 月，高瓴资本已经为耶鲁大学累计获得 24 亿美元的投资收益。

基金的第一笔钱和投资者非常重要，它为高瓴资本带来了绝大多数基金难以想象的信誉背书。校友社交显然对张磊也大有裨益，张磊的很多同学、同事如今在美国的各大捐赠基金任职。高瓴资本美元基金的资金主要来自全球性机构投资者，包括全球顶尖大学的捐赠基金、主权财富基金、养老基金及家族基金等。

VC 基金和 PE 基金源起于美国，张磊在美国接受过正规的学习和历练。20 世纪 90 年代，国内经济快速发展，但是中国本土投资思维又非常有限。所以，张磊等人就成了中国本土投资者中最懂玩法，而在高级玩家中最懂棋局的存在。2010 年，京东启动线下物流体系建设，急需 7 500 万美元的资金支持，张磊却投入了 3 亿美元供其拓展尝试。此外，张磊动用了庞大的高瓴系资源来帮助京东跨界经营以实现迅速转型。

高瓴资本在被投企业之间的角色很像是一名班主任，安排 A 与 B 之间互帮互助，帮助“差生”获得各学科“优等生”的专项辅导，然后在保证个别人突出的情况下带领整个班级突破。高瓴资本将一次次教科书级的成功案例归结于研究驱动，但正确的解读或许与产业研究背景的合伙人有关。

2017 年前后，一些具有多年实操经验的顶级经理人加入高瓴资本，为高瓴资本增色不少，带领高瓴资本完成百丽私有化后，又剑指格力电器、百胜中国等，以及新瑞鹏集团等一系列宠物机构的整合。高瓴资本撮合京东和腾讯电商的合并、推动优步和滴滴的合并以及京东联合腾讯投资唯品会等项目，高瓴资本以参与者的身份贯穿始终，与企业的深度绑定关系也愈加紧密。直到现在，张磊经常会参与腾讯的高层会议，在战略部署上给出一些建议。

从成立起，高瓴资本就花费了大量心力和时间在二级市场游弋、铺垫，腾讯、格力电器、美的集团等企业为高瓴资本带来的不仅是财务收益，还有撬动更多资源的砝码。高瓴资本与很多顶级项目深度绑定的最显而易见的好处是在相关项目上获得最早入局的机会。作为投资界的另类存在，高瓴资本的投资领域横跨天使投资、VC 基金、PE 基金和二级证券市场，在阶段和范围上有很强的自由度。在高瓴资本内部，根据备选企业所处阶段不同，一、二级市场是相互独立的板块。按照事业部制原理，两个部门投研团队完全独立，禁止信息交流，但是会产生一、二级联动效应。2020 年 2 月，高瓴资本将创投部门剥离，成立专注于早期创业企业的高瓴创投。据统计，截至 2020 年底，高瓴创投已投资了 32 个项目，领投项目 19 个，主要聚焦医疗、教育和企业服务领域。

8.3 风险投资基金、天使投资和私募股权基金

8.3.1 风险投资基金概述

1. 风险投资基金的概念

风险投资基金，又叫创业基金，是当今世界上广泛流行的一种新型投资机构。它以一定的方式吸收机构和个人的资金，投向那些不具备上市资格的中小企业和新兴企业，尤其是高新技术企业。

风险投资基金无须资产抵押担保，手续相对简单。它的经营方针是在高风险中追求高收益。风险投资基金多以股份的形式参与投资，其目的就是帮助所投资的企业尽快成熟，取得上市资格，从而使资本增值。一旦公司股票上市，风险投资基金就可以通过证券市场转让股权而收回资金，继续投向其他风险企业。

风险投资基金是一种专家理财、集合投资、风险分散的现代投资机制。对于创业企业而言，通过风险投资基金融资不仅没有债务负担，还可以得到专家的建议，扩大广告效应，加速上市进程。特别是对于高新技术产业来说，风险投资基金通过专家理财和集合投资，降低了由于投资周期长而带来的产业风险，使高新技术产业的高风险和高收益得到有效平衡，从而为产业的发展提供足够稳定的资金供给。此外，风险投资基金也可以从较高的规模经济效益与成功的投资运作中获取丰厚的投资收益。

风险投资基金是风险投资的一种形式，投资银行是经营管理风险投资的专业机构，投资银行参与风险投资基金的方式有两种：其一，作为创业基金的中介服务机构，主要业务是为风险投资基金提供融资服务，负责出售风险投资基金，或者作为第三方监管风险投资基金的经营管理；其二，投资银行自行发起成立风险投资基金，直接参与风险投资业务。

2. 风险投资基金的发行

在一些风险投资较为发达的国家，风险投资基金主要有两种发行方法：

一种是私募的公司风险投资基金，通常由风险投资公司发起，出资1%左右，风险投资公司称为普通合伙人，其余99%的资金由企业或机构投资者出资，它们称为有限合伙人，同股份有限公司股东一样，只承担有限责任。普通合伙人的责权利基本上是这样规定的：一是以其人才全权负责基金的使用、经营和管理；二是每年从基金经营收入中提取相当于基金总额2%左右的管理费；三是基本期限一般为15～20年，期满解散而收益倍增时，普通合伙人可以从收益中分得20%，其余出资者分得80%。

另一种是向社会投资者公开募集并上市流通的风险投资基金，其目的是支持高新技术产业，进行高风险投资，获得高收益。这类基金相当于产业投资基金，是封闭型的，上市时可以自由转让。

8.3.2 天使投资

1. 天使投资的概念

天使投资是权益投资的一种形式，是指具有一定净财富的人士，对具有巨大发展潜力

的高风险的创业企业进行的早期直接投资，属于自发而又分散的民间投资方式。

“天使投资”一词起源于纽约百老汇的演出捐助。“天使”这个词被百老汇的内部人员用来形容百老汇演出的富有的捐助者，他们为了创作演出进行了高风险的投资。天使投资是风险投资基金的先锋。当创业设想还停留在创业者的笔记本上或脑海中时，风险投资基金很难眷顾它们。此时，一些个体投资者如同双肩插上翅膀的天使，飞来飞去为这些企业“接生”。投资专家有个比喻，好比对一个学生投资，风险投资基金着眼于大学生，机构投资者青睐中学生，而天使投资则会培育处于萌芽阶段的小学生。

以谷歌为例，当谢尔盖·布林（Sergey Brin）和拉里·佩奇（Larry Page）仅有谷歌的公司创意，公司还没有成立的时候，就得到了天使投资人安迪·贝托尔斯海姆（Andy Bechtolsheim）提供的10万美元的支票。

2. 天使投资人

天使投资人又称投资天使、创业天使、商业天使等，是指进行天使投资的人士。那些用于投资的资本被称为天使资本。

天使投资人可以分为富有的个体投资者、家族型投资者、天使投资联合体、合伙人投资者等。从天使投资人的背景来划分，天使投资人可以分为管理型投资者、辅助型投资者、获利型投资者等。

美国的天使投资已经有很长的历史，天使投资的资金总量很大，而且天使投资支持的创业企业数量比风险投资基金支持的创业企业数量多很多。虽然美国有十分发达的风险投资基金市场，但绝大部分投资于种子期的资金并非来自风险投资基金，而是来自天使投资人。很多商业巨头，如贝尔电话公司、福特汽车等，也都曾从天使投资人那里获得启动资金。

8.3.3 私募股权基金

1. 私募股权基金的概念

私募股权（PE）基金主要投资于非上市企业股权，以对非上市企业注入资金和管理经验，从而推动非上市企业价值增长，最终通过上市、并购、股权置换等方式退出。PE基金的运作方式是股权投资，主要通过增资扩股或股权转让的方式获得非上市企业股权，并通过股权增值转让获利。PE基金本质上就是有钱人委托专业团队进行理财，专业团队收取管理费用和一定利润分成。

2. PE基金的结构

在结构设计上，PE基金一般涉及两层实体：一层是作为管理人的基金管理公司；一层是基金本身。

PE基金融资额度一般较大。

PE基金融资方式为股权融资，转让公司部分股权。

8.3.4 天使投资、VC基金和PE基金的比较

三者都属于广义上的风险投资，都是以股权投资为主。

三者的比较如表8-3所示。

表 8-3 天使投资、VC 基金和 PE 基金的比较

项目	投资时机选择	投资对象选择标准	投资规模	投资者构成
天使投资	初创时	团队情况	一般最小	多元化
VC 基金	成长时	市场和财务数据	一般中等	创业者或业内人士
PE 基金	成熟并可能上市时	盈利和上市可能性	一般最大	团队

VC 基金与 PE 基金虽然都是对上市前企业的投资，但是两者在投资阶段、投资规模、投资理念等方面有很大的不同。VC 基金一般投资于企业发展的早期阶段，但是并不排除中后期的投资，而 PE 基金的投资对象侧重于商业模式成熟的企业，主要为拟发行上市的公司；VC 基金强调高风险、高收益，既可以进行长期股权投资并协助管理，也可以进行短期股权投资并寻找机会出售，而 PE 基金一般是在协助投资企业完成上市后套现退出。

思考题

1. 风险投资对经济的发展有什么作用？
2. 风险投资的资金来源有哪些？
3. 试举例分析风险投资的运作流程。
4. 试举例分析风险投资的退出机制。退出机制具有什么意义？

第9章 资产管理业务与基金业务

本章提要

本章介绍了资产管理业务的概念和发展以及资产管理工具，阐述了资产管理业务的两个主要方面——证券投资基金和私募基金，介绍了证券投资基金的当事人和投资决策流程，以及私募基金和对冲基金的相应概念。

重点与难点

1. 资产管理业务的定义。
2. 资产管理业务的特点。
3. 资产管理工具的种类。
4. 证券投资基金的概念和分类。
5. 证券投资基金的当事人。
6. 证券投资基金的投资决策流程。
7. 私募基金的定义和特点。
8. 对冲基金的概念。

9.1 资产管理业务概述

资产管理起源于19世纪，资产委托方主要是自然人、教堂和学校等，资产管理者则由律师和银行家等组成。1975年美国证券交易委员会（SEC）废除股票交易固定佣金制度，美国各券商为争夺客户就佣金展开激烈的价格竞争，经纪佣金一降再降，佣金收入曾占券商总收入的60%左右，佣金竞争直接威胁到券商的生存。正是在这种背景下，资产管理作为以收费为基础的业务创新使得券商得以摆脱传统的以交易为基础的经纪业务的限制，佣金收入的比重逐渐下降，而投资收益的比重逐渐上升。

在经历了2008年金融危机后，世界范围内的资产管理业务出现了新的格局。根据波士顿咨询公司的专题报告《危机后的资产管理行业新格局》，相对于2003—2007年的牛市格局，危机后的资产管理行业在投资者需求、产品设计、服务价格及新兴市场等方面表现出新的特征。

资产管理业务是投资银行重要的业务。由于资产管理具有“技术密集”特性，投资银行无须投入资金，却可赚取丰厚的管理费收入，因此资产管理业务是世界各主要投资银行竞相争取的业务。资产管理业务与承销业务和并购业务一样，是纯粹的中介业务，占用资金少，风险承担小，可以为投资银行带来较为稳定的业务收入。随着金融资产规模的扩大以及投资管理越来越复杂和专业化，资产管理业务日益成为投资银行业务重要的组成部分。同时，商业银行和其他金融机构也在资产管理市场中不断占据越来越多的份额，资产管理市场的竞争越发激烈。

9.1.1 资产管理业务的定义

我国的资产管理业务是指证券公司作为资产管理人，依照有关法律法规的规定与客户签订资产管理合同，根据资产管理合同约定的方式、条件、要求及限制，对客户资产进行经营运作，为客户提供证券及其他金融产品的投资管理服务。

在资产管理业务中，资产所有人将其资产交由专业的资产管理机构进行管理，以期获得更为安全的投资收益以及更高的资产收益。专业的资产管理机构则按照资产管理的业绩收取相应的报酬。资产管理机构有很多，主要有投资银行、商业银行、保险公司、公募基金、私募基金、信托公司、社保基金等。

与国外相比，国内的资产管理业务基本以管理工具进行分类。由于国内外金融法律框架、资产开放程度、金融环境等差异，国内外资产管理行业中的产品种类、服务类型、监管水平等存在较大的差异。总体来说，国内的资产管理业务水平有待于进一步提升。

案例9-1

黑石集团的资产管理业务

黑石集团，又名佰仕通集团，是美国规模最大的上市投资管理公司，是世界知名的顶级投资公司，也是一家金融咨询服务机构。其另类资产管理业务包括企业私募股权基金、对冲基金的基金、优先债务基金、私人对冲基金和封闭式共同基金等。黑石集团还提供各种金融咨询服务，包括并购咨询、重建和重组咨询以及基金募集服务等。黑石集团总部位于美国纽约，并在亚特兰大、波士顿、芝加哥、达拉斯、洛杉矶、旧金山、伦敦、巴黎、孟买、香港和东京等地设有办事处。1985年它由彼得·彼得森（Peter Peterson）和史蒂夫·施瓦茨曼（Steve Schwarzman）共同创建。黑石这个名字是彼得森想出来的，用以纪念两人的祖籍。2007年6月22日它在纽约证券交易所挂牌上市。2020年，黑石集团位列

《财富》美国500强排行榜第420位。

案例9-2

国泰君安证券股份有限公司资产管理业务

国泰君安证券股份有限公司（简称国泰君安证券）自1993年起开展客户资产管理业务，是国内最早开展资产管理业务的证券公司。自2003年起展开低风险套利的投资实践，是国内最早从事交易所交易基金、权证等金融衍生产品领域套利投资的证券公司之一。2005年，成为首批获准开展集合资产管理业务的证券公司，并发行第一只集合资产管理计划君得利一号。

2010年10月18日，国泰君安证券资产管理有限公司（简称国泰君安资管）成立，它是业内首批券商系资产管理公司。公司注册资本为20亿元，是国泰君安证券的全资子公司。公司持续聚焦投研能力的建设，以投研实力驱动业务发展，目前拥有百余位投资专家，平均从业时间超过10年。国泰君安资管凭借敏锐的市场洞察、前瞻的金融科技和领先的风险管理，为机构与个人投资者提供全产品线、全生命周期、全价值链的综合解决方案。2021年4月20日，国泰君安资管获得公募基金牌照，正式开启公募业的崭新篇章。

9.1.2 资产管理业务的特点

投资银行的资产管理业务基本涵盖所有类型的资产管理工具和方式，虽然各种资产管理工具和方式都具有各自的特点，但从本质上来说都是一种资产管理行为。从投资银行角度出发，一般的资产管理业务具有以下特点：

（1）体现了委托代理关系。

投资银行与客户签订资产管理协议，在协议中规定双方的权利和义务，投资银行的投资范围、投资品种、投资期限、激励机制等投资权限被协议所限制，投资银行只能在授权范围内对受托资产进行管理，因此在资产管理业务中，投资银行是资产受托人，客户是资产委托人，二者之间是委托代理关系。针对委托代理关系带来的逆向选择和道德风险这两个最基本的问题，金融契约理论从不完全契约和完全契约两方面对委托代理风险控制问题进行了大量研究。

（2）业务风险稳定。

站在投资银行的角度，资产管理业务所带来的风险是有限的。从极端风险来说，投资银行为防范参与主体之间的利益冲突，一般会建立内部控制机制，采用隔离经营的策略，证券发行与承销、经纪业务、自营业务、资产证券化等分开经营。另外，基于资产管理业务的委托代理关系，委托人资产和受托人资产也是隔离的。这种双重隔离的机制使得资产管理业务所带来的风险可测且风险稳定。从收益风险来说，正是基于资产管理的委托代理关系，投资银行只需按照勤勉和谨慎原则在授权范围内管理委托人资产，无论资产增值或者损失，投资银行都可以根据协议规定提取资产管理费，这种资产管理费一般是资产净额的固定比例，只有业绩提成是变化的，因此投资银行在资产管理业务中的收益风险较小。

(3) 业务关联性强。

为规避内幕交易和利益冲突，投资银行对于各项业务实行内部分业经营，资产管理业务一般由资产管理部门或资产管理子公司负责。但资产管理的成功运营需要大量信息，在总体业务的大框架下，投资银行内部信息共享不仅大大降低了成本，而且使得资产管理业务与其他投资银行业务存在较高的联系。证券承销可以为资产管理带来丰厚的利润，而资产管理所累积的客户群体可以成为证券承销战略投资者和专业投资者的潜在目标；经纪业务和资产管理业务都需要专业的研究能力和交易能力；自营业务和资产管理业务都是为了实现资产的增值，但它们在利益层面存在本质上的区别。

1) 量化投资。

量化投资是实现资产管理业务绩效的主要方法。资产管理业务的收费一般包括固定管理费和绩效费两部分。资产管理的职责、管理资产的类型及规模、资产管理部门的声誉等都能影响收取费用的比例。一般情况下，资产管理业务的绩效费较高，如在对冲基金中，绩效费一般达到收益的20%左右。为实现这种超额收益，大多数资产管理都采用量化投资，借助数量分析方法，对产品风险等因素进行全球范围内的综合度量，实现收益的长期增长。

2) 客户定制。

无论是公募还是私募的资产管理，它们都体现了对投资者或委托人的风险容忍度、收益偏好等因素的个性化设计，以满足资产委托人对资产收益、投资期限、安全性、流动性的不同要求。相对于公募产品，私募产品的个性化程度更高，甚至可以满足单个客户的定制。

3) 审慎操作。

风险管理创造收益，这是资产管理业务、自营业务中最重要的内容之一。国内外比较成功的资产管理公司，如J. P. 摩根、黑石集团等，都拥有较强的风险管理能力。风险管理背后所蕴含的理念就是审慎操作，资产管理业务背后蕴含的风险较为综合，风险敏感性较强。根据凸性和有效久期理论，仅是利率风险的微小变化就会给资产价格带来较大幅度的波动，而资产管理业务的综合风险还包括信用风险、国家风险、政治风险和再投资风险等。

9.2 资产管理业务的开展

9.2.1 资产管理业务当事人

成熟的资产管理业务市场是一个规模巨大、结构复杂和分工专业的行业。按照当事人在资产管理产业链中所承担的角色和功能的不同，可以分为六大类：资产管理人、产品设计者、产品销售者、市场看护者、投资性购买者和资产所有者。这种分类并不意味着某一法人机构只能固定承担其中的某一角色或只具有其中的单一功能。实际上，现实中许多机构往往扮演多种角色。例如，一些机构既是资产管理人，又是产品设计者，同时还拥有自己的销售渠道。另外，产业链中也不一定要包含所有环节，如：产品销售者也可以将产品直接销售给资产所有者，即产业链中缺乏投资性购买者。无论产业链中包含多少角色，它们在资产管理中发挥不同的职能，共同交织在资本市场中。

1. 资产管理人

资产管理人位于产业链的最顶端。它所提供的服务必须通过产业链中的其他参与者才能传达给最终的客户。它的主要职能是在客户授权范围内对客户资产进行投资组合，并实施这些决策。资产管理人有多种形式，可以是独立的投资顾问公司，也可以是投资银行、基金管理公司、保险公司、证券公司或商业银行等机构中的一个部门。

2. 产品设计者

产品设计者位于产业链的第二位。它的主要职责是根据投资目标、资产管理人的能力、客户的个性化需求等，把金融服务打包成可投资的产品，如共同基金、信托等，公募产品和私募产品对产品设计的要求在于客户的定制程度。

3. 产品销售者

产品销售者位于产业链的第三位。它是连接作为消费者的资产所有者和作为生产者的资金管理人的重要环节。可以采用直接销售或间接销售两种基本方式。在不同的产品中，它们的比重一般是不同的。共同基金一般采用间接销售，而私人银行服务一般采用直接销售。

4. 市场看护者

市场看护者位于产业链的第四位。它代表资产所有者和投资性购买者的利益。它对市场上的各种金融产品进行跟踪分析、调查和分类等，最主要的职责是把投资者较模糊的投资目标转化为具体的投资策略和投资指引，并对后备资产管理人进行资信调查。它主要以养老基金顾问、信托管理人等形式存在。例如，某一养老基金计划进行低风险、保底收益的投资，市场看护者（投资顾问）通过把养老基金的投资目标具体化为各种指标，并对产品销售者所推荐的产品及资产管理人进行调查，在后期中对投资进行监管。在该领域处于主导地位的是韬睿惠悦、罗素投资和美世咨询等跨国公司。

5. 投资性购买者

投资性购买者位于产业链的第五位。它实际上是诸如保险计划、信托计划等的机构投资者。机构投资者所购买的理财产品在本质上属于其投资组合中的组成成分，它必须遵循与最终客户签订的资产管理协议所授予的权限范围，在一定程度上，它需要市场看护者对复合的投资组合进行综合风险收益评估。

6. 资产所有者

资产所有者位于产业链的最低端，它是资产管理计划中的实际出资人和资产管理产品的实际消费者，主要由个人和企业单位构成。在成熟市场中，企业是最大的资产所有者和投资性购买者，因此资产管理人一直以来都把企业作为主要的营销对象。

9.2.2 资产管理工具

在资产管理业务发展比较成熟的国外市场，特别是美国市场，资产管理业务所使用的金融工具主要可以分为三大类：第一类是长期合约性储蓄工具，主要包括养老基金和投资型保险产品等；第二类是公众理财产品，主要包括共同基金和信托等；第三类是针对高净资产客户的个性化理财产品，主要包括私人银行业务、对冲基金和独立理财账户等。

1. 长期合约性储蓄工具

（1）养老基金。

养老基金来源于1994年世界银行在世界范围内所建立的三支柱养老保险体系：第一支柱为政府基本养老保险，第二支柱为私营养老保险或企业补充养老保险，第三支柱为个人储蓄性养老保险。这个体系促使各国养老体制在不同程度上向基金积累制转化与过渡。

1）养老基金的运营架构。

第一，由政府机构直接管理。这种模式被广泛应用于西方各国的第一支柱政府基本养老保险基金管理，即由政府成立专门机构直接负责养老基金的管理，如新加坡的养老基金完全由政府的中央公积金局直接管理。其特点是便于统一政策、统一制度、统一管理，缺点在于难以获得较高的收益率和政府可能挪用而造成基金损失。

第二，由专门的养老基金管理公司管理。大多数拉美国家一般成立专门的养老基金管理公司来管理养老基金，实行“一人一账户”“一公司一基金”的体制，不允许商业银行、保险公司、共同基金参与管理。在这种模式下，一般要求养老基金管理公司保证最低收益，基金运营成败取决于养老基金管理公司法律和监管架构的健全性，当基金持有者对业绩不满意时，可以“用脚投票”，把账户转移到其他管理公司。其优点是透明度较高、资产隔离，缺点是佣金成本偏高、缺乏竞争。

第三，通过基金会方式进行管理。这种方式被广泛应用于企业补充养老保险的管理。基金会是一个独立的非营利性机构，它将投资运营委托给了各种专业性投资机构。这种模式的优点在于鼓励养老基金管理的竞争，促进审慎管理，提高养老基金的效益。这种通过基金会方式举办的企业补充养老保险在美国、英国等发达国家非常普遍，这种模式也是投资银行的主要业务范畴。

2）养老基金的投资模式。

第一，直接投资模式。在这种模式下，由养老基金的管理人直接负责养老基金的投资，因而要求管理人必须具有较强的投资决策能力，例如新加坡养老基金完全由政府直接管理和负责投资。这种模式的优点是管理人和托管人一体化，委托代理关系简单，有利于统一管理；缺点是管理人的职责过大，不利于分工，风险过高。

第二，部分委托模式。在这种模式下，养老基金的管理人负责固定收益部分的投资，同时，委托专业投资机构负责风险收益部分的投资。西方国家的基本养老基金大多采用这种模式。这种模式的优点是将部分风险转嫁给受托机构，管理人承担的风险降低，同时，基金的投资效率和投资收益都得到提高。缺点是分工有限，提高效率有限。

第三，全部委托模式。由养老基金的管理人在监管机构确定资格的范围内，通过招标方式选择专业投资机构全权负责全部养老基金的投资，西方国家的第二支柱养老保险大多采用这种模式。该模式的优点是管理人和投资机构职责分工明确，有利于提高基金运营效率，分散投资风险；管理人作为所有权代表可以对投资机构形成有效约束，增强竞争性，降低管理费用，有利于外部监督。但该模式的缺点是委托代理关系较为复杂，投资风险较大，监管难度也较高。

案例 9-3

我国养老金计划

我国第一支柱养老金由各级社会保障部门管理，第二、第三支柱养老金规模相对较小，自 2001 年 12 月 13 日《全国社会保障基金投资管理暂行办法》颁布以来，社保基金不断进入资本市场，从此养老金入市也就成为一个热点问题。第一支柱养老金主要用于购买国债和银行存款。

银行存款是中国养老金的主要投资渠道。银行存款投资渠道的优势体现为较高的安全性，但投资收益率较低。在通货膨胀时期，将银行存款作为养老金投资的主要渠道，其投资收益率更低，不能实现养老金的保值和增值。

国债是中国养老金的另一主要投资渠道。相对于银行存款，国债的收益率相对较高。这主要体现为两方面：一是利率高。上市国债发行与上市时的收益率都要高于同期银行存款利率。二是在享受与活期存款同样的随时支取（卖出）方便性的同时，其收益率却比活期存款利率高很多。但是，国债这一投资渠道的缺陷体现为品种较单一，可选择的投资种类受限；期限结构不尽合理，长期国债比例较高，资金流动性较差；投资收益率有所下降。

案例 9-4

加拿大养老金计划

加拿大养老金计划建立于 1966 年，计划强制要求所有年满 18 岁并工作的加拿大公民必须向全国管理的养老金计划账户缴纳一定比例的个人收入，由加拿大人力资源和社会发展部进行管理，采用基金会、全部委托、审慎监督的形式对养老金进行管理。在这种模式下，政府不直接参与市场运作，主要负责研究资本市场，选择并委托业绩较好的投资机构，评估并监管委托机构的管理运营状况。委托机构负责养老金的具体运营，并定期向政府管理机构提交报告。

进入 21 世纪以来，包括国家养老保障储备基金、职业年金基金、个人储蓄养老基金在内的全球养老金资产规模急剧扩大，这主要得益于各国个人账户养老金的迅速积累。2008 年受金融危机的影响，全球养老金资产大幅缩水，此后又开始呈上升趋势。

（2）投资型保险产品。

对于投资型保险产品，国内外还没有统一的定义，但它同时兼具保险功能和投资功能，而且保单中的保障因素和投资因素相互分离。保障因素以保险精算为基础，提供保险合同所约定的纯风险保障权益；投资因素则根据保户意愿，依据共同基金的原理由保险公司代为运作，由投保人承担投资风险。我国国内投资型保险产品主要有传统寿险产品、分红保险、万能保险和投资连结保险四大类。以下主要介绍投资连结保险。

投资连结保险是指包含保险保障功能，并至少在一个投资账户中拥有一定资产价值的人身保险，即投资与人寿保险的结合，在提供基本人寿保险保障的同时，通过强制储蓄及稳定投资为未来需要提供资金支持。

1）基本特征。

投资连结保险的基本特征如下：一是保险的保障功能与投资功能高度统一。投保人在购买保险保障的同时可以获得其保险基金的投资选择权，享受期望的高投资收益。二是转移投资风险。由于投资风险由投保人来承担，保险人用同样的资本金可承担更大的保险风险，有利于扩大业务规模。三是产品对客户有更高的透明度。投保人在任何时候都可以通过电脑终端查询其保险单的保险成本、费用支出，以及独立账户的资产价值，使客户明明白白地消费，确保客户的利益。四是为客户提供了更大的方便。按国外的做法，客户通过购买一张投资连结保险保单，便可获得其所需的所有保险保障。五是该产品弱化了对精算技能的要求，而更强调计算机系统的支持，因而该产品的投保人可以随意选择或中途变更其单独账户。

2）投资连结保险的发展。

投资连结保险于20世纪50年代产生于欧洲，1956年荷兰率先开办Fraction保险，开投资连结保险之先河。而后投资连结保险流行于欧美国家，它与传统寿险产品的根本区别是该产品将投资选择权和投资风险同时转移给了客户。20世纪60年代以后，欧美金融市场波动剧烈，对保险公司的稳定经营造成了极大的威胁。从20世纪90年代起，投资连结保险在美国的保费年增长率达30%以上，到1995年已占个人寿险市场份额的22%。澳大利亚市场销售的寿险保单已全部是投资连结产品。在欧洲，英国、法国、荷兰投资连结保险的市场份额均超过40%。我国的投资连结保险起始于1999年10月23日在上海首先推出的平安世纪理财投资连结保险，这是国内保险市场开发的第一代投资连结保险产品，虽然其结构比较简单，但它标志着我国寿险业开始了产品结构的重大调整，对寿险市场产生了巨大的影响。

3）投资连结保险的运作过程。

从我国实际情况出发，投资连结保险在我国有两种类型：一是固定保险费、保险金额可变的变额寿险；二是保险费和保险金额均可调整的万能变额寿险。在这两种投资连结保险的运作流程中，主要涉及三个关键环节：投保费用分账、投资账户管理和保险责任承担。

第一，投保费用分账。投保人缴纳的投保费用，在扣除保险公司管理费等若干费用后，按照一定的比例分别进入普通账户和投资账户。普通账户内的资金按照传统寿险的运营方式运作，用于保证对被保险人的最低保险保障责任，即风险保险费，也是保险风险保额的保障成本。投资账户的保险费则由保险公司指定的投资顾问、资产管理机构进行资产管理，也有的由保险公司专门成立的投资业务部门进行管理，投资的收益和损失均由投保人自行承担。

第二，投资账户管理。投资连结保险的投资方向一般是股票、国债、金融债券、部分中央企业债券、证券投资基金和银行存款等。对于投资账户内的资产，投保人享有可随时取回的权利，也可以部分取回。投保人还能以投资账户内的资金为担保向保险人申请贷款，并可以随时追加保费，扩大投资账户的资金规模。

第三，保险责任承担。当被保险人在保险期间发生保险合同约定的保险事故时，保险人通常根据个人投资账户的价值总额和保险金额相比金额较大者承担保险责任，或者直接以个人投资账户的价值总额承担保险责任，或者以固定保额与保险事故发生时的投资账户价值之和为保险赔付金额等。

2. 公众理财产品

（1）共同基金。

1）共同基金的概念。

共同基金，也称证券投资基金、单位信托基金、集合投资计划、证券投资信托基金，它通过公开发行基金单位或基金收益凭证募集投资基金，交由基金托管人托管，并委托基金管理人管理和运用资金，以资产组合方式进行投资活动，所获得的投资收益和资本增值按基金投资者的基金单位或基金收益凭证的份额进行分配，是一种利益共享、风险共担的集合投资方式。它是全球范围内规模最大的资产管理工具之一，与产业基金共同构成投资基金。

从 20 世纪 20 年代开始，共同基金在美国得到迅猛发展。我国共同基金的发展基本可以划分为三个阶段：1992—1997 年为早期探索阶段，这个阶段缺乏基本的法律规范、无法可依、监督不力，投资方向主要以房地产及企业为主，在形式上更似产业基金，而非共同基金。1998—2002 年为规范发展阶段，1997 年年末颁布的《证券投资基金管理暂行办法》为我国基金业的发展提供了规范的法律基础，这一阶段是我国基金业承上启下的过渡时期，在有法可依的基础上对老基金的整改清理，以南方基金管理公司和国泰基金管理公司分别成立的“基金开元”“基金金泰”为始端，基金业得到快速发展。2003 年至今是创新发展阶段，2003 年《中华人民共和国证券投资基金法》的面世使得我国基金监管法律体系日益完善，各种基金创新发展。

2）共同基金的特点。

总的来说，共同基金一般具有以下五个特点：

第一，集合投资，专业管理。共同基金对投资者的投资额要求不高，通过发行基金份额可以广泛吸收社会资金，形成大规模的投资资本，发挥规模优势，降低投资成本，提高收益水平；负责管理的基金管理人一般都具有专业知识和研究团队。

第二，组合投资，降低风险。共同基金一般基于分散化投资的思想，在授权范围内把资金投至股票、债券、货币等产品中，分散投资。

第三，利益共享，风险共担。基金投资者才是基金的所有者，基金投资收益在扣除基金承担的费用后，盈余归基金投资者所有，并依据各投资者所持有的基金份额比例进行分配。

第四，独立托管，保证安全。基金管理人仅负责基金的投资操作，并不参与基金财产的保管，因此基金财产的保管由独立于基金管理人的基金托管人负责，这种相互制约、相互监督的制衡机制为投资者的利益提供了重要保障。

第五，信息透明，监督严格。为保护投资者的利益，各国或地区的基金监管机构都对基金业实行严格的监管，并要求基金管理人和托管人及时、充分、准确地披露相关信息，对信息滥用和不正当竞争等各种有损投资者利益的行为进行严厉打击。

案例 9-5

共同基金的违规操作

共同基金的违规操作主要有盘后交易和择时交易两种形式。盘后交易（也称延迟交易）是指在法定时间之后以已知价进行共同基金的申购、赎回或转换的行为。择时交易本是一个投资术语，这里是指在短时间内频繁买卖共同基金的行为。择时交易会损害长期投资者的利益，故在招募说明书中一般都要写明要监控并防止此类行为，许多基金管理公司设有“择时交易警察”以检查和阻止此类行为。

2003 年 9 月纽约州总检察长埃利奥特·斯皮策（Eliot Spitzer）起诉金丝雀资本合伙公司、金丝雀投资管理公司、金丝雀资本合伙有限责任公司和爱德华·斯特恩（Edward Stern）。金丝雀投资管理公司从管理资产中收取 1.5%的管理费，并在利润达到一定水平时享受 25%的利润分成。金丝雀投资管理公司在 2000—2003 年间与包括美洲银行、证券信托公司、第一银行、杰纳斯、斯特朗等机构管理或服务的数十个基金家族达成协议，允许它在许多不同的基金中进行盘后交易与择时交易。这些基金通常是国际或股票基金，可以进行时差或流动性套利。择时后金丝雀投资管理公司使资金在这些不同的基金中尽快转移，不用时就放在同一基金家族的货币市场基金或类似基金中，并向基金管理人保证，它可以就这些资金收取管理费以及其他费用。作为补偿，基金管理人有时放弃短期持有的赎回费用，这就使基金少收了应用于补偿其他投资者的费用。金丝雀投资管理公司不断改进其交易策略，获取了大量不当利益。

（2）信托。

现代信托业发源于英国，与银行业、保险业、证券业并称为现代金融业的四大支柱。根据《中华人民共和国信托法》（以下简称《信托法》），信托是指委托人基于对受托人的信任，将其财产权委托给受托人，由受托人按委托人的意愿以自己的名义，为受益人的利益或者特定目的，进行管理或者处分的行为。它的独特本质在于从一个物的所有权分化出来的双重性质，即信托财产的所有权与受益权分开，既承认受托人对信托财产享有普通法权利，也承认受益人享有衡平法权利。更加通俗地说，财产权利被区分为名义所有权与实际所有权，两者分别为受托人与受益人拥有，受托人拥有财产的名义所有权，因而可以对信托财产进行管理、运用和处分；受益人拥有实际所有权，因而可以享有财产所产生的经济利益。

根据实践来看，信托在以下三个领域发挥着独特的作用。首先是在营业信托领域。这是信托在绝大多数国家发挥最大作用的领域，信托业已经成为现代金融业的一个重要组成部分，为各国的经济金融发展作出了不容忽视的贡献。从信托在各国商事领域的实践来看，营业信托业务主要包括投资信托、基金信托、资金信托、有价证券信托等。其次是在民事信托领域。由于历史的原因，英国的民事信托尤其发达，其以个人作为受托人的个人信托业务在其信托总业务量中占据主导地位，且主要集中于执行遗嘱和管理遗产两方面。最后是在社会贡献领域。这一部分主要集中于公益信托，即出于公共目的，为整个社会的利益而设立的信托。信托介入公益事业可以起到帮助公益基金保值增值从而使公益事业长久发展的作用，且能在较大程度上保证资金的安全。投资银行关注的重点就是信托在营业信托领域的运用。

信托和共同基金构成了资产管理业务的两大方式，它们同样以手续费、佣金等费用作为主要收入，但是它们所代表的关系截然不同。在信托中，委托人需将信托财产转移给受托人，受托人则以受托人的名义加以管理，即受托人拥有委托资产的所有权，受人所托，代人理财；在共同基金中，委托人无须将委托财产转移给受托人，受托人以委托人的名义从事管理活动，受托人与委托人之间仅存在委托代理关系。发展到目前，信托和共同基金的基本思想已经相互渗透、相互借鉴。信托中存在一种优先/劣后分层结构，这种结构就是利用信托受益权分配先后顺序不同的基本思想，规定一部分投资者（优先级受益人）拥有从信托利益中优先获得投资本金收益或其他约定信托利益的权利，而其他投资者（一般受益人）则在优先级受益人获得约定信托利益后获得剩余的信托财产。这种信托产品其实就是集合众多投资者的资金投资于同一标的物，再根据不同类型的风险收益偏好，在收益分配中采用差别分配顺位。利用这种思想创造的信托产品有结构型证券投资信托、住房抵押贷款的（准）资产证券化信托等。而在共同基金中，借鉴这种信托分层的思想所创造出来的基金有分级基金等。

我国金融市场的突出矛盾是间接融资与直接融资的比例失调所造成的结构性失衡，对照发达国家和地区金融市场中庞大的直接融资规模，信托基于制度优势和功能优势等，可以在实业投资领域和证券市场这两个直接融资渠道中大力创新发展。对比国内外信托在直接融资领域的实践，立足信托作为一个产品的概念，房地产投资信托基金（REIT）和私募股权信托是信托发展的重要方向。

所谓房地产投资信托基金，就是指集合投资者的资金，建立某种专门进行房地产投资管理的基金或机构，由专业机构管理，投资于能产生稳定现金流的房地产资产，并将所产生的现金收入以派息等方式及时进行分配，为投资者提供长期稳定的现金收益的信托型或者公司型基金。房地产投资信托基金是房地产和信托两者的结合。

当私募股权投资以信托的形式组织时，就称为私募股权信托。国内对私募股权信托的研究还比较少，部分学者根据上述关系，对私募股权信托作出以下定义：私募股权信托是指依据《信托法》《信托公司集合资金信托计划管理办法》等相关法规设立的投资基金，通过信托契约明确委托人（投资人）、受托人（投资管理机构）和受益人三者的权利义务关系，实现资金与专业管理能力的协作。

案例 9-6

REIT 在中国的实践

2005 年 12 月 21 日，越秀房地产投资信托基金（简称越秀房托）在中国香港联交所挂牌上市，越秀房托是首家以内地物业为组合赴港上市的房地产投资信托基金。它把旗下盈利最好和发展潜力最好的四处物业（白马商贸大厦、财富广场、城建大厦和维多利广场）分拆后注入 REIT，取得越秀房托约 33 亿港元的现金，并依然持有越秀房托 30%左右的股权。上市完成后，越秀投资总共获得了约 20 亿港元的账面确认收益。

前期的五年准备阶段，可以分为资产整合和资产梳理两个阶段。2001 年至 2002 年年底为集团间资产整合阶段，广州市政府将广州城建集团95%的股权注入越秀投资，为了便于越秀投资的收购，广州城建集团进行了内部重组，并成立了广州城建离岸公司（广州城建集团在英属维京群岛注册的离岸公司），最后由越秀投资收购广州城建离岸公司；同时将越秀集团持有的、重组后的、拟剥离上市资产出让给越秀投资，主要包括白马商贸大厦的部分物业、财富广场的部分物业、城建大厦的部分物业以及维多利广场的部分物业。

2003年至2005年7月属于集团内资产梳理阶段，越秀投资通过广州城建离岸公司设立了四个离岸项目公司，并全资持有，每个项目公司持有一个拟上市的项目资产，使得该资产包的产权关系明晰化，为日后以REIT的形式上市开辟了道路。越秀房托的财务业绩在上市后的五年内基本保持着平稳增长的态势，IPO时给出的7.6%的收益率也基本上得以兑现。

---

3. 个性化理财产品

（1）私人银行业务。

根据美国有关法律的规定，所谓的私人银行业务，就是向拥有高净资产的私人客户提供金融产品和服务，包括贷款、信托、遗嘱、财富管理等。也有学者认为，所谓私人银行业务，即以“财富管理”为核心目标，以商业银行所涉及的一切资源为保障，向目标客户及其家庭提供私密性的量身定做的“管家式”金融服务，业务领域包括投资、信托、保险、基金、外汇、贵金属等一切金融市场和金融工具，以及法律、税务、收藏、拍卖、遗产安排、子女教育及财务动态管理等专业顾问服务。

私人银行起源于16世纪的瑞士日内瓦，由居住在瑞士的法国富裕贵族所创建，随后形成于18世纪工业革命后的英国。在1934年，瑞士颁布联邦银行法，将私人银行与其他银行分开，具有承担无限责任的、无须遵从一般银行同业规定的专业私人银行在瑞士得以成立。私人银行业务发展已经有几百年的历史，以欧洲、北美、亚太为三大主要区域市场，以日内瓦、苏黎世、伦敦、纽约、新加坡和中国香港等作为私人银行业务中心城市。

私人银行业务在中国还处在发展的起步阶段，该业务的发展最初的动力还是由于中国加入WTO。根据有关协议，中国应当在入世后的5年内取消对外资银行的所有业务限制，因此中国私人银行业务的大门就这样被敲开。2005年9月，瑞士友邦银行在上海成立境外私人银行国内代表处。2006年3月，花旗银行上海分行私人银行部正式开业。自此，这种财富管理理念开始逐渐被我国所接纳。2007年3月，中国银行成为第一家推出私人银行业务的中资银行，中外资银行在私人银行业务领域的争夺战从此拉开序幕。相对于国外私人银行业务，我国的私人银行业务还需要一个漫长的发展过程。

（2）对冲基金。

对冲基金属于私募基金的一类，由于对冲基金的形式灵活、隐蔽性很强，在世界范围内还没有较为统一的定义。根据美国证券交易委员会在2008年的观点，对冲基金应该是那些没有依据《证券法》和《投资公司法》注册，不进行公开募集，在收取基本的管理费用外还收取一定比例的激励费用，多利用杠杆、做空和衍生产品进行投资的投资方式。根据特许金融分析师（CFA）的定义，对冲基金是运用多种投资策略管理证券组合及衍生产品的空多头，可能运用空头或多头，并经常运用高杠杆，无论市场环境如何都追求正收益的私募投资机构。直观地看，对冲基金的最基本属性就是一种规避风险的资产组合方式。

对冲基金产生自美国，最早记录在案的对冲基金是由阿尔弗雷德·琼斯（Alfred Jones）在1949年创立的第一只对冲基金。它在投资策略中坚持三个原则：一是总保持空头；二是坚持使用杠杆；三是只收取激励费用，而没有收取任何管理费用。但是，对冲基金在随后的发展中逐渐增加风险，以追求最大收益为目的。在20世纪90年代之前，对冲基金的发展都较为缓慢；从90年代开始，得益于金融管制的放松、经济和金融全球化的加剧，对冲基金迎来了大发展时代。1990年美国拥有各种对冲基金约1 500家，资本总额约为500亿美元，但至90年代末，美国已有4 000多家对冲基金，资产总额超过3 000亿美元。随后，对冲基金在全球高速发展，尽管在2008年遭受金融危机的重创，但其后快速的恢复性增长使得对冲基金趋于成熟。

美国先锋集团将对冲基金分为十五类，分别是可转换套利基金、不幸证券基金、新兴市场基金、权益对冲基金、权益市场中性基金、不对冲权益基金、重要事件驱动型基金、固定收益基金、宏观基金、市场时机基金、合并套利基金、相对价值套利基金、部门基金、空头基金和基金中基金。瑞士信贷公司特莱蒙对冲基金（Credit Suisse/Tremont Hedge Fund）将对冲基金分为三大类，即单策略型、多策略型和基金中基金。

（3）独立理财账户。

独立理财账户属于专户理财工具，并严格用于专户理财，主要面向高净资产客户，由券商、投资管理机构与账户持有人共同管理，根据客户的资产规模、收益风险偏好等因素制定个性化投资策略，以实现个性化的风险收益目标，同时允许在一个理财账户上集合多种金融功能。以1977年美林证券所推出的现金管理账户（CMA）为例，它与一家美国地方银行合作，将保证金账户、货币市场基金及银行借记卡功能结合起来，在保证客户资产可以在保证金账户与货币市场基金之间实现快速转换的前提下，将独立理财账户的理念应用到财富管理上，投资者可以随时支取账户中的资金，同时，针对账户余额通过设计个性化投资策略，配置客户资产，实现客户个性化的风险收益。

9.2.3 资产管理业务的运作

投资银行基于资源和信息优势可以担任资产管理业务中的除资产所有者之外的其他五个角色，投资银行在担任以资产管理人为核心的角色时，接受资产委托人的委托，对受托资产进行资产管理。一个由资产管理部内部组织分工协作所组成的完整的资产管理业务流程主要包括以下五个环节：明确投资目标、制定投资策略、进行投资分析、构建和调整投资组合及评估投资绩效。

1. 明确投资目标

在与客户进行充分的接洽后，对于明确要进行资产管理的目标客户，在为客户进行个性化设计之前，必须以某种特定的形式，例如问卷调查，对资产委托人的资信、财务状况、委托期限、收益预期、风险承受能力、年龄结构等方面进行详细的调查，以确定资产委托人对风险与收益的偏好。一般而言，委托人的风险收益偏好可以分为以下三种类型：高风险和高收益、低风险和高收益、低风险和低收益。不同类型的客户具有不同的投资目标。

2. 制定投资策略

投资银行在这个环节作为市场看护者，即投资顾问，将客户比较模糊的投资目标转化成具体的投资策略，为客户选择合适的投资工具和投资渠道。

3. 进行投资分析

投资银行在这一环节由市场看护者转变为产品设计者或产品销售者，根据客户具体化的投资策略，若是公众理财产品，投资银行作为产品销售者向客户推荐合适的资产管理工具；若是私募或私人银行业务，投资银行作为产品设计者为客户定制合适的资产管理工具。无论是哪种形式，投资银行都需从基本面或技术层面对这一揽子的投资工具进行价值分析。

4. 构建和调整投资组合

投资银行作为资产管理人，对经投资分析筛选出来的、符合客户要求的金融工具，在客户授权范围内进行比例投资，并向资金托管机构发出指令，通过购买完成投资组合的建立；对于市场环境的变化，市场看护者的跟踪调查报告会使资产委托人改变投资策略，或者资产管理人为实现委托人的投资目标，会调整投资组合中各类金融资产的投资比例。

5. 评估投资绩效

一般来说，资产管理部门需在一定的时期内对客户出示资产管理绩效报告，这种报告是非完全公开的，只需对与该资产管理业务相关的客户出示即可。绩效一般从风险和收益两个层面进行评估，并通过与市场中的同时期、同类型或相似的项目进行比较，确定资产管理人的投资业绩水平。

案例9-7

中信证券资产管理业务

中信证券成立于1995年10月，2003年在上海证券交易所挂牌上市，股票代码为600030。2011年在香港联合交易所挂牌上市，股票代码为06030。它是中国第一家A+H股上市的证券公司。中信证券第一大股东为中国中信有限公司。

中信证券是券商资产管理龙头。中信证券的资产管理业务主要包括以下几个方面：

1. 单一资产管理业务

这是中信证券根据单一证券客户设计的一种资产管理类型。它可以根据投资者的投资需求和风险偏好特征，提供定制化的投资管理。

2. 集合资产管理业务（私募）

通过非公开方式向合格投资者募集、设立、运作投资者人数不少于2人、不多于200人的集合资产管理计划。该业务涵盖的产品类型包括固定收益类、权益类、商品及金融衍生产品类、混合类、FOF类等。

3. 大集合资产管理业务（类公募）

这是一项投资者人数不受200人限制的集合资产管理计划，未来将按监管规定对标公募基金进行管理。

4. 专项资产管理业务

这是一项旨在满足客户特定目的的专项资产管理计划。

5. 养老金业务贵宾小集合

面向年金定向发行养老金资管产品，作为年金基金标准投资组合。目前已运作的养老金产品包括固定收益型、股票型和混合型。

2022 年初，公司完成 A＋H 股配股发行，募集资金约为 273.30 亿元，进一步夯实了公司资本实力，有利于扩大业务规模、优化业务结构。2021 年，中信证券证券投资业务超过经纪业务成为营收贡献最大板块，全年共计实现收入 183.86 亿元，同比增长 37.14%，增速较上年同期大幅提升 27.62 个百分点；经纪业务虽退居第二，但全年营收也正式超过 180 亿元，达到 182.89 亿元。

除此之外，资产管理业务实现营业收入 135.14 亿元，同比增长 41.35%；证券承销业务实现营业收入 77.53 亿元，同比增长 19.50%；其他业务实现营业收入 185.82 亿元，同比增长 76.46%。

2021 年，在资管新规整改期限临近所带来的持续性行业转型发展环境下，中信证券一方面快速发展财富管理业务，为高净值个人提供多元化的财富管理产品，另一方面抓住大集合公募化改造契机，补齐零售业务短板，做大零售客群，加大互联网渠道客户开发力度。在财富管理板块方面，2021 年，中信证券坚持以客户为中心的财富管理转型取得了显著成果，客户规模较 2018 年末财富管理全面转型前实现了跨越式提升。截至报告期末，客户数量累计超过 1 200 万户，托管客户资产规模合计 11 万亿元，较 2020 年末增长 29%。200 万元以上资产财富客户数量为 15.8 万户、资产规模为 1.8 万亿元，分别较 2020 年末增长 25%、21%；600 万元以上资产高净值客户数量为 3.5 万户、资产规模为 1.5 万亿元，分别较 2020 年末增长 29%、19%；上述财富客户及高净值客户的数量及资产规模均较 2018 年末实现翻倍增长。与此同时，中信证券公募及私募基金保有规模超过 3 800 亿元，较 2020 年末增长 26%，较 2018 年末增长 2.6 倍。自 2021 年 11 月 1 日公募基金投资顾问业务上线以来，两个月内累计签约客户超过 9 万户，签约客户资产超过 70 亿元。财富管理已成为中信证券更加重要的收入来源。

而在资产管理业务板块，截至报告期末，中信证券资产管理规模合计 1.63 万亿元，包括集合资产管理计划、单一资产管理计划，规模分别为 6 604.85 亿元、9 652.50 亿元，资管新规下公司私募资产管理业务市场份额约为 15.87%，排名行业第一。同时，2021 年，中信证券控股的华夏基金也迎来了业绩暴涨。全年，华夏基金营业收入和净利润分别实现 80.15 亿元和 23.12 亿元，同比增长 44.70%和 44.68%。

9.3 证券投资基金概述

9.3.1 证券投资基金的概念

证券投资基金起源于英国，1868 年，世界上第一只公众投资信托基金“海外和殖民地政府信托”在英国诞生。该基金成立时募集了 100 万英镑，其操作方式类似于现代的封闭式契约型基金。20 世纪 20 年代证券投资基金的运作模式传入美国，此后在美国得到了超速的发展和普及。目前，美国的证券投资基金业拥有世界上最大的资产量和最完备的管理系统，同时，美国也号称“基金王国”。

从 1991 年开始，我国国内的证券投资基金纷纷出现。这一时期是我国基金业发展的初期。1993 年 8 月，淄博基金在上海证券交易所公开上市，以此为标志，我国基金业进入了公开上市交易的阶段。2003 年 10 月 28 日，《中华人民共和国证券投资基金法》的颁布是中国基金业和资本市场发展历史上的又一个重要的里程碑，标志着我国基金业进入了一个崭新的发展阶段。根据中国基金业协会公布的数据，截至 2022 年 1 月底，我国境内共有基金管理公司 137 家，机构管理的公募基金资产净值合计 25.87 万亿元。

1. 证券投资基金的定义

证券投资基金是指通过公开发行基金份额，集中众多投资者的资金，形成独立财产并交由专门的基金管理人管理的集合投资方式。在这种方式下，利益共享、风险共担。

证券投资基金是一种证券信托投资方式，证券投资基金的投资者既是基金资产的所有人，又是基金资产的受益人，基金管理人则是基金资产的受托人，对投资者负有信托责任，双方体现了信托关系。

2. 证券投资基金的特点

（1）集合理财、专业管理。将资金集中在一起，由统一机构托管，并由专业的基金管理人员进行管理。

（2）组合投资、分散风险。由基金管理人对各种投资标的进行投资，而不是集中买入一种金融产品。这样，通过组合投资，可以大大地降低投资的非系统性风险。

（3）利益共享、风险分担。若投资盈利，投资者一起分享投资的收益；若投资亏损，也是由投资者一起来分担亏损。

（4）独立托管。将投资者的资金托管到独立于基金管理人和所有人的第三方，从而保障投资者的利益。

（5）流动性强。基金所有人可以按照公布的净值申购和赎回，保障了投资者的资产具有流动性。

（6）信息透明、监管严格。托管人是独立于基金管理人和所有者的第三方，每天对资产进行结算，发布净值。托管人作为第三方来进行有效监管，管理人得按照其职责来履行义务，这样的话，信息就必须透明化。

9.3.2 证券投资基金的分类

依据不同的标准，证券投资基金可以进行不同的分类。

1. 开放式基金和封闭式基金

根据基金份额是否可以变化，证券投资基金可以分为开放式基金和封闭式基金。

开放式基金是指基金成立后，投资者可以随时向基金管理人或者代理机构申购或者赎回，因而基金份额处于不断变化中的基金。当投资者申购时，基金份额增加；当投资者赎回时，基金份额减少。封闭式基金是指基金份额固定的证券投资基金。当基金发行完毕后，基金的份额不再变化，因而基金管理的资金相对稳定。

开放式基金和封闭式基金的区别在于：

第一，开放式基金的买卖是通过基金管理人或者代理机构进行，交易的对手是基金管理人，基金管理人按照基金契约的要求，在一定条件下必须接受投资者的申购和赎回。封闭式基金的买卖则是在投资者之间进行，甲投资者买入封闭式基金时必须有乙投资者愿意卖出基金，因为基金的份额是不变的，因此，封闭式基金的交易是在投资者之间转让，这种转让不会引起基金份额的变化。

第二，在交易价格方面，开放式基金的交易价格是以单位基金的资产净值为基础计算的，新的投资者根据单位基金的资产净值而买入，老的投资者根据单位基金的资产净值而卖出。封闭式基金的价格则是随行就市，受市场供求关系的影响。供不应求时，基金份额的价格会高于每份基金的资产净值，而供过于求时，基金份额的价格则会低于每份基金的资产净值。一般而言，封闭式基金会出现折价现象，即基金份额的交易价格低于每份基金的资产净值。比如，2013 年 12 月 31 日，基金丰和每份净值为 1.067 7 元，交易价格为 0.899 元，折价率为 15.80%。对于投资者而言，由于封闭式基金运行到期后是要按净值偿付或清算的，因此折价率越高的封闭式基金，潜在的投资价值就越大。

第三，由于封闭式基金没有赎回压力，其募得的资金可以全部进行证券投资，而且可以进行长期的、流动性较差的投资，因此，封闭式基金的流动性风险较小，基金经理可以较为独立地制订较为长期的投资计划。而开放式基金则会面对赎回压力，因而必须保留部分现金以应对可能的赎回，同时在资产分配上，也必须保持必要的流动性。当投资者大量申购时，基金经理也很难将新进入的资金在合适的价位及时转成证券，因此也会影响经营绩效。

2. 公司型基金和契约型基金

根据组织形式和法律地位不同，证券投资基金可以分为公司型基金和契约型基金。

公司型基金，是指具有共同投资目标的投资者按照公司法所规定的公司组织形式组成的、以营利为目的、投资于特定投资对象的投资公司。基金公司资产为投资者（股东）所有，由股东选举董事会，由董事会聘请基金管理人，由基金管理人负责管理基金业务。

契约型基金，又称单位信托基金，是指把投资者、管理人、托管人三者作为当事人，通过签订基金契约的形式发行收益凭证而设立的一种基金。基金管理人可以作为基金的发起人，通过发行收益凭证筹集资金、组成信托财产，并依据信托契约，由基金托管人负责保管信托财产，具体办理证券、现金管理及有关的代理业务等。投资者也是收益凭证的持有人，通过购买收益凭证，参与基金投资，享有投资收益。基金发行的收益凭证表明投资者对投资基金所享有的权益。

我国境内证券投资基金均采用契约型基金形式，美国则采用公司型基金形式。在英国、日本、新加坡和中国台湾及中国香港等地的基金市场上，契约型基金占主导地位。

公司型基金和契约型基金的区别主要体现在以下几个方面：

第一，法律依据不同。公司型基金是依照公司法组建的；契约型基金是依照基金契约组建的，信托法是契约型基金设立的依据。

第二，法人资格不同。公司型基金本身就是具有法人资格的股份有限公司；契约型基金不具有法人资格。

第三，投资者的地位不同。公司型基金的投资者作为公司的股东，有权对公司的重大决策进行审批、发表自己的意见；契约型基金的投资者作为信托契约中规定的受益人，对关于资金如何运用的重要投资决策通常不具有发言权。

第四，融资渠道不同。公司型基金由于具有法人资格，在资金运用状况良好、业务开展顺利、需要扩大公司规模及增加资产时，可以向银行借款；契约型基金因不具有法人资格，一般不向银行借款。

第五，经营财产的依据不同。公司型基金依据公司章程经营基金财产；契约型基金凭借基金契约经营基金财产。

第六，经营期限不同。公司型基金像一般的股份公司一样，除非依据公司法到了破产、清算阶段，否则公司一般都具有永久性；契约型基金则依据基金契约建立、运作，契约期满，基金运营也就终止。

3. QFII基金和QDII基金

根据资金的来源和投资的区域，证券投资基金可以分为QFII基金和QDII基金。

QFII的全称是qualified foreign institutional investor，即合格境外机构投资者。QFII制度是在资本市场尚未开放时的一种过渡性制度安排，在该制度下，QFII被允许把一定额度的外汇资金汇入并兑换为当地货币，通过严格监督管理的专门账户投资当地证券市场，实际上就是对外资有限度地开放本国的证券市场。韩国、印度和巴西等市场都成功地通过QFII稳健地在资本市场引进外资。在我国，瑞士银行和野村证券于2003年5月23日成为首批合格境外机构投资者。

QDII的全称是qualified domestic institutional investor，即合格境内机构投资者。QDII是指在人民币资本项下不可兑换、资本市场未开放条件下，在一国境内设立，经该国有关部门批准，有控制地允许境内机构投资境外资本市场的股票、债券等有价证券投资业务的一项制度安排。QDII的目的在于让国内投资者间接参与国外市场，并获取全球市场收益。2006年，我国第一只QDII基金——华安国际配置基金正式通过工商银行、华安基金理财中心和华安基金网上销售向投资者定向募集，华安国际配置基金首次募集规模上限为5亿美元，该基金投资于纽约、伦敦、东京、香港等国际资本市场，投资范围主要覆盖股票、债券、REIT、商品基金等金融产品。

4. 股票基金、债券基金、货币市场基金、基金中基金、混合基金等

根据投资对象的不同，证券投资基金可以分为股票基金、债券基金、货币市场基金、基金中基金、混合基金等。在我国，按照《公开募集证券投资基金运作管理办法》的规定，基金合同和基金招募说明书应当按照下列规定载明基金的类别：①80%以上的基金资产投资于股票的，为股票基金；②80%以上的基金资产投资于债券的，为债券基金；③仅投资于货币市场工具的，为货币市场基金；④80%以上的基金资产投资于其他基金份额的，为基金中基金；⑤投资于股票、债券、货币市场工具或其他基金份额，并且股票投资、债券投资、基金投资的比例不符合第①项、第②项、第④项规定的，为混合基金。

9.3.3 证券投资基金的当事人

证券投资基金的当事人主要有基金持有人、基金管理人、基金托管人和基金代理人。

1. 基金持有人

基金持有人，即投资者，是指持有基金单位或基金份额的自然人和法人，他们是基金的实际所有者，享有基金信息的知情权、表决权和收益权。基金的一切投资活动都是为了增加投资者的收益，一切风险管理都是围绕保护投资者利益来考虑的。因此，投资者是基金一切活动的出发点。

基金持有人的基本权利包括对基金收益的享有权、对基金单位的转让权和在一定程度上对基金经营的表决权。对于不同类型的基金，投资者对投资决策的影响方式是不同的。在公司型基金中，基金持有人通过股东大会选举产生基金公司的董事会来行使基金公司的重大决策权利。而在契约型基金中，基金持有人只能通过召开基金持有人大会对基金的重大事项作出决议，但对基金日常决策一般不能有直接影响。基金持有人大会可以对以下重大事项进行表决，包括：修改基金契约、提前终止基金、更换基金管理人、更换基金托管人等。

基金持有人同时也必须履行相应的义务，主要包括：遵守基金契约；缴纳基金认购款项及规定的费用；承担基金亏损或终止的有限责任；不从事任何有损基金及其他基金持有人利益的活动。

2. 基金管理人

所谓基金管理人，是指运用专门投资知识和专业投资技术，依据有关法规的规定，运用所募集或管理的基金，对各种有价证券进行综合投资，使其所管理的基金资产不断增值，并使基金持有人获取收益的证券经营机构。由于基金管理人是基金投资的决策机构，因此他在基金运作中处于核心地位。基金管理人的主要职责是依据信托契约或委托管理协议，负责拟定基金投资计划，指示托管机构按照其投资决策处理基金资产，监督托管机构以确保其遵守有关规定。基金管理人按基金净资产价值的一定比例提取管理费，并按净资产增长比例累进收取业绩报酬，这种设计有利于激励基金管理人工作责任心。基金管理人不实际接触基金资产，自用资产与基金资产实行分账管理，以确保基金资产的独立性和安全性。

基金管理人的主要职责包括：

第一，依法募集基金，办理或者委托其他机构代为办理基金份额的发售、申购、赎回和登记事宜。

第二，对所管理的不同基金财产分别管理、分别记账，进行证券投资。

第三，按照基金合同的约定确定基金收益分配方案，及时向基金份额持有人分配收益。

第四，进行基金会计核算并编制基金财务会计报告，计算并公告基金资产净值，确定基金份额申购、赎回价格。

第五，办理与基金财产管理业务活动有关的信息披露事项。

第六，召集基金持有人大会。

基金管理人禁止的行为包括：

第一，将其固有财产或者他人财产混同于基金财产从事证券投资。

第二，不公平地对待其管理的不同基金财产。

第三，利用基金财产为基金持有人以外的第三方谋取利益。

第四，向基金持有人违规承诺收益或者承担损失。

3. 基金托管人

基金托管人是指依据基金运行中管理与保管分开的原则，对基金管理人进行监督和保管基金资产的机构，是基金持有人权益的代表，通常由有实力的商业银行、证券公司或信托投资公司担任。一般来说，基金托管人、基金管理人应当在行政上、财务上相互独立，其高级管理人员不能在对方兼任任何职务。

基金托管人的职责包括以下内容：

第一，安全保管基金财产。按照规定开设基金财产的资金账户和证券账户，对所托管的不同基金财产分别设置账户，确保基金财产的完整与独立。

第二，按照基金合同的约定，根据基金管理人的投资指令，及时办理清算、交割事宜；同时，按照规定监督基金管理人的投资运作。

第三，对基金财务会计报告、中期和年度基金报告出具意见，复核、审查基金管理人计算的基金资产净值和基金份额申购、赎回价格。

第四，办理与基金托管业务活动有关的信息披露事项。

4. 基金代理人

基金代理人有两类：一类代理基金发起人与投资者进行基金证券销售；另一类代理基金经理买卖其他证券。基金证券销售由承销商担任，买卖其他证券则由经纪商来完成。在美国，大多数基金证券的发行都是经过当地的经纪商和承销商批发，然后，分散零售给投资者。基金证券销售方式不尽相同，开放式基金销售一般通过中间商（代理人）柜台进行；封闭式基金通过承销商发行，然后申请上市。上市后，投资者之间买卖基金证券则通过经纪商在二级市场公开买卖。另外，基金管理人的基金经理不能直接运用基金资产买卖其他证券。

5. 各方当事人之间的关系

作为一种金融信托，证券投资基金的组织结构有其独特之处。委托人和受益人是同一人，即投资者，而受托人则由基金管理人与基金托管人共同担任。除此之外，还有基金代理人。因此，可以说证券投资基金的组织结构是一个复杂的信托关系与代理关系的复合体。

在证券投资基金各方当事人中，投资者利益始终是各方当事人运转的轴心。投资者利益始终是第一位的，各方当事人的运转目标在于努力使投资者利益最大化。在基金日常经营活动中，基金管理人不仅发起设立基金，而且负责基金投资重大决策，是决定证券投资基金业绩好坏的关键。基金管理人和基金托管人都是信托资产的受托人。前者负责基金资产的日常投资决策及其管理，后者负责基金资产账户及其他监督职能。基金管理人和基金托管人分别作为基金资产不同方面的受托人，是一种相互监督和分工协作的关系。基金管理人和基金托管人之间相互监督和相互制衡，体现了保护投资者利益的内在要求，二者的分工协作是由基金投资活动的复杂性决定的，没有这种分工协作，基金投资活动就难以完成。基金代理人受基金管理人的委托，与投资者进行基金证券的买卖活动；同时，基金管理人通过基金代理人买卖其他证券，实现其投资。

9.3.4 证券投资基金的投资决策流程

证券投资基金作为一个庞大的机构投资者，运作着数量庞大的资金，盲目的决策和杂乱无章的投资必定会使基金遭受巨大的损失，因而建立一个规范有效的投资决策流程对基金来说是相当有必要的。

证券投资基金的投资决策流程通常包括决策机构的组建、决策的制定、决策的实施和风险控制等。通常决策机构依据规范的决策程序制定并下达投资决策，由实施机构负责投资决策的具体实施，由风险控制相关部门进行风险评估以督促基金管理人防范投资风险。

1. 决策机构的组建

证券投资基金的决策机构通常是由基金管理公司的主要负责人和各部门负责人组成，定期讨论基金的投资目标、投资对象并分析和评价基金的投资成绩。

我国基金管理公司的决策机构一般都非常严谨完善。一个典型的基金管理公司的决策机构会有如下主要设置：

（1）投资决策委员会：基金投资运作的最高决策机构，主要负责审议基金资产配置计划、股票投资的行业配置计划以及金额超过一定限额的具体投资计划。投资决策委员会一般每月召开两次会议，基金经理和相关研究人员列席会议。

（2）基金投资部：负责在投资决策委员会的指导和授权下进行基金的投资运作。如果基金经理的操作超出投资决策委员会议定的基本配置范围，基金经理应说明理由并提交相应的支持报告。在个股选择上，基金经理投资的所有股票必须来自公司的股票备选库。

（3）研究部：负责宏观经济、行业、个股及债券研究。研究员在对上市公司深入调研的基础上写出研究报告。在由研究部和基金管理部人员组成的投资研究联席会议上，围绕研究报告，对股票的投资价值进行充分讨论和论证，经投票表决有 2/3 以上通过的股票才能进入股票备选库，尤其是核心备选库中的所有股票还须经过研究员实地调研和集体讨论两重把关，以此有效防止上市公司质量不佳带来的个股风险和基金经理道德风险，并有利于提高投资收益。

（4）集中交易室：接受基金经理下达的投资指令，在确认投资指令的合规性、合理性、有效性后按照指令的规定内容严格执行，并及时向投资总监、投资部总经理、基金经理以及监察稽核部反馈与交易有关的信息。

（5）金融工程部：运用量化分析手段对每只基金的收益、风险和相关指标定期进行分析评估，对各种潜在的投资风险进行讨论，提出相应的风险控制计划和改进投资的建议。

2. 决策的制定

决策的制定通常包括投资决策依据、决策方式和程序、决策部门权限和责任等内容。

一般证券投资基金的投资决策制定程序为：

（1）研究部、金融工程部等通过自身研究以及借助外部研究机构形成有关公司分析、行业分析、宏观分析、市场分析以及数据模拟的各类报告，为基金的投资管理提供决策依据。

（2）投资决策委员会定期召开会议，并依据上述报告对基金的投资方向、资产配置比例等提出指导性意见。如遇重大事项，投资决策委员会及时召开临时会议作出决策。

（3）基金经理依据投资决策委员会的决议，参考上述报告，并结合自身对证券市场和上市公司的分析判断，形成基金投资计划，包括资产配置、行业配置、买卖时机等。

（4）集中交易室依据基金经理的指令，制定交易策略，统一执行证券投资组合计划，进行具体品种的交易；基金经理必须遵守投资组合决定权和交易下单权严格分离的规定。

（5）风险管理委员会根据市场变化对投资组合计划提出风险防范措施，监察稽核部对投资组合计划的执行情况进行日常监督和实时风险控制，基金经理依据基金申购和赎回的情况控制投资组合的流动性风险。

（6）基金管理人在确保基金持有人利益的前提下有权根据环境的变化和实际需求对上述投资程序作出调整。

3. 决策的实施

基金管理人在确定了投资决策后就要进入决策的实施阶段。具体来讲，就是由基金经理根据投资决策中规定的投资对象、投资结构、持仓比例等，在市场上选择合适的债券、股票或其他投资工具来构建投资组合。投资决策是否合理、有效地得到实施，直接关系到基金投资效益的好坏和基金投资者收益的高低。从各家基金的招募说明书中可以看到，基金管理公司通常会设立专门的基金投资部来负责基金的具体投资运作。

在基金的具体投资运作中，基金投资部为数不多的几位基金经理向下属的交易员发出交易命令，这种交易命令包括买入（卖出）何种投资工具、买入（卖出）的时间和数量、买入（卖出）的价格等。可以说，基金经理的投资理念、分析方法和投资工具的选择是基金投资运作的关键。基金经理投资水平的高低，直接决定了基金的收益情况。基金经理在实际投资中依据一定的投资目标构建合适的投资组合，并根据市场实际情况的变化及时对投资组合进行调整，合理地吸收或剔除相应的债券、股票或其他投资工具。

在实际操作中，交易员的地位和作用也是相当重要的。基金经理下达交易命令后要由交易员来负责完成。交易员每天从基金经理那里接收交易指令，然后寻找合适的机会以尽可能低的价位买入需要买入的股票和债券，以尽可能高的价位卖出应当卖出的股票和债券。交易员除了执行基金经理的指令外，还必须及时向基金经理汇报实际交易情况和市场动向，协助基金经理完成基金的有效运作。

4. 风险控制

为了提高基金投资的质量，防范和降低投资和管理风险，切实保障基金投资者的利益，无论是海外还是国内的基金组织都必须建立一套完整的风险控制机制。一般来说，基金的风险控制机制包括：

（1）风险控制机构：基金管理公司设有风险管理委员会，它是基金投资的风险控制机构。风险管理委员会通常由公司总经理或副总经理、监察稽核部经理及其他有关人员组成，负责制定风险管理政策，评估、监控基金投资组合的风险，提出改善意见。在市场发生重大变化的情况下，研究制定风险控制办法。

（2）内部风险控制制度：主要包括严格按照《证券投资基金法》规定的投资比例进行投资，不得从事法律所禁止的业务；坚持独立性原则，基金管理公司管理的基金资产与基金管理公司自有资产应相互独立，不同基金资产以及基金与其他定向理财账户资产都应该实行账务管理；基金和基金管理公司的会计人员以及工作场地应相互分开。

（3）内部监察和稽核制度：主要检查各部门在基金投资管理中是否违反了国家有关法律、法规和公司有关业务规章制度；审核公司的财会制度是否符合国家法律和公司规章制度的要求，是否体现了客观、真实、完整、准确的原则。基金管理公司的监察稽核部直接受总经理领导，接受证监会的业务指导并向其报告工作，独立开展内部监察稽核工作。

9.3.5 基金相关文件

1. 基金契约

基金发起人（受益人）或者由基金发起人委托的基金主要发起人（主要受益人），应当按照有关准则的要求与基金管理人、基金托管人订立基金契约。基金契约当事人应当遵循平等自愿、诚实信用、充分保护投资者合法权益的原则订立基金契约。基金契约不得含有虚假的内容或误导性陈述，不得遗漏有关准则规定的内容，并应符合有关准则规定的格式。凡对基金企业当事人权利、义务有重大影响的事项，无论法律准则是否作出规定，当事人均应在基金契约中说明。基金契约是基金的核心法律框架，是制定其他法律文件的依据。

2. 发起人协议

发起人协议，是基金发起人就发起设立的有关事项达成一致的协议书，是申请设立基金的必要条件。内容包括发起人认购基金的出资方式、期限以及首次认购和存续期间持有的基金份额等。

3. 托管协议

托管协议是从基金契约派生出来的，是基金管理人和基金托管人为了明确双方权利、义务关系而订立的重要合同。托管协议必须服从基金契约，基金契约在法律效力上高于托管协议，托管协议不能与之抵触。

4. 招募说明书

基金发行前，发行协调人应协助基金发起人根据有关准则规定的内容与格式编制并公告招募说明书。发行协调人同时还需就基金发行具体事宜编制并公布发行公告。招募说明书是基金最基本的信息披露文件，编制目的是让广大投资者了解基金详情，以便作出是否投资于该基金的决策。

9.4 私募基金

按照是否面向大众募集资金，基金又可分为公募基金和私募基金。公募基金指的是以公开方式向社会公众投资者募集资金并以证券为投资对象的证券投资基金。这些基金在法律的严格监管下，有着信息披露、利润分配和运行限制等行业规范。目前国内证券市场上的封闭式基金就属于公募基金，还有大家在各大基金公司购买的那些认购额度比较低的开放式基金也属于公募基金。而私募基金则是相对于公募基金来说的，它指的是一种针对少数投资者而私下（非公开）地募集资金并成立运作的投资基金，因此它又被称为向特定对象募集的基金或是“地下基金”。其设立方式基本有两种：一种是基于签订委托投资合同的契约型集合投资基金，另一种是基于共同出资入股成立股份公司的公司型集合投资基金。

9.4.1 公募基金和私募基金的比较

1. 信息披露要求不同

公募基金面向的是广大普通投资者，国家法律法规为保护众多中小投资者的利益，对公开募集行为（无论是股票还是基金）实施更为严格的监管措施及更详细的信息披露要求。而对私募基金来说，由于投资者只是部分特定的群体，可以是个别协商的结果，因此相对于公募基金来说，对其信息披露的要求较低，并且在投资方面私募基金比公募基金更灵活。

2. 募集人数不同

公募基金，包括向不特定对象募集资金、向特定对象募集资金累计超过 200 人；私募基金的投资者人数累计不得超过《中华人民共和国证券投资基金法》等相关法律规定的特定数量。

3. 投资门槛不同

公募基金因为是面向广大普通投资者的，所以投资门槛相对来说比较低，按照常见的来说 10 元、100 元就可以购买公募基金了；而私募基金因为是面向特定机构和人群的，因此其门槛通常比较高，一般来说需要 100 万元起，且不能拆分。

4. 产品规模不同

公募基金因为面向的募集对象比较广泛，所以通常会达到比较大的规模；而私募基金因为面向的募集对象较少，其规模通常也较小。但相对来说，私募基金在投资决策上会更占优势。由于公募基金规模较大，因此在进行投资时往往需要提交报告，开会讨论，从风险控制部门审核再到投资总监作出决定要经过一系列流程，耗费时间很长。而私募基金则不用顾虑这些，发现了好的投资事项后，通常能够更快地作出反应。

9.4.2 私募基金概述

1. 私募基金的定义

私募基金是与公募基金相对应的，是指不采用公开募集的方式，而是在私下范围内对特定投资者进行资金募集，并对特定的目标进行投资的基金。关于私募基金，各国法律都没有明确的定义。以美国为例，在美国的法律中，未对私募基金作明确定义，只是在《投资公司法》中根据相关条款将其界定为“可以豁免登记的基金”。这类基金主要有风险投资基金、对冲基金、私募股权基金及一些结构性投资工具，最主要的形式是风险投资基金和对冲基金。在英国，私募基金主要指那些未受监管的集合投资计划，并明确不向英国的普通公众发行。

2. 私募基金的特点

（1）投资者限定于特定投资者。一般私募基金的募集对象限于富裕个人或者机构投资者，这类投资者财富较多，具有投资经验和投资知识。在美国，有“成熟投资者”（sophisticated investor）的定义，即个人净资产（不包括主要居所价值）应不低于 100 万美元或近两年的年收入均不低于 20 万美元（或与配偶年收入合计不低于 30 万美元），且预计在本年度内收入也不低于此数的投资者，另外还包括拥有合格机构颁发的专业证书或其他资质证明文件的自然人，以及私募基金或其关联管理人雇用的“知识型员工”。因为私募基金不受证券监管当局的信息披露监管规范，因此相应的风险较大，所以对投资者需要有特殊的限定。

（2）私募基金的发行不能借助传媒。私募基金要通过私人关系、券商、投资银行或投资咨询公司介绍来筹集资金。

（3）私募基金的结构比较灵活，契约设计比较复杂，同时投资者的参与度比较高。

（4）私募基金不需要定期公布基金净值和业绩，短期业绩压力较小。私募基金往往投资于流动性较差的一些投资项目，因而业绩往往需要较长的时间显现。

私募基金根据投资的领域可以分为：私募股权基金和私募证券投资基金。前者主要针对非上市企业进行股权投资；后者是对上市公司的股票、债券以及其他金融工具进行投资，是公募的证券投资基金的私募化形式，私募证券投资基金在美国也被称为对冲基金。

9.4.3 私募股权基金

1. 私募股权基金的概念

一般而言，私募股权基金是指通过私募形式募集资金，集中针对非上市企业进行权益性投资的基金。私募股权基金的投资标的主要是非上市企业股权。

私募股权基金起源于美国，第一家现代意义的私募股权基金是 KKR 投资公司。1976 年，克拉维斯（Kravis）和其表兄罗伯茨（Roberts）以及他们的导师科尔博格（Kohlberg）共同创建了 KKR 公司，专门从事并购业务。国际上一些著名的私募股权投资机构有黑石集团、凯雷集团、软银集团、红杉资本、高盛集团等。

2. 私募股权基金的分类

美国风险投资协会（NVCA）将私募股权基金的定义分为广义和狭义两种，广义的定义包括所有的风险投资基金、收购基金、夹层投资基金、基金中基金和二级投资基金等，狭义的定义则不包括风险投资基金。

私募股权基金可按参与目标企业投资的阶段分为以下两类：

（1）增长型投资基金：这类基金数量较多，其投资对象是将要上市的企业，其方法在于对公司注入一定量的资本，同时参与扶持其上市，通过企业的上市而实现资本的退出。

（2）并购基金：这是专门为进行重组或更换现有股权的公司提供资本的基金。

当然，很多私募股权基金并不局限于某个投资阶段，往往会灵活地根据市场情况而选择投资对象。

私募股权基金也可以按投资行业来划分，比如有专门投资于信息技术行业、房地产行业、矿产行业、制药行业、生物科技行业的基金，这些基金往往具备在某一特殊领域投资的专业经验和专业人才。私募股权基金也可以按投资区域来划分，比如亚洲基金、欧洲基金等。

在我国，私募股权基金一般指风险投资基金和产业投资基金两类，在国外这两类基金是一个概念，但是在我国有所区别。

从我国推出风险投资基金的初衷看，风险投资基金是对处于发展早期的高科技、高成长企业投资的基金，这类基金包括政府出资的风险投资基金和纯粹民间出资的风险投资基金。但是，随着我国风险投资事业的发展以及资本市场的变化，风险投资基金的投资目标发生了重大转移，为了实现风险投资基金的商业盈利性，风险投资基金的主要目标转为即将上市的公司。

产业投资基金一般是向具有高增长潜力的未上市企业进行股权或准股权投资，并参与被投资企业的经营管理，以期所投资企业发育成熟后通过股权转让实现资本增值。在我国，产业投资基金特指那些由国家发展和改革委员会批准或者备案的产业投资基金。截至2018年9月末，国内产业投资基金总量为1 996只，募集目标规模为11.7万亿元，已募集完成的基金数量为454只，其中422只披露了募集规模，总计2.11万亿元，平均每只约50亿元。

3. 私募股权基金的投资管理

私募股权基金的投资管理过程与一般的证券投资基金不同，因为缺少合适的证券流通二级市场，因而其价值并不是通过证券市场的交易产生的。私募股权基金投资管理的宗旨在于实现发现企业、投资企业、培育企业和退出企业这样一个循环，从中得到资本的升值。因此，私募股权基金需要体现其两方面的作用，一方面是发现企业的内在价值和成长空间，另一方面，需要通过基金管理人参与企业的发展，对项目公司的经营战略、管理模式、资本运营等方面进行全面提升，使其实现与资本市场更好的对接和融合，最大限度地提高企业成长的速度，并最终使项目成熟，使企业得以上市，或者基金通过其他途径退出。私募股权基金的投资管理一般包括以下几个阶段：

（1）项目筛选阶段。

私募股权基金基金经理会得到非常多的投资项目信息，他需要进行初步筛选，确定潜在的投资对象。基金经理需要实地考察企业，进行初步的尽职调查并达成初步的投资意向。一般被选择的投资目标需要有良好的商业模式、良好的管理团队，在经营业绩方面并不需要有良好的业绩，但是需要有巨大的市场潜力和潜在的成长性。

（2）投资介入阶段。

在此阶段，基金经理会与被投资企业进行商务谈判，谈判的重点有两个：一个是入股价格，另一个是投资协议。

在入股价格方面，由于双方在估值方面存在意见分歧，往往会产生僵持，因此一个好的价格往往需要兼顾双方的利益。为了平衡双方的利益，往往会引入估值调整机制（valuation adjustment mechanism，VAM），或称对赌协议，即投资方与融资方在达成股权性融资协议时，为解决交易双方对目标公司未来发展的不确定性、信息不对称以及代理成本等问题而设计的包括股权回购、金钱补偿等对未来目标公司的估值进行调整的协议。投资方与融资方由于对估值存在分歧，因此可以事先形成约定：如果约定的条件出现，投资方可以行使一种调整权利；如果约定的条件不出现，则不行使调整权利。比如：我国的蒙牛乳业在接受摩根士丹利等机构投资者的投资时就采用了对赌协议。2003年，摩根士丹利等机构投资者以3 523万美元购入了蒙牛乳业的“可换股文据”，未来换股价格仅为0.74港元/股。“可换股文据”实际上是股票的看涨期权，其价值最终取决于蒙牛乳业未来的业绩。同时，摩根士丹利等机构投资者还与蒙牛管理层签署了基于业绩增长的对赌协议。双方约定，2003—2006年，蒙牛乳业的复合年增长率不低于50%。若达不到，公司管理层将输给摩根士丹利约6 000万～7 000万股的上市公司股份；如果业绩增长达到目标，摩根士丹利等就要拿出自己的相应股份奖励给蒙牛乳业管理层。2004年6月，蒙牛业绩增长达到预期目标，摩根士丹利等的可换股文据得以兑现，换股时蒙牛乳业股票价格达到6港元以上，给予蒙牛乳业管理层的股份奖励也都得以兑现。摩根士丹利等机构投资者投资于蒙牛乳业的对赌协议，让各方都成为赢家。

投资协议是谈判的另一个焦点。投资协议包括了董事会席位（投票权）、否决权和其他公司治理问题、退出条款和其他一些保护性措施。

（3）参与管理阶段。

私募股权基金并不参与项目公司的日常管理，但是对一些重大事项，尤其是公司战略和资本运作方面的重大事项，都有参与权。基金经理会利用他的商业经验来帮助项目公司更快地成长，也会通过其对资本市场的熟稔而寻求尽快与资本市场对接。私募股权基金良好的资本市场背景，能够帮助企业更快地完成上市。比如我国在纳斯达克上市的企业，背后都有著名的私募股权基金参与投资，它们的参与加快了企业上市的步伐。

（4）退出项目阶段。

退出项目阶段是私募股权基金投资管理最后的一个阶段。私募股权基金的退出机制主要有：首次公开发行（IPO）、被兼并收购、股份回购、破产清算等。国际上，风险投资的退出机制主要有：二板上市、柜台交易、兼并回购与破产清算等。统计表明，在美国，大部分风险企业的最后结果是被兼并收购，能够首次公开发行的只占少数。我国推出的创业板市场，大大便利了私募股权基金的退出。

案例9-8

阿里巴巴融资

一、事件过程

1. 创业伊始

1999年年初，马云决定回到杭州创办一家能为全世界中小企业服务的电子商务公司。回到杭州后，马云和最初的创业团队开始谋划一次轰轰烈烈的创业。大家筹集了50万元。在马云位于杭州湖畔花园的100多平方米的家里，阿里巴巴诞生了。

这个创业团队里除了马云之外，还有他的妻子、他当老师时的同事和学生以及被他吸引来的精英。阿里巴巴的目标是要建立一家为中小企业服务的电子商务公司并成为世界上最大的电子商务公司。

阿里巴巴很快就面临资金的瓶颈：公司账上没钱了。当时马云开始去见一些投资者，但是他并不是有钱就要，而是精挑细选。即使囊中羞涩，他还是拒绝了38个投资者。马云后来表示，他希望阿里巴巴的第一笔风险投资除了带来钱以外，还能带来更多的非资金要素，例如进一步的风险投资和其他海外资源。而被拒绝的这些投资者并不能给他带来这些。就在这个时候，蔡崇信的一个在高盛的旧关系为阿里巴巴解了燃眉之急。以高盛为主的一批投资银行向阿里巴巴投资了500万美元。这一笔天使投资让马云喘了口气。

2. 第二轮融资

1999年秋，日本软银总裁孙正义约见了马云。孙正义当时是亚洲首富。孙正义直截了当地问马云想要多少钱，而马云的回答却是他不需要钱。孙正义反问道："不缺钱，你来找我干什么？"马云的回答却是："又不是我要找你，是人家要我来见你的。"

这个经典的回答并没有触怒孙正义。第一次见面之后，马云和蔡崇信很快就在东京又见到了孙正义。孙正义表示将给阿里巴巴投资3 000万美元，占30%的股份。但是马云认为钱还是太多了。经过6分钟的思考，马云最终确定了2 000万美元的软银投资，阿里巴巴管理团队仍绝对控股。

从2000年4月起，纳斯达克指数开始暴跌，长达两年的熊市寒冬开始了，很多互联网公司陷入困境，甚至关门大吉。但是阿里巴巴却安然无恙，很重要的一个原因是阿里巴巴获得了2 500万美元的中小企业融资。那个时候，全社会对互联网产生了一种不信任，阿里巴巴尽管不缺钱，业务开展却十分艰难。马云提出关门把产品做好，等到春天再出去。冬天很快就过去了，互联网的春天在2003年开始慢慢到来。

3. 第三轮融资

2004年2月17日，马云在北京宣布，阿里巴巴再获8 200万美元的巨额战略投资。这笔投资是当时国内互联网金额最大的一笔私募投资。2005年8月，雅虎以总计6.4亿美元现金、雅虎中国业务以及从软银购得的淘宝网股份，交换阿里巴巴40%的普通股。之后，阿里巴巴创办淘宝网、创办支付宝、收购雅虎中国、创办阿里软件等，一直到阿里巴巴上市。

2007年11月6日，全球最大的B2B公司阿里巴巴在中国香港联交所正式挂牌上市，正式登上全球资本市场舞台。11月6日10时，阿里巴巴以30港元，较发行价13.5港元涨122%的高价拉开上市序幕，并最后以39.5港元收盘，较发行价涨了192.59%。按收盘价估算，阿里巴巴市值约为280亿美元，超过百度、腾讯，成为中国市值最大的互联网公司。在此次全球发售过程中，阿里巴巴共发行了8.59亿股，占已发行50.5亿总股数的17%，按每股13.5港元计算，共计融资116亿港元（约15亿美元）。加上当天1.13亿股超额配股权获全部行使，融资额达131亿港元（约16.95亿美元），接近谷歌纪录（2003年8月，谷歌上市融资19亿美元）。在上市过程中，阿里巴巴与八个基础投资者签订投资协议，分别为雅虎、AIG、富士康、中国工商银行、思科及分别与九龙仓集团有限公司主席吴光正、郭氏家族（新鸿基地产发展有限公司的控股股东）及郭鹤年关联的三家公司。阿里巴巴的招股说明书显示，雅虎的配售额为7.76亿港元，AIG和富士康的配售额皆为2.7亿港元，中国工商银行和思科各为1.55亿港元，其他三个基础投资者配售额均为2.32亿港元。基础投资者总投资额约为23亿港元，股份锁定期为自上市日起的24个月。启动回拨机制后，基础投资总额约占全球发售规模的18%。

作为阿里巴巴的两个大股东，雅虎和软银在阿里巴巴上市当天账面上获得了巨额的回报。软银间接持有阿里巴巴21.33%的股份。到收盘时，阿里巴巴股价达到39.5港元。市值飙升至1 980亿港元（约260亿美元），软银间接持有的阿里巴巴股权价值55.45亿美元，若再加上2005年雅虎入股时曾套现1.8亿美元，软银的投资收益率已高达71倍。

二、总结

软银不是阿里巴巴最初的风险投资商，却是坚持到最后的一个。1999年10月，马云私募到手第一笔天使投资500万美元，由高盛公司牵头，联合美国、亚洲、欧洲一流的基金公司参与。在阿里巴巴的第二轮融资中，软银开始出现。从此，软银不断支持马云，才使得阿里巴巴能够达到今天的规模。

2000年，阿里巴巴引进第二笔风险投资，2 500万美元的投资来自软银、富达、汇亚资金、剧院发展基金（TDF）、瑞典投资6家风险投资商，其中软银为2 000万美元，阿里巴巴管理团队仍绝对控股。

2004年2月，阿里巴巴第三轮融资，再从软银等风险投资商手中募集到8 200万美元，其中软银出资6 000万美元。马云及其创业团队仍然是阿里巴巴的第一大股东，占47%的股份；第二大股东为软银，约占20%；富达约占18%；其他几家股东合计约占15%。

软银不仅给阿里巴巴投入了资金，在后来的发展中还给了阿里巴巴足够的支持。尤其是在2001—2003年的互联网低谷时期，投资者伴随阿里巴巴整个团队一路挺过来了。

在投资者投资阿里巴巴的案例中，显然是运用了联合投资、分段投资的策略。分段投资体现为阿里巴巴在上市前共进行了三轮融资；联合投资体现为阿里巴巴在上市前的第一轮和第三轮融资都是投资者一起投资的。

9.4.4 对冲基金

1. 对冲基金的概念

对冲基金，也被称为避险基金或套利基金，是一种私募的投资基金。对冲基金以各种公开交易的有价证券和金融衍生产品为投资对象，运用包括买空卖空、杠杆交易、程序交易和衍生产品交易等一系列复杂的交易策略进行操作，从而达到套利或者避险等目的。

对冲基金起源于20世纪50年代初的美国。当时的操作宗旨在于利用期货、期权等金融衍生产品以及对相关联的不同股票进行实买空卖、风险对冲等操作，在一定程度上可规避和化解投资风险。经过几十年的演变，对冲基金失去了其初始的风险对冲的内涵，已经成为一种新的私募投资模式的代名词，即基于最新的投资理论和极其复杂的金融市场操作技巧，充分利用各种金融衍生产品的杠杆效应，承担高风险，追求高收益的投资模式。

2. 对冲基金的特点

（1）投资的复杂性。

随着全球金融衍生产品的飞速发展，各类金融衍生产品的种类越来越齐全、结构越来越复杂、杠杆程度越来越大，期货、期权、互换等金融衍生产品逐渐成为对冲基金的主要操作工具。金融衍生产品的主要功能在于“以小博大”，通过设计一些金融衍生产品的组合交易，对冲基金可以达到精确套利的目的，但同时也暴露了对冲基金的巨大风险。

（2）投资效应的高杠杆性。

为了提高资本的收益，对冲基金往往需要利用银行贷款，通过极高的杠杆比率进行套利。因为对冲基金往往进行一些“确定性套利”，但是这种套利的收益率往往只有不到1%，如果以自有资金操作，收益率将非常低，只有通过加大杠杆才能提升收益率。当然，由于杠杆比率较高，对冲基金一旦操作失策往往会面临巨额损失。

比如，美国的长期资本管理公司（LTCM）就是利用高杠杆进行套利，其交易模式是“收敛交易”。这种策略并不关心某一股票或债券的价格是升还是降，而是在赌相关股票或债券的价格的异态变动会向常态收敛。1996 年 LTCM 大量持有意大利、丹麦、希腊政府债券，而沽空德国债券，因为根据 LTCM 模型的预测，随着欧元的启动，上述国家的债券与德国债券的息差将缩减。市场表现与 LTCM 的预测惊人地一致，LTCM 获得了巨大收益。但是，1998 年，俄罗斯宣布停止其主权债务的偿付，从而引起全球性的金融动荡，全球资金纷纷放弃收益性而追求安全性，因此高质量的德国债券价格上涨，信用风险相对较高的意大利债券等证券价格下跌，这与 LTCM 沽空德国债券、做多意大利债券的策略方向完全相反，引发 LTCM 两头亏损。由于单一收敛交易的低收益率，LTCM 采用了大幅度放大杠杆的策略，它利用从投资者那里筹来的 22 亿美元作资本抵押，买入价值 3 250 亿美元的证券，这加剧了 LTCM 的崩溃。它在短短的 150 多天资产净值下降 90%，走到破产边缘。

（3）筹资方面的私募性。

对冲基金的组织结构一般采用有限合伙制。在有限合伙制中，合伙人分为有限合伙人（LP）和一般合伙人（GP）。GP 负责所有的交易和日常的运营，承担无限责任。LP 负责提供资本，但不参与对冲基金的具体运营，同时只承担有限责任。

由于对冲基金的高风险性和复杂的投资机理，各国都禁止其向公众公开招募资金，以保护普通投资者的利益，同时，对投资者人数有上限要求，对投资者的财富及投资经验亦有要求。

除了有限合伙人和一般合伙人之外，对冲基金还会安排基金托管人、投资顾问、经纪商等来执行对冲基金的各项职能。

在美国，大多数对冲基金都执行“2 - 20”的费率标准，即收取 2%的基金管理费和 20%的业绩激励费。基金管理费一般按季度事前收取，每季度 0.5%。如果基金业绩超过事前确定的基准，那么就可以获得占收益 20%的奖励。为了保证基金的业绩不受短期变动的影响，基金有一定的锁定期（lock-up period）。

（4）操作的隐蔽性和灵活性。

对冲基金不需要对公众披露操作情况和仓位，因此比较隐秘，这一点与公募的共同基金不同。同时，对冲基金具有远高于共同基金的灵活性，可利用一切可操作的金融工具来最大限度地使用信贷资金，而且，对冲基金的组织机制也保证了操作的灵活性。这也许是近年来对冲基金发展快于共同基金的原因。而且，对冲基金整体上也获得了比共同基金更好的业绩。

3. 我国对冲基金的雏形

（1）阳光私募基金的概念。

阳光私募基金是经由信托公司发行的证券投资基金，经过监管机构备案，资金实现第三方银行托管，有定期业绩报告，其资金投资于股票市场。阳光私募基金与一般的私募基金相比，采用合法化、规范化、透明化的运作方式，其本质是信托化了的私募基金。

阳光私募基金的运作模式和公募基金基本相同，资金由银行托管，证券由交易券商托管，投资指令由投资顾问及私募基金管理人完成。通过这样的结构可以充分保证阳光私募基金的资金和证券的安全。2004 年，国内第一只阳光私募基金“赤子之心”发行。

（2）阳光私募基金的特点。

1）阳光私募基金一般是开放式的私募基金。所谓开放式，即基金认购者承担所有投资风险及享受大部分的投资收益，阳光私募基金不承诺收益。

2）阳光私募基金的盈利模式一般是收取相当于总资金 2%左右的管理费和相当于投资盈利 20%的佣金收入，这种收费模式俗称“2－20”收费模式。但是 20%的盈利分成只有在阳光私募基金净值每次创出新高后才可以提取。

3）追求绝对正收益。阳光私募基金的利益和投资者的利益是一致的，阳光私募基金的固定管理费很少，主要依靠超额业绩费。只有投资者赚到钱，阳光私募基金才能赚到超额业绩费。所以，阳光私募基金需要追求绝对的正收益，对下行风险的控制相对严格。

4）股票的投资比例灵活。仓位比例没有限制，灵活的仓位选择可以赋予私募基金管理人较大的权力来寻求市场机会，并最大限度地保护资金的安全。

5）购买门槛较高。阳光私募基金每份投资一般不少于 100 万元。

6）阳光私募基金操作灵活。阳光私募基金规模通常在几千万元以上，但相对于公募基金，总金额比较小，操作更灵活。同时，阳光私募基金有利于更加集中地持股。

7）阳光私募基金的锁定期应根据其合同规定执行。在锁定期内，客户不得赎回。在锁定期后，一般每月公布一次净值，并开放申赎。

思考题

1. 资产管理业务是什么投资银行业务？主要有哪几种分类？
2. 试举例说明我国资产管理业务主要由哪些金融机构提供。
3. 什么是证券投资基金？分为几种类型？
4. 试举例分析证券投资基金的各方当事人是哪些机构。
5. 对冲基金是什么？其特点是什么？
6. 试举例说明私募股权基金的概念和其投资管理的阶段。

第10章
投资银行的风险控制

本章提要

本章主要讲述投资银行的风险控制，包括内部风险控制和外部监管。本章首先介绍了投资银行风险和风险管理的相关概念，介绍了投资银行风险管理的原则和内容，给出了中外有代表性的投资银行的风险管理架构；然后阐述了投资银行的风险管理技术，以及投资银行外部监管的目标、原则和模式等；最后提出了大数据时代投资银行风险管理的优化、转型与升级。

重点与难点

1. 投资银行风险的分类。
2. 投资银行风险的企业管理模式。
3. 投资银行的风险管理政策和架构。
4. 以 VaR 法为代表的投资银行风险管理技术。
5. 投资银行外部监管的目标和原则。
6. 投资银行外部监管的主要监管模式和内容。
7. 大数据时代投资银行的风险管理优化、转型与升级。

10.1 投资银行的风险概述

10.1.1 风险概述

1. 风险的定义

风险是指由各种不确定因素导致行为主体遭受损失的可能性。风险分为广义风险和狭义风险。广义风险强调风险表现为收益、成本或代价的不确定性；狭义风险强调风险表现为损失的不确定性。

2. 金融风险和投资银行风险

金融风险，是指金融领域中因经济失衡、制度缺陷或经济运行紊乱等原因导致的对金融形成破坏性威胁的一系列矛盾。在统计学上，金融风险是金融的不确定性。其中，不确定性包括盈余的不确定性和亏损的不确定性两方面的内容。

投资银行风险，是指由于种种不确定因素，使得投资银行的实际收益与预期收益发生偏离，从而导致投资银行蒙受损失或减少收益的可能性。

10.1.2 投资银行风险的分类

1. 系统性风险和非系统性风险

根据风险是否可以分散，可以将投资银行风险分为系统性风险和非系统性风险。

（1）系统性风险。

系统性风险，又称不可分散风险，是指由全局性的共同因素引起的收益的可能变动。系统性风险会影响所有的金融变量，无法通过分散投资降低风险。

系统性风险的主要特征是几乎所有的投资产品收益均下跌，投资者往往要遭受很大的损失。系统性风险主要是由政治、经济及社会环境等宏观因素造成的，包括政策风险、利率风险、购买力风险和市场风险等。

（2）非系统性风险。

非系统性风险，又称非市场风险或可分散风险，是指只对某个行业或个别公司产生影响的风险，它通常是由某一特殊因素引起的，是发生于个别公司的特有事件造成的风险，一般是与特定市场主体相关的风险，可以通过分散投资降低甚至消除。

非系统性风险的特征包括：

第一，它是由特殊因素引起的，如企业的管理问题、上市公司的劳资问题等。

第二，它只影响某些股票的收益。它是某一企业或行业特有的那部分风险。如房地产业股票在遇到房地产业不景气时会出现暴跌。

第三，它可通过分散投资来减少，但并不能完全消除。由于非系统性风险属于个别风险，是由个别企业或个别行业的可控因素带来的，因此，股民可通过投资的多样化来化解非系统性风险。

2. 承销业务风险、经纪业务风险和自营业务风险

根据投资银行业务的不同，可以将投资银行风险分为承销业务风险、经纪业务风险、自营业务风险等。

（1）承销业务风险。

承销业务是投资银行的传统业务，在发行过程中，承销商要面对市场的不确定性，往往会遭遇发行失败。发行失败的主要原因可能来自项目选择的失误、定价失败、项目风险控制不足或者证券市场发生未预计的变化等。因此，对于承销业务，投资银行需要建立良好的风险控制机制，严格筛选项目并跟踪项目的整个发行周期，实时监控风险。同时，在承销方式方面、承销融资方面都需要审慎地处理。

（2）经纪业务风险。

经纪业务是指证券公司接受客户委托，为其代理股票和其他有价证券交易的中介业务。经纪业务是投资银行利润收入的重要来源。经纪业务涉及的主体比较多，环节复杂，因而风险来源多、发生频繁。

经纪业务风险主要包括：

1）开户规模及佣金费率风险，即由于开户规模过小以及交易佣金恶性竞争而带来的风险，具体包括：由于开户者本身质量不符合规定而影响券商正常业务的开户对象风险；开户数量与经营规模不相适应的开户数量风险；由佣金费率标准下降引起的佣金收入风险等。

2）交易保障风险，即证券公司交易保障系统（如电脑设备、供电设施、通信设施等）在容量、运作等方面不能保障交易业务正常、有序、高效、顺利地进行，从而完不成代理业务而可能带来损失的风险。

3）交易差错风险，即操作人员忙中出错，发生操作失误、反向操作或委托内容不全等事故，产生业务纠纷，给投资银行造成损失的风险。

4）信用交易风险，即在向客户融资融券过程中，由风险失控所引起的风险。

5）计算机处理风险。计算机处理系统是证券营业部的核心枢纽，它不仅要向客户提供及时的数据传输，而且还要和总公司保持联系，有的还直接与证券交易所保持联系，进行指令传送、交易收益等实时数据处理。计算机系统一旦出现故障，可能引起交易瘫痪，造成的损失是难以估量的。

（3）自营业务风险。

在证券的自营买卖或投资过程中，存在种种原因会使投资银行发生损失。在现代投资银行中，自营业务已经成为重要的利润来源，但同时也是波动最大的利润来源。因此，控制自营业务风险是投资银行风险控制的重中之重。

投资银行的自营业务风险主要有以下几种：

1）市场风险，指由于证券市场上证券价格的波动而造成证券公司自营业务经济损失的风险。证券市场变幻莫测，导致证券价格波动较大，因此，投资银行需要严格选择投资标的，构建良好的证券组合，并且实时监控风险，减少市场波动带来的损失。

2）经营管理风险，即投资银行在证券自营买卖过程中因经营水平不高、管理不善所

带来的风险。

3）违规风险，即在自营业务中由于违反有关法律法规而遭受损失的可能性。投资银行在市场上处于特殊地位，为了保证证券市场的规范运行，防止投资银行利用其资金实力和其他便利条件操纵市场、欺诈普通投资者，国家有关法律法规对投资银行的自营业务作出了详细的禁止性规定，如果投资银行违反了这些规定，就要承担违规风险，受到相应的处罚。

4）金融衍生产品风险。广泛地拓展业务范围和开发应用金融衍生产品，增加了投资银行的利润渠道，但同时也蕴藏了很大的风险。金融衍生产品往往有着巨大的杠杆，容易引起巨额亏损，而且无论是公司本身还是监管当局，都会面临金融衍生产品的风险监控难度较大的问题。

3. 市场风险、信用风险、技术风险及其他风险

根据风险的来源，可以将投资银行风险分为市场风险、信用风险、技术风险及其他风险。

（1）市场风险。

当投资银行主动交易资产和负债（以及金融衍生产品）而不是持有它们用于长期投资、融资或规避风险时就会出现市场风险。市场风险是指市场价格、利率、波动率、相关性或其他市场因素（如流动性）水平的变化所导致的投资银行某一头寸或组合损失的可能性。作为做市商，投资银行在维持合适的头寸和利用利率敏感性金融工具进行交易的时候都要面临市场风险，例如，利率水平的变化或波动率的变化、抵押贷款预付期的长短以及公司债券和新兴市场资信的差异等都可能带来风险。作为做市商，在证券市场中，在维持市场有关产品的头寸时，要面对证券价格变动带来的风险。作为做市商，在外汇和外汇期权市场中，为了维持外汇头寸，要面对外汇带来的市场风险。大型投资银行因承销与中介收入的下降而在证券与其他资产的交易中更积极、更大胆，这同时增加了投资银行的市场风险。

（2）信用风险。

信用风险是由投资银行持有的基础证券的承诺现金流量可能不会完全收到所引起的。如果投资银行所拥有的全部金融权利的本金到期如数返还，利息也按预期支付，投资银行总可以收回原先借出的本金加上利息收入。也就是说，投资银行这样就不会面临信用风险。如果借款者违约，则贷出的本金和预期的利息两者都有风险。许多由公司发行的投资银行持有的债券许诺一个有限的或固定的上限收益，并采取以下形式表现出来：支付投资者利息是大概率事件，发生下限风险是小概率事件。公司债券和银行贷款容易发生此类信用风险。

（3）技术风险。

投资银行为提高运营效率，会对内部和外部的通信设备和先进的技术系统进行重点的投资开发。提高技术的目的是降低成本、提高利润和扩大市场。如果技术投资不能产生预期的由规模经济或者范围经济带来的成本节约，就会出现技术风险。因为随着科技的进步、投资银行业务的迅猛发展以及竞争的加剧，投资银行对电脑技术和通信网络的依赖性加强，并且电脑犯罪猖獗，所以如果这些现代化设施不能安全、正常地运行，就会给投资银行带来很大的风险。

（4）其他风险。

其他风险主要包括政策性风险、道德风险以及经济周期风险。

政策性风险，是指政府有关证券市场的政策发生重大变化或是有重要的法规、举措出台，引起证券市场的波动，从而给投资者带来的风险。在市场经济条件下，由于受价值规律和竞争机制的影响，各企业争夺市场资源，都希望获得更大的活动自由，因而可能会触犯国家的有关政策，而国家政策对企业的行为具有强制约束力。另外，国家在不同时期可以根据宏观环境的变化而改变政策，这必然会影响到企业的经济利益。因此，国家与企业之间由于政策的存在和调整，在经济利益上会产生矛盾，从而产生政策性风险。

道德风险，是指在信息不对称的情形下，市场交易一方参与人不能观察另一方的行动，或观察（监督）成本太高，一方行为的变化导致另一方的利益受到损害的风险。从事经济活动的人在最大限度增进自身效用的同时作出的不利于他人的行动，或者签约一方不完全承担风险后果时所采取的使自身效用最大化的自私行为，都会产生道德风险。

经济周期风险，是指随着经济运行的周期性变化，各个行业及上市公司的盈利水平也呈周期性变化，从而影响到个股乃至整个行业板块的二级市场的走势的风险。

10.1.3 投资银行风险的特征

1. 风险普遍存在

风险贯穿投资银行业务的方方面面，这是由投资银行业务的自身特点决定的。投资银行业务涵盖传统的证券承销业务和经纪业务，以及并购重组、风险投资、公司理财、资产证券化等创新业务，这些业务都具有风险。

2. 风险程度高

投资银行没有存贷款业务，没有相对稳定的收益和利润来源，伴随着对高收益的追求，其各项业务都具有较高的风险。同时，这些高风险并不能确保高收益。因而对投资银行风险的管理着重于风险和收益的统一协调管理。

3. 风险管理难度大

投资银行风险管理的中心和关键在于风险与收益的对应管理，投资银行风险的管理更多地着眼于在收益性、安全性、流动性三者协调统一的基础上，合理开展高、中、低不同风险程度的业务，尽可能以最小的综合风险来获取最大的收益，因而投资银行风险管理的难度相应就要大得多。

10.2 投资银行内部风险控制

10.2.1 投资银行风险管理概述

1. 投资银行风险管理的概念

投资银行风险管理，就是发现和分析公司面临的各方面的风险，并采取相应的措施避免风险、实现公司经营目标、降低失败可能性、减少影响公司绩效的不确定性的全部过程。

投资银行的风险管理师能够识别投资银行风险、衡量风险、分析风险，进而有效地控制风险，以尽量避免风险损失和争取风险收益。投资银行风险管理是投资银行经营活动的一项重要内容。

2. 投资银行风险管理的原则

（1）全面性原则。

投资银行风险管理必须覆盖投资银行的所有相关业务部门和岗位，并渗透到决策、执行、监督、反馈等各项业务环节，因此，投资银行各个业务部门都要持续地进行风险识别、风险评估和风险控制程序。

（2）独立性原则。

投资银行一般会设立风险管理委员会、监察稽核部等相关业务部门，部门内部设立风险管理小组，各个风险管理机构和管理人员都会保持高度的独立性和权威性，负责对投资银行业务制度和内部风险控制制度的执行进行监察和稽核。

（3）防火墙原则。

投资银行内部必须建立防火墙制度，业务中各部门在制度上和空间上严格隔离，严格制定和执行报批审核程序和监督处罚程序。

3. 投资银行风险管理的流程

投资银行风险管理的流程通常有四个环节，即风险识别、风险分析与评估、风险控制和风险决策。

（1）风险识别。

风险识别，就是在纷繁复杂的宏观、微观市场环境中及对投资银行实行经营管理过程中识别出可能给投资银行带来意外损失和额外收益的风险因素。风险识别需要投资银行对宏微观经营环境、竞争环境有充分的了解，有完备的信息收集系统，还需要丰富的实践经验和深刻敏锐的洞察力。

（2）风险分析与评估。

风险分析，就是指投资银行深入全面地分析导致风险的各种直接要素和间接要素，如影响市场行情的宏观货币政策、投资者的心理预期等。

风险评估，是指管理者具体预计风险因素发生的概率，预测这些风险因素对投资银行可能造成的损失和收益的大小，进而尽可能地确定投资银行的风险程度。

风险评估中需要用到风险管理指标体系，用于可度量风险的识别和评估。该体系分为两个层次：一是反映公司整体风险情况的；二是反映各部门风险情况的。一级指标包括安全性指标（如资产负债率、资产权益率等）、流动性指标（如流动比率、速动比率、长期投资余额占资本的比例等）、风险性指标（如自营证券期末余额与所有者权益比例、风险投资比率、应收账款比率等）和盈利性指标（如资产收益率、资本收益率等）。二级指标分为证券自营部门和投资管理部门监控指标、经纪业务监控指标和承销业务指标等。

（3）风险控制。

风险控制，就是对投资银行的风险进行防范和补救，包括风险回避、风险分散、风险转移、风险补偿等多种形式。风险回避主要指在资产的选择上避免投资于高风险的资产，通过对资产期限结构进行比例管理等方式来规避风险。风险分散主要指通过资产投资的多样化，选择相关性较弱的甚至是不相关或负相关的资产进行搭配，以实现高风险资产向低风险资产扩散。风险转移指通过合法的交易方式和业务手段将风险转移到受让人的手里。风险补偿，指对风险可能造成的损失采取适当的措施进行的补偿，即为承担风险而获得的额外收益。

（4）风险决策。

投资银行风险决策一般由投资银行管理者在风险分析和评估的基础上作出，是风险控制的基础。它是指投资银行管理层在综合考虑风险和收益的前提下，根据自身的风险偏好以及对相关业务的发展前景的一些判断，选择风险承担的过程。风险决策首先要根据投资银行的经营目标确定决策目标，然后采用概率论、决策树等方法提供两个或两个以上的方案，最后确定最优方案。

4. 投资银行的企业风险管理

企业风险管理（ERM）这一概念由美国反虚假财务报告委员会下属的发起人委员会（简称COSO）于2003年提出。根据COSO的定义，企业风险管理是一个过程，这个过程受董事会、管理层和其他人员的影响，从企业战略制定一直贯穿到企业的各项活动中，用于识别那些可能影响企业的潜在事件并管理风险，使之位于企业的风险偏好之内，从而确保企业达到既定的目标。

作为一项贯穿企业各项活动的流程，投资银行的企业风险管理包括以下三个方面：

（1）建立风险管理的组织构架和体系；

（2）制定风险管理的一整套政策和程序；

（3）运用风险管理的技术监测工具。

10.2.2 投资银行风险管理的架构

从国外投资银行的发展历程看，投资银行风险管理经历了从原始管理、分散管理、集中管理到全面管理四个阶段（见表10-1）。

表10-1 投资银行风险管理的发展历程

	原始管理	分散管理	集中管理	全面管理
市场环境	市场环境比较简单	市场环境比较复杂，面对多个不同的市场	市场多样化，通常要面对多个国家和地区	面对全球市场，情况复杂多变
规模	业务规模较小	业务规模扩展并呈现一定复杂度	业务规模较为庞大，业务复杂度提高	业务规模庞大，业务复杂度高
风险管理方式	缺少风险管理专职部门与人员	风险管理职能由各部门分别负责，无专设部门	专设风险管理部门集中管理风险	设风控部门，并由各部门参与监控自身风险
风险度量	无风险度量	以业务为单位进行简单主观估测	结合系统性风险进行风险因素的整体估测	强化风险的综合、精确度量

续表

	原始管理	分散管理	集中管理	全面管理
决策与操作的关系	不分离	分离，但不彻底	分离	分离
风险管理的独立性	不独立	不独立	独立	独立
业务效率	无质量保证的高效率	相对较高	对业务运作效率有一定的影响	以质量为基础的高效率

资料来源：尹蘅，孔维成. 美国投资银行风险管理架构对我国的启示. 海南金融，2007（5）：53－57.

各家投资银行因其业务的偏重点不同而具有不同的风险管理体系，但其基本架构都大同小异。一般来说，投资银行设有直接隶属于公司董事会的风险管理委员会，由风险管理委员会集中统一管理和控制公司的总体风险。风险管理委员会一般由财务总监或执行总裁负责，其成员包括执行总裁、全球股票部主任、全球固定收益证券部主任、各地区高级经理、财务总监、信贷部主任、全球风险经理以及一些精通风险管理的专家等。

风险管理委员会的主要职责是：设计或修正公司的风险管理政策和程序，签发风险管理准则；规划各部门的风险限额，审批限额豁免；评估并监控各种风险暴露，使总体风险水平和结构与公司总体方针相一致；在必要时调整公司的总体风险管理目标。

除风险管理委员会外设立市场风险管理部、信贷风险管理部、审计部等，它们均独立于公司的其他业务部门。市场风险管理部负责监管公司在全球范围内的市场风险结构（包括各地区、各部门、各产品的市场风险）；信贷风险管理部负责监管公司在全球范围内的各业务伙伴的暴露额度；审计部通过定期检查公司有关业务和经营状况，评估公司的经营和控制环境。

下面以高盛集团为例，说明其风险管理架构：

高盛集团风险管理架构的特点在于构建一系列风险管理方面的委员会，通过这些委员会来执行一系列相互独立但互补的财务风险、信用风险、运作风险、道德风险等风险报告程序，监控公司的风险暴露水平。

管理委员会是风险管理架构中的最高执行机构，它负责监控公司全球的业务活动，所有关于风险控制的信息最终均报告至管理委员会，它通过直接授权或委托授权，审批公司所有经营活动、风险政策等。管理委员会下设风险委员会、商业操作委员会、公司资本委员会、承诺委员会、信用政策委员会、金融委员会、创新产品委员会、操作风险委员会和结构产品委员会等。

风险委员会负责评估公司现存的所有商业活动，审批创新业务和创新产品，评估和审批公司整体及各业务部门的风险限额。它下设的两个分风险委员会在公司总风险限额下，运用风险价值、情景分析、库存证券加杠杆等方法制定本部门的市场风险限额。风险委员会下设一些分委员会：证券部门风险委员会负责为证券交易部门设定市场风险的限制；投资管理风险委员会负责对资产管理业务的市场风险、交易对手风险以及流动性风险进行监控。

商业操作委员会协助公司高管对合规风险、操作风险进行监控，并检查公司业务与公司政策的吻合性。该委员会也会处理一些事关公司声誉方面的事情。

公司资本委员会负责评估和审批与债务有关的交易，这些义务包括但不限于信用提供、替代流动性担保、债务方面的承销等。它的职责是确保公司在承销和资本充足方面的业务和声誉处于全球一流水平。

承诺委员会负责审查和批准承销和分销方面的业务，包括股权方面的发行以及股权相关的发行，以使这些业务合法合规并保持公司信誉及业务水准。承诺委员会会定期对业务部门和产品进行检查。

信用政策委员会负责制定和审查信贷部门的信用政策和相关参数。

金融委员会负责审查流动性风险，资产负债的规模、结构和资本比率以及公司的信用评级，同时根据市场情况的变化和法规环境的变化适时调整金融状态。

创新产品委员会负责审批公司各项创新产品，评估创新业务、产品蕴含的风险及其控制程序。

操作风险委员会负责研究、开发、提供与操作风险相关的管理政策、管理框架和分析模型，监督操作风险管理的有效性。

结构产品委员会负责审查和批准结构性产品。

高盛集团的风险管理架构如图 10－1 所示

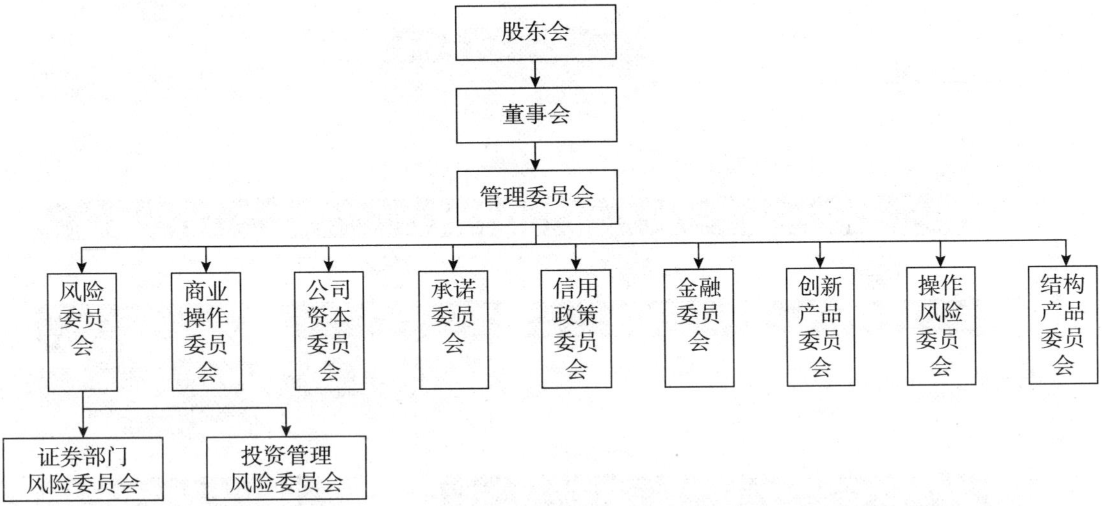

图 10－1　高盛集团的风险管理架构

下面以中信证券为例。中信证券始终认为，有效的风险管理和内部控制对公司的成功运作至关重要。通过实施全面的风险管理机制和内部控制流程，公司对业务活动中的金融、操作、合规、法律风险进行监测、评估与管理，对子公司通过业务指导、运营支持、决策管理等不同模式进行垂直的风险管理。根据各类法律法规及监管要求，公司建立了完整有效的治理结构体系。公司股东会、董事会和监事会根据《公司法》《证券法》《公司章程》履行职权，对公司的经营运作进行监督管理。董事会通过加强对内部控制有关工作的安排、完善公司的内部控制环境和内部控制结构，使内部控制与风险管理成为公司决策的必要环节。

中信证券建立了由首席风险官领导，风险管理部牵头，公司各部门/业务线、分支机构、子公司及全体员工共同参与的全面风险管理体系以及风险管理三道防线机制（见图 10－2）。公司在“十四五”规划中明确了风险战略目标：持续优化全面风险管理体系和全球一体化风险管理体系，建成与业务发展相匹配的、面向全球业务的 24 小时、全覆盖、无死角的风险管控体系，保持国内领先并基本达到国际先进投行的风险管理水平，将风险管理能力打造成公司的核心竞争力之一；构建科学的风险偏好管理体系，发挥风险偏好与容忍度的引导作用，达到资本、风险与收益的均衡匹配，助力公司经营战略目标的实现，推动公司持续高质量发展。公司董事会下设的风险管理委员会、经营管理层下设的专业委员会、独立的内部控制部门与业务部门/业务线共同构成公司风险管理的主要组织架构，形成由委员会进行集体决策、内部控制部门与业务部门/业务线密切配合，较为完善的三层次风险管理体系，从审议、决策、执行和监督等方面管理风险。在部门和业务线层面，确立了由业务部门/业务线承担风险管理的首要责任、风险管理部及合规部等内部控制部门对各类风险进行专业化管理、稽核审计部负责事后监督与评价的风险管理三道防线。

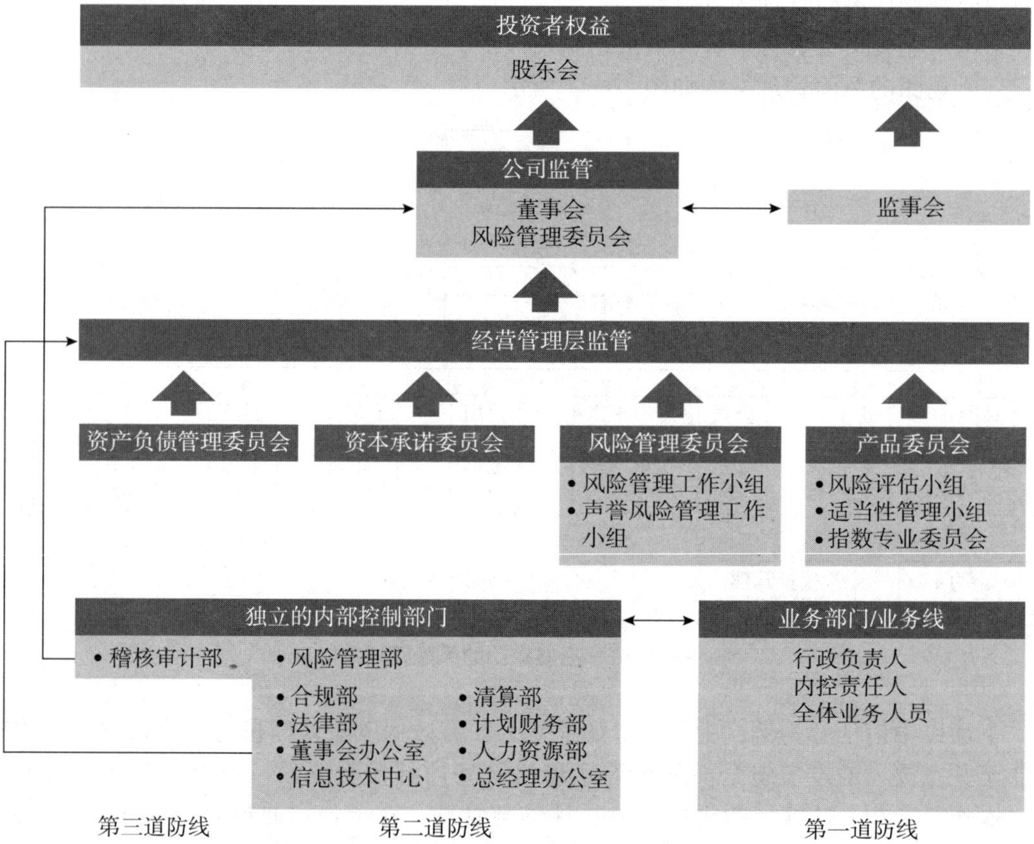

图 10－2　中信证券的风险管理架构

（1）第一层：董事会。

董事会下设的风险管理委员会对公司的总体风险管理进行监督，并将之控制在合理的范围内，以确保公司能够对与经营活动相关联的各种风险实施有效的风险管理计划；制定总体风险管理政策供董事会审议；规定用于公司风险管理的战略结构和资源，并使之与公司的内部风险管理政策相兼容；确定重要风险的界限；对相关的风险管理政策进行监督、审查和向董事会提出建议。

(2) 第二层：经营管理层。

公司设立资产负债管理委员会。该委员会在公司董事会和经营管理层的授权范围内对涉及公司自有资金运用的重要事项及相关制度进行决策审批，利用科学、规范的管理手段，坚持稳健的原则，严格控制和管理风险，在保证公司资金安全的基础上优化资产配置，提高资金使用效率。

公司设立资本承诺委员会。该委员会在公司董事会和经营管理层的授权范围内对承销业务的资本承诺进行最终的风险审查和审批，所有可能动用公司资本的企业融资业务均需要经过资本承诺委员会批准，确保企业融资业务风险的可承受性和公司资本的安全。

公司设立经营管理层下的风险管理委员会。该委员会向公司董事会下设的风险管理委员会、公司经营管理层汇报，并在授权范围内负责公司日常的风险监控和管理工作，对涉及风险管理的重要事项及相关制度进行决策审批，制定风险限额。风险管理委员会下设风险管理工作小组和声誉风险管理工作小组，其中，风险管理工作小组是负责对公司买方业务的金融风险实行日常监控管理的协调决策机构，推进落实公司风险管理委员会的决策。声誉风险管理工作小组负责有效管理声誉风险，完善公司全面风险管理体系，防范证券从业人员道德风险，维护证券行业形象和市场稳定。

公司设立产品委员会。产品委员会在公司董事会和经营管理层的授权范围内对公司产品与服务业务进行统一规划、部署及决策，对公司发行或销售产品、提供相关服务进行审批，是公司金融产品准入与适当性管理的决策机构。产品委员会下设风险评估小组、适当性管理小组和指数专业委员会。

(3) 第三层：业务部门/业务线。

在业务部门和业务线层面，公司对前、中、后台进行了分离，使之分别履行不同的职责，建立了相应的制约机制，形成由业务部门/业务线、风险管理部及合规部等内部控制部门、稽核审计部共同构筑的风险管理三道防线。

公司的前台业务部门/业务线作为公司风险管理的第一道防线，承担风险管理的第一线责任，负责建立各项业务的业务管理制度与风险管理制度，对业务风险进行监控、评估、报告，并将业务风险控制在授权范围内。公司风险管理部、合规部等内部控制部门是公司风险管理的第二道防线。

公司风险管理部对公司面临的风险进行识别、测量、分析、监控、报告和管理，分析、评价公司总体及业务线风险，对优化公司的风险资源配置提出建议；协助公司风险管理委员会制定公司的风险限额等风险管理指标，监控、报告风险限额等指标的执行情况；建立和完善业务风险在前台、风险管理部门、经营管理层间的快速报告、反馈机制，定期向经营管理层全面揭示公司的整体风险状况，为公司风险管理提供建议；建立健全压力测试机制，为公司重大决策和日常经营调整提供依据，并满足监管要求；对新产品、新业务进行事前的风险评估和控制设计。公司合规部组织拟订并实施公司合规管理的基本制度；为公司经营管理层及各业务部门/业务线和分支机构提供合规建议及咨询，并对其经营管理活动的合法合规性进行监督；督导公司各业务部门/业务线和分支机构根据法律法规和准则的变化，评估、制定、修订、完善内部管理制度和业务流程；对公司内部管理制度、重大决策、新产品、新业务及重要业务活动等进行事前合规审查；履行向监管部门定期、临时报告义务；依据公司反洗钱有关制度，组织开展洗钱风险防控工作等。公司法律部负责控制公司及相关业务的法律风险等。公司董事会办公室会同总经理办公室、风险管理部、合规部、人力资源部、法律部、信息技术中心、稽核审计部及相关部门，共同推进管理公司的声誉风险。公司信息技术中心负责管理公司的信息技术风险。

公司稽核审计部是公司风险管理的第三道防线，全面负责内部稽核审计，计划并实施对公司各业务部门/业务线、子公司及分支机构的内部审计工作，监督内部控制制度的执行情况，防范各种道德风险和政策风险，协助公司对突发事件进行核查。其他内部控制部门分别在各部门职责范围内行使相应的风险管理职能。

10.2.3　投资银行风险管理的内容

投资银行风险管理的内容主要涉及市场风险、信用风险、操作风险和其他风险的管理，同时针对不同风险的特点，确定不同的管理策略和实施方案。

1. 市场风险的管理

市场风险管理部作为风险管理委员会下属的一个执行部门，全面负责整个公司的市场风险管理及控制，并直接向执行总裁报告工作。市场风险管理部负责撰写和报送风险报告，制定和实施全公司的市场风险管理大纲。市场风险管理大纲向各业务单位、交易柜台发布经风险管理委员会审批的风险限额，并以此为参照对执行状况进行评估、监督和管理；同时，报告风险限制例外的特殊豁免，确认和公布管理当局的有关监管规定。这一风险管理大纲为投资银行的风险管理决策提供了一个清晰的框架。

市场风险管理部定期对各业务单位进行风险评估。整个风险评估的过程是在全球风险经理领导下由市场风险管理部、各业务单位的高级交易员和风险经理共同合作完成的。由于其他高级交易员的参与，风险评估本身为公司的风险管理模式和方法提供了指引方向。

为了正确评估各种市场风险，市场风险管理部需要确认和计量各种市场风险暴露。投资银行的市场风险测量是从确认相关市场风险因素开始的，这些风险因素随不同地区、不同市场而异。例如，在固定收益证券市场，风险因素包括利率、收益曲线斜率、信贷差和利率波动等；在股票市场，风险因素则包括股票指数波动、股价波动和股票指数差等；在外汇市场，风险因素主要是汇率和汇率波动等；对于商品市场，风险因素则包括价格水平、价格差和价格波动等。投资银行既需要确认某一具体交易的风险因素，也需要确定其作为一个整体的有关风险因素。

市场风险管理部不仅负责对各种市场风险暴露进行计量和评估，而且要负责制定风险确认、评估的标准和方法并报全球风险经理审批。确认和计量风险的方法有：风险价值（VaR）法、压力分析法、场景分析法等。根据所确认和计量的风险暴露，市场风险管理部分别为其制定风险限额，该风险限额随交易水平的变化而变化。同时，市场风险管理部与财务部合作为各业务单位制定适量的限额。通过与高级风险经理协商交流，市场风险管理部力求使这些限额与公司总体风险管理目标一致。

2. 信用风险的管理

信用风险的管理是投资银行整体风险管理架构中不可分割的组成部分，它由风险管理委员会下设的信用风险小组全面负责。信用风险小组直接向全球风险经理负责，全球风险经理再依次向执行总裁报告。信用风险小组通过专业化的评估、限额审批、监督等在全球范围内实施信贷调节和管理。在考察信用风险时，信用风险小组要对风险和收益间的关系进行平衡，对实际和潜在的信用风险暴露进行预测。

为了在全球范围内对信用风险进行优化管理，信用风险小组建立有各种信用风险管理政策和控制程序，主要包括：①对最主要的潜在信用风险暴露建立内部指引，由信用风险管理部门总经理监督；②实行初始审批制，不合规定的交易要由信用风险管理部门指定成员审批才能执行；③实行限额制，每天对各种交易进行监控以免超过限额；④针对抵押、交叉违约、抵销权、担保、突发事件风险合约等订立特定的协议条款；⑤为融资活动和担保合约承诺建立抵押标准；⑥对潜在暴露（尤其是金融衍生产品交易的潜在暴露）进行定期分析；⑦对各种资产组合进行场景分析以评估市场变量的灵敏性；⑧通过对经济、政治发展的有关分析对主权风险进行定期评估；⑨和全球风险经理一起对一些特殊信用风险进行专门评估和监督。

3. 操作风险的管理

在一个飞速发展和愈来愈全球化的环境中，当市场中的交易量和产品数目扩大、复杂程度提高时，发生这种风险的可能性呈上升趋势。这些风险包括经营/结算风险、技术风险、法律/文件风险、财务控制风险等。它们大多是彼此相关的，所以投资银行监控这些风险的行动、措施也是综合性的。

投资银行一般由行政总监负责监察公司的全球性操作和技术风险。行政总监通过优化全球信息系统和数据库实施各种长期性的战略措施以加强对操作风险的监控。一般的防范措施包括：支持公司业务向多实体化、多货币化、多时区化发展；改善复杂的跨实体交易的控制；促进技术、操作程序的标准化，提高资源的替代性利用；消除多余的地区请求原则；降低技术、操作成本，有效地满足市场和监管变动的需要，将公司总体操作风险控制在最合适的范围。

10.2.4 投资银行的风险管理技术

随着信息技术的不断发展，采用一套高效的风险管理技术必不可少。科学地度量潜在的风险，是风险管理技术中的重要环节。在近年来的风险管理技术的发展过程中，VaR 法成为投资银行普遍采用的一种风险管理技术。VaR 法是对市场风险进行度量和管理的工具，而市场风险是投资银行最主要的风险来源，因而我们在此主要介绍 VaR 法，对其他风险管理技术则从略。

所谓的 VaR（Value at Risk），直接翻译的含义是“处于风险中的价值”，一般翻译为风险价值。1998 年 5 月，国际证监会组织（IOSCO）技术委员会提交了一份题为《证券公司及其监管者的风险管理和控制指引》的文件，其中指出 VaR 法是最为重要的风险管理技术。目前，在各大投资银行所使用的风险管理技术中，VaR 法已经成为行业普遍的选择。各家投资银行在年报中也会详细披露其 VaR 值。比如，高盛公司 2012 年年报披露的日均 VaR 值为 0.76 亿美元（置信水平为 95%），同时还公布了各个细类的日均 VaR 值，如表 10－2 所示。由表 10－2 可见，高盛公司的市场风险水平在逐年降低。图 10－3 披露了高盛公司 2012 年 VaR 值的变化情况。

表 10－2　高盛公司 2012 年的日均 VaR 值　　单位：百万美元

风险类别	2012 年	2011 年	2010 年
利率风险	78	94	93
股权价格风险	16	33	68
汇率风险	14	20	32
商品价格风险	22	32	33
分散化效果	－54	－66	－92
总计	76	113	134

资料来源：高盛公司 2012 年年报。

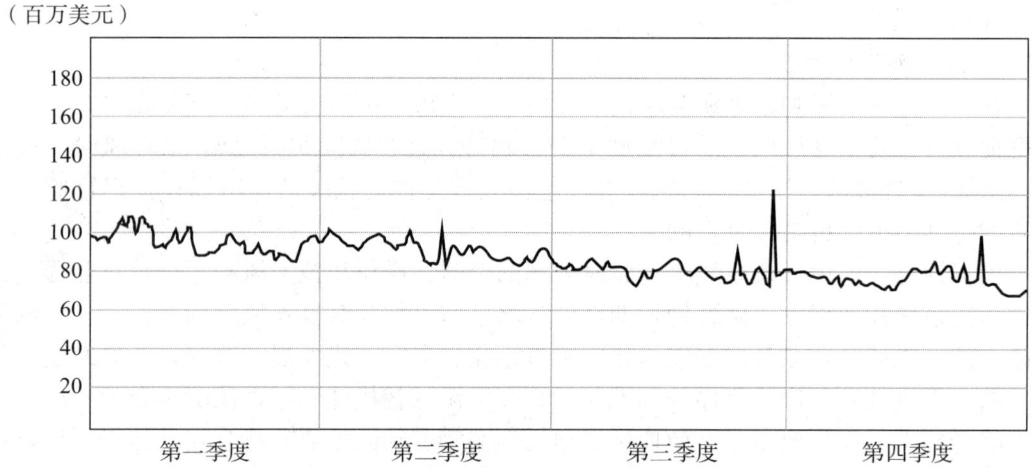

图 10－3　高盛公司 2012 年 VaR 值的变化情况

资料来源：高盛公司 2012 年年报。

就定义而言，VaR 值是指在正常市场条件和给定置信水平（通常是 95%或者 99%）下，在给定的持有期限内，某一投资组合预期可能发生的最大损失。用公式可以表示为：

$$\text{Prob}(r_p < \text{VaR}) \leqslant 1-c$$

式中，Prob 为资产价值损失小于可能损失上限的概率；

r_p 为该项金融资产在持有期限 Δt 内的损失；

VaR 为置信水平 c 下处于风险中的价值。

假定某投资银行持有置信水平为 95%、按天计算的 VaR 值为 10 万元的资产组合，则根据 VaR 的定义，这表示该投资银行以 95%的可能性保证在未来 24 小时之内，由于市场价格的变动而使该资产组合带来的损失不会超过 10 万元。

VaR 的关键影响因素包括持有期限、观察期限、置信水平等。

持有期限指的是衡量收益波动性和关联性的时间单位，也是取得观察数据的频率，比如日收益率、周收益率或者月收益率等。具体的持有期限根据需要来决定，调整速度较快的组合，可以以天作为持有期限，调整速度较慢的组合，可以采用周、月或者更长的时间作为持有期限。当然，持有期限越长，相应的数据就越少，越容易影响到 VaR 值的质量。国际上投资银行一般采用 1 天作为 VaR 的持有期限，同时，每天营业终结时必须向管理部门报告。

观察期限是指对给定持有期限的收益的波动性和关联性进行考察的整体时间长度，这一时间长度取决于历史数据的长度，一般历史数据越长，效果越好。当然，由于市场的结构变化，也需要对历史数据有所选择。

置信水平是指总体参数值落在样本统计值某一区间内的概率，一般选择 95%或者 99%。置信水平越高，超过 VaR 值的概率就会越低，但是过高的置信水平会使计算得数的准确性下降；反之，置信水平越低，超过 VaR 值的概率就会越高，使预测失去意义。所以，需要适当选择置信水平。VaR 值的准确性和有效性可以通过返回测试来检验。

作为一种测量风险的数理技术，VaR 法具有如下几个特征：

（1）VaR 法适用范围广泛，根据不同类型的风险来源和风险管理环境，VaR 法可以修正为不同类型的衍生模型。VaR 法适用于包括利率风险、汇率风险、股票价格风险、商品价格风险以及金融衍生工具风险等在内的各种市场风险的衡量，因而投资银行用一个具体的指标数值就可以概括整体风险状况，加快了风险信息交流，而且通过对不同市场上风险状况的比较，可以合理地配置资源，大大地方便了投资银行高级管理人员和监管当局随时掌握机构的整体风险状况。

（2）VaR 法是一种动态风险管理技术，这表现为 VaR 法随时按照市场价格进行重新定价，而且 VaR 法采用的时间间隔通常较短，报告的时间间隔可以灵活选取。同时，VaR 法既可以测度单个金融资产的风险水平，也可以测度整个公司面临的风险水平，而且 VaR 法以价值的形式给出风险水平，易于理解。

（3）VaR 法是以规范的统计技术来全面综合衡量风险的方法，较传统风险管理方法更为客观、准确和及时，因而 VaR 法逐渐演变成现代金融风险管理的标准方法。

（4）VaR 法可以简化信息披露程序，应用这一技术手段，金融机构只需要计算交易资产的 VaR 值。同时，VaR 法的一个重要特征是透明性，仅仅一个 VaR 值就可以让任何人明白潜在的风险大小。

尽管 VaR 法已经由实践证明是一种很有效的风险管理手段，但是 VaR 值的计算是基于若干个与现实情况不完全符合的假设条件，因此，其本身也有缺点。例如，VaR 值的计算以金融工具的收益率近似地服从正态分布为前提，这在多数情况下有效，但是在现实生活中，由于市场总是存在某些不完善的地方，因此，金融工具的收益率分布常常偏离正态分布，这就必然要求对原有的 VaR 法进行修正。此外，VaR 法假设的市场环境是正常的条件，并不能说明突发事件对金融资产市场价值的影响。如果出现金融市场动荡不定的情况，金融资产价格的变动可能大大超过了 VaR 值，这就要求考虑数学理论中的极值理论。

与风险价值法相配合，还有极限测试和情景分析两种风险管理方法，这些方法是对

VaR 法的补充和改进。

（1）极限测试。

VaR 法对商业银行市场风险度量的有效性是建立在市场正常运行的前提条件下，如果市场出现异常变化或极端情况，VaR 法就难以事前测算风险值了，这是 VaR 法的缺陷。极限测试是用于弥补 VaR 法这一缺陷的重要工具。所谓极限测试，是指将投资银行置于某一特定的极端市场情况下，然后测试该银行在这些关键市场变量突变情况下的表现。

相对于其他市场风险衡量方法而言，极限测试具有它自己的优点。由于极限测试对象的选择是建立在主观基础之上，测试者自行决定市场变量及其测试幅度，因而可以模拟市场因素任何幅度的变动，同时，极限测试不需要明确给出发生某一类事件的可能性大小，因而没有必要对每一种变化确定一个概率，相对较少涉及复杂的数学知识，非常适合交流。另外，作为商业银行的高级风险管理工具，极限测试可以为管理层明确地指出导致资产组合价值发生变化的本质原因和风险因素。当困扰风险管理人的问题来自一个或几个关键市场因素的波动时，极限测试往往是其最佳选择。

（2）情景分析。

VaR 值反映了投资银行发生一定数量损失的可能性大小，极限测试则从不同风险要素角度提供了投资银行可能发生的最大损失数额，但这两种方法都有可能忽视一个经济组织所面临的最大风险，即具有潜在灾难性后果事件的发生。情景分析恰恰弥补了这一缺陷，不仅着眼于特定市场因素的波动导致的直接影响，而且还从战略的角度分析在特定的背景下、特定的时间段内发生的一系列偶然事件对银行的直接和间接影响，从而帮助银行对其长期的关键性薄弱层面作出评估。

具体而言，极限测试是通过对一个或一组市场变量在短期内的特定波动进行假设分析，研究和衡量这组市场变量的异化给投资银行资产组合带来的风险，是一个由上而下的过程，而且是一维的战术性风险管理方法，而情景分析假设的是更为广泛的情况，即包括政治、经济、军事和自然灾害等在内的投资环境。一旦投资环境变化，首先分析市场主要变量的可能变化，进而分析对银行资产组合的影响。情景分析以更广泛的视野、更长远的时间范围来考察银行的风险问题，弥补了 VaR 法和极限测试只注重分析短期情况的不足。因此，这三种方法有机结合而形成的市场风险衡量体系是更为完善和有效的。

10.3　投资银行的外部监管

2007 年，美国次贷危机爆发，并进而蔓延成为全球性的金融危机，这一危机使得美国前五大投资银行或倒闭或被收购，剩下的高盛和摩根士丹利也申请转为了银行控股公司。此次危机将投资银行业务风险高、杠杆比率高、透明度低的经营特征明显地展现了出来，而其对经济的连锁影响也展露无遗。此次危机暴露了证券监管当局的诸多问题。投资银行的外部监管成为金融改革的重要内容之一。

在 2015 年，我国股市产生了异常波动。2015 年 6 月 12 日，上海证券综合指数（简称上证综指）摸高至 5 178 点，创出了始于 2014 年 11 月的这波上涨行情的最高点。但从下个交易日起，大盘开始下跌，在7个多月内跌幅接近50%。著名经济学家吴晓灵曾经总结造成当年股市异常波动的原因主要是监管制度、资本制度存在缺陷，主要体现在以下方面：(1) 杠杆交易过度；(2) 多空机制不均衡；(3) 股市缺乏有效熔断机制；(4) 新股发行存在制度缺陷；(5) 中国投资者结构不合理，散户化倾向严重，追涨杀跌；(6) 媒体助推牛市思维，没发挥应有作用。其中的五个方面是和资本市场生态环境息息相关的。因此，建立和完善资本市场系统性风险监测和危机应对机制十分必要。

与对商业银行的监管相比，对投资银行的监管有着很大的差异，这是由两类金融机构的经营产品和经营特点决定的。商业银行主要经营存贷业务，因此主要关注信用风险，同时关注资产的流动性；而投资银行主要进行证券发行、承销和交易，市场风险是其主要的风险来源。由于金融市场的产品日益丰富、结构日益复杂，而且交易类产品在投资银行盈利构成中的比重越来越大，因此监管当局对市场风险的监管往往束手无策。在市场经济体制下，一般来说市场风险是通过充分的信息披露来解决的，通过市场自主的定价机制来维系运作，政府并不干预其中，但是，由信息不对称所导致的市场失灵使得简单被动的监管模式遇到了极大的困难。

10.3.1 投资银行监管的目标和原则

1. 投资银行监管的目标

政府对金融机构的监管源自市场失灵。在自由资本主义时期，经济学家极力推崇“看不见的手”的作用，认为市场经济中的政府仅是一个守夜人，但是在20世纪二三十年代，经济危机爆发后，政府开始干预市场，对金融机构的监管首先落在商业银行身上，因为商业银行在金融业中占据了主要的比例并且对社会有着直接而连锁的影响。对投资银行的监管在监管理论和监管实践上都落后于对商业银行的监管。

监管目标决定着政府监管权力的合理边界、监管的手段和适当方式。从监管框架的设计看，对投资银行的监管不同于对商业银行的监管。一般认为，对投资银行的监管使命为保护投资者，维护公平、有序和有效的市场，并促进资本形成；而对商业银行实施监管，主要是为了确保国家银行系统的安全和稳定，保护消费者的信贷权利，维护金融系统的稳定性，并控制金融市场可能产生的系统性风险。根据国际证监会组织发布的《证券监管目标和原则》，投资银行监管的目标具体表现为三个方面：

(1) 维护投资银行体系的安全与稳定。由于投资银行业是高风险行业，且存在多米诺骨牌效应，一旦投资银行发生危机，可能导致整个金融市场动荡，进而影响整个宏观经济的稳定与发展，因此政府的任务就是促使投资银行在法定范围内稳健经营，降低和防范风险，提高投资银行体系的安全性和稳定性。

(2) 促进投资银行开展公平竞争。竞争是市场经济的基本特征，只有通过竞争才能提高投资银行的工作效率、改进服务质量、降低服务成本。监管一方面要维护投资银行的机会均等和平等地位，另一方面要维护正常的金融秩序，力求在安全稳定的基础上促进投资银行公平竞争。

(3) 保护投资者的合法权益。投资者是投资银行的服务对象，只有尊重投资者，保护其合法权益，才能使其建立信任和信心。投资者是证券市场的参与者与出资者，是投资银行的主要服务对象。他们对投资银行的信任和信心是证券市场与投资银行生存和发展的前提。为了赢得这种信任和信心，必须对投资银行进行监管，防止误导、欺诈或操纵等行为发生，以保护投资者的合法权益。

2. 投资银行监管的原则

“三公原则”，即公平、公正、公开的原则，是各国对资本市场的监管最基本、最核心的原则。同样地，在对以资本市场业务为核心的投资银行的监管中，“三公原则”也成了核心原则。此外，还存在一些其他原则。

（1）公平原则。

公平原则是指在资本市场中，交易双方应该处于公平地位，所有投资者都应公平地获得有关公司的信息、市场的信息，公平地获得交易的机会，公平地得到法律的保护。在此原则下，反欺诈、反对市场操纵和内幕交易、反对大户垄断等，成为重要的市场制度。

（2）公正原则。

公正原则要求监管当局公正地对待市场参与各方，不得采取歧视性的政策。在具体监管实践中，以法律法规为依据，严格执行相关规定，不徇私枉法。在处理违规事件时，一视同仁，不采用双重标准，不私下处置。由此原则出发，相应地要求监管人员立场公正，不得从事证券交易，不得接受不正当利益。

（3）公开原则。

公开原则要求投资银行真实、准确、充分地披露相关信息，尤其是在证券发行和投资产品销售过程中，必须对投资者充分揭示潜在的风险因素，不得在信息披露中出现虚假陈述、重大误导和遗漏。2010 年 4 月 16 日，美国证券交易委员会对高盛提起民事诉讼，指控后者在次级抵押贷款业务金融衍生产品交易中涉嫌欺诈，致使投资者遭受巨额损失。起诉书说，美国大型对冲基金保尔森公司在美国次贷危机爆发前预判楼市泡沫会破灭，因而做空抵押债务债券，向高盛支付大约 1 500 万美元，用于设计和营销相关金融衍生产品。2007 年 2 月，高盛应这项委托推出与次级抵押贷款相对应的担保债务权证，向银行等多方推销，但没有向投资者披露保尔森公司做空这款产品等关键信息。荷兰银行、德国工业银行等投资者承受了大约 10 亿美元的巨额损失。2010 年 7 月 15 日，高盛同意支付 5.5 亿美元罚款，与美国证券交易委员会就民事欺诈指控达成和解。由此案可见，即使是老牌的投资银行，也会利用信息不对称而违反公开原则，并且为此付出巨大的代价。

（4）依法监管原则。

依法监管原则强调了资本市场法制建设的重要性，通过良好的法律制度来保护参与各方的合法权益，使得监管当局各项监管措施有法可依。依法监管原则是公平原则的具体延伸。

（5）统一监管与自律管理相结合的原则。

统一监管体现的是国家对投资银行的集中监管，此举保证了投资银行监管的强制性和严肃性。但同时，也需要投资银行的自律管理，即实现投资银行的自我约束、自我教育和自我管理。投资银行业也需要建立协会组织来进行自律管理。

（6）安全性与效率性相结合的原则。

监管是有成本的，过度监管会降低投资银行的效率，扼杀投资银行的正常竞争，因而，正确把握监管的边界也就是把握监管的度非常重要，既不能过度宽松而降低投资银行的安全性，又不能过度严厉而影响投资银行的效率。相比较而言，欧美各国对投资银行的监管是由松而紧的过程，我国对投资银行的监管则处于由过于严厉的监管体系转向适度监管而促进投资银行提高效率的阶段。

10.3.2 投资银行的监管模式

1. 集中监管模式

集中监管模式是指国家通过制定专门的法律，设立隶属于政府或直接隶属于立法机关的全国性证券监管机构，对投资银行业进行集中监管，而各种自律组织，如证券业协会等只起协助性作用。

集中监管模式的特点是：

(1) 具备较为完善的投资银行监管的专门性法律。集中监管模式是以国家立法为基础，同时通过监管机构的相应法规制度进行完善，因而在集中监管模式下，法律的作用较为细致、全面，其作用是第一位的。美国颁布了《1933 年证券法》《1934 年证券交易法》等一系列证券监管的基本大法，我国也在投资银行业务领域颁布了《公司法》《证券法》等重要法律，同时辅以一大批相应的法规制度。

(2) 通过以全国性的专门监管机构作为监管主体，权力高度集中统一。美国设立了SEC，我国设立了中国证监会。这些机构负责直接对证券投资行业进行监管，行政效率高。

集中监管模式的优点体现在三个方面：其一，在集中监管模式下，具有统一的证券法律和专门的法规，使证券行为和投资银行业务活动有法可依，能够有效地提高监管的权威性，加深监管的力度；其二，由于存在全国性的监管机构，因此避免了地方政府的掣肘，保证了监管标准的一致性和监管执行的公平性；其三，监管者的地位超脱，有足够的权威来维护证券市场的正常运行，有利于保护投资者的利益。

但是，集中监管模式也是有其缺点的，具体体现在：其一，由于监管者超脱于市场，往往使监管脱离于实际，跟不上市场的变化，出现监管滞后的问题，比如在美国次贷危机中，美国监管者的反应落后于市场，对房贷证券化产品以及信用风险衍生类产品的监管不到位，从而造成了市场的大幅动荡；其二，由于监管者的目标在于防止违规，因而容易出现阻碍市场发展的过度监管，而且由于监管者具有较高的政府地位，因此，这种过度监管的可能更加容易成为现实；其三，监管者掌握政府资源，有足够的能力和财力在某些金融机构出现问题时出手相助，成为问题金融机构的最后拯救者，此举容易引发道德风险，增强证券经营机构的冒险意识。

这种监管模式以美国、日本等国为代表。中国投资银行监管体制也属于这种类型。

(1) 美国。

回顾美国监管模式的变化历程，由于美国受到数次危机的影响，其集中监管的力度和重要性越来越强。

在 1929—1933 年大萧条之后，美国建立了以 SEC 为最高监管主体的集中监管模式。SEC 属于独立机构，不受中央银行或财政部领导。其主要任务和职能是监督并实施美国的证券法律。

美国针对投资银行的法律法规体系日益完善，为集中监管提供了强有力的支持。美国最早的一部联邦证券法是《1933年证券法》，该法提出了证券公开发行过程中的信息披露要求，并且明确禁止证券交易中的欺诈行为。后来，《1934年证券交易法》和《1970年证券投资者保护法》进一步完善了投资银行监管的法律体系。1999年11月，《金融服务现代化法》在美国国会获得通过，不仅撤销了《格拉斯-斯蒂格尔法》对混业经营的限制，而且以立法形式规定了"双线多头"的功能性监管模式。"双线"是指联邦政府和州政府两条线，"多头"是指多个金融监管机构。相应地，SEC随即在2004年出台了两份重要监管文件：一份是受监管的投资银行控股公司规则；另一份是并表监管实体监管规则。自2008年金融危机发生以来，随着《多德-弗兰克法案》的生效，SEC的监管权不断加强和扩大，金融监管体制逐渐从"双线多头"向统一、集中监管体制过渡，集中监管的地位不断提升。

(2) 日本。

日本投资银行监管模式的演变过程与美国类似，也经历了从多头监管到集中监管的过程，当前由金融厅进行统一的集中监管。日本原来的政府监管主体是大藏省，辅助监管主体是其他各省的监管机构。在经历了长期经济萧条后，日本成立了金融厅，对投资银行等金融机构实行集中监管。

(3) 中国。

中国投资银行监管的总体方向借鉴了美国的集中监管模式。在1998年之前，集中监管职责由1992年10月成立的国务院证券委员会和中国证券监督管理委员会共同承担，前者负责证券业方针、政策、规章等方面的宏观管理，后者负责监管执行。

1998年，中央决定撤销国务院证券委员会。随着投资银行业务在商业银行和其他金融机构中的开展，为了防止监管套利带来的金融风险，防范金融风险跨部门、跨领域、跨行业传播放大，维护金融系统全局稳定，中国开始逐步形成"一行一局一会"的金融监管架构，即中国人民银行、国家金融监督管理总局、中国证监会。

除了集中监管外，中国还存在一些投资银行的自律组织，如1990年成立的沪、深交易所，1991年成立的中国证券业协会，2007年成立的中国银行间市场交易商协会，它们的职能主要是制定自律性管理制度，加强行业管理，维护会员的合法权益。

2. 自律监管模式

自律监管模式与集中监管模式相对应，主要依据行业自律的作用。具体而言，自律监管模式是指国家除了颁布某些必要的立法之外，较少干预投资银行业，主要是通过投资银行业自律组织和投资银行自身进行自我监管。

自律监管模式的特点是：其一，通常没有制定专门规范投资银行业和证券市场管理的法律法规，而是通过一些间接的法律法规来调整和制约证券市场的活动；其二，在自律监管模式下，不设立专门的全国性的证券监管机构，而是依靠证券市场的参与者，如证券商协会、证券交易所等自律组织进行监管。

自律监管模式的优点在于：其一，与集中监管模式相比，更为注重发挥市场的作用，在强调保护投资者利益的同时，不压抑市场的创新和竞争意识；其二，由于自律组织更加贴近市场，在信息资源方面具有更大的优势，因而其制定的监管规则具有更大的灵活性和更高的效率，同时在处理市场发生的违规行为方面更有效率；其三，自律组织在利益方面与投资银行是一体的，不像监管机构与被监管者那么对立，因而在制定政策、处理事件时，会更多地考虑经营机构的利益，有利于保护金融机构的经营积极性。

自律监管模式的缺点也是比较明显的，具体体现在：其一，监管的力度不够，这是因为自律组织毕竟缺少法律保障的监管权力，同时相关监管立法的缺少也会影响监管的权威性；其二，由于自律组织与被监管者是一体的，因此，往往对自律组织成员有所庇护，不利于公平地保护投资者的利益；其三，自律组织的存在有可能进一步架空政府，使得政府在投资银行监管方面的信息、知识、能力更差，由此带来法律漏洞和监管真空。

英国是一个从自律监管逐渐转变为集中监管的代表国家。在 1986 年之前，英国金融业主要依靠自律监管，自律组织包括证券交易所协会、英国企业收购和兼并问题专门小组、证券业理事会等。1986 年英国制定了全国性法律《金融服务法》，确立了英国的金融自由化，英国监管体系形成了由九家机构分治金融的分业监管模式。1997 年，英国金融服务监管局成立，全面负责对英国金融业的监管。2008 年金融危机后，英国政府决定对金融监管体制进行彻底改革，金融服务监管局于 2012 年被拆分为审慎监管局和金融行为监管局。

3. 混合监管模式

混合监管模式是集中监管模式与自律监管模式两者相互渗透、相互结合的产物。它既设有专门的立法机构和政府监管机构来进行集中监管，也强调自律组织的自律监管。这种监管体制又称为分级监管体制，包括二级管理和三级管理两种模式。二级管理指的是政府监管机构与自律组织相结合的管理；三级管理指的是中央政府、地方政府和自律组织三者相结合的管理。德国和意大利等是混合监管模式的典型代表，这些国家既有专门的立法和政府监管机构，又有行业自律组织。

混合监管模式较好地结合了集中监管模式与自律监管模式的优点，一方面强调监管机构的权威性和地位的超脱性，强调监管法律的完备性；另一方面也充分发挥自律组织的积极作用，减少政府的监管缺失和监管不当。从各国的监管实践来看，混合监管模式是发展趋势。

德国是典型的集中监管和自律监管并重的代表国家。监管主体包括银行监管局、联邦储备银行、证券交易委员会、证券上市批准委员会、注册证券经纪人协会等，政府监管机构和行业自律组织具有同等重要的地位。

集中监管和自律监管优势互补，对德国银行业的平稳运行起到了关键作用。1997 年的亚洲金融危机波及面之大，连美国都受到了影响，而德国的金融业却依然保持稳定；2007 年美国次贷危机也没有对德国投资银行产生太大的影响。一方面，集中监管的强制性和严格性从根本上避免了德国金融市场遭受冲击；另一方面，自律组织具备专业性和灵活性，更能满足复杂多变的证券市场环境对监管的需求，这也是必不可少的。因此，类似于德国的混合监管模式将成为今后国际监管模式的主流。

10.3.3 投资银行的监管内容

各国对投资银行的监管可以分为两类：审慎性监管和投资者保护监管，前者是针对投资银行的稳健经营、清偿能力以及金融系统稳定所进行的监管；后者是体现对投资者的保护，强调信息公开，防止投资银行在业务中发生欺诈或者不正当交易行为的监管。

1. 审慎性监管

(1) 市场准入监管。

投资银行是一类特殊的金融机构，因而需要有相应的准入要求。准入要求的设置，一方面是对经营者的资本进行规定，设定行业进入的经济门槛，从而使其在经营中有实力满足各项业务对资金的要求、满足保护投资者所需要的经济成本；另一方面是对经营者的业务能力进行限定，从而保护行业的执业水准。

投资银行的设立方式有两种：注册制和特许制。

注册制是较为宽松的行业准入模式。在注册制条件下，投资银行只要符合法律规定的设立条件，在相应的证券监管部门和证券交易部门注册后便可以设立。美国是注册制的代表。日本在1998年新的《证券交易法》颁布后，也采用了注册制。

特许制是较为严格的行业准入模式。在特许制条件下，投资银行必须向有关监管机构提出申请，经监管机构核准之后才能设立；同时，监管机构还将根据市场竞争情况、证券业发展目标、该投资银行的实力等考虑批准其经营何种业务。我国采用特许制，证券公司的设立必须由证券监管部门审批，同时其业务范围也受到限制。

(2) 业务监管。

投资银行业务与商业银行业务在监管方面有所区别，投资银行的很多具体业务会受到监管者的全面监管，比如证券发行、并购等，而商业银行则不会在其存贷款、汇兑等主要业务方面受到如此具体的监管。我们对投资银行的业务监管简单介绍如下：

1) 对承销业务的监管。

要求投资银行为客户的证券交易提供必要的交易设施；禁止投资银行在承销过程中进行欺诈和舞弊，禁止其操纵市场和内幕交易；禁止投资银行在承销过程中放大风险；禁止投资银行高收费；要求投资银行在承销过程中履行尽职调查，发挥保荐人和保荐机构的作用，并在其失职时追究其责任。

2) 对经纪业务的监管。

禁止投资银行劝诱客户买卖证券；禁止投资银行泄露客户的交易资料；禁止投资银行利用客户交易信息获取不当收益；禁止投资银行从事对保护投资者利益和维护公平交易有害的活动等。

3) 对自营业务的监管。

要求投资银行在自营买卖和代客买卖之间建立“防火墙”；禁止投资银行通过证券交易操纵价格；在证券交易中，实行客户委托优先的原则；对自营交易提取一定的风险准备金；规定投资银行的负债比例以及流动性比例等；要求投资银行投资组合的分散性；限制投资银行的保证金交易和卖空交易等。

4) 对金融衍生产品业务的监管。

对投资银行某些金融衍生产品提供指导性意见；限制投资银行对某些金融衍生产品的交易或者对持仓量进行限制；强调将重要信息及时报送监管者；重视对电子信息系统的安全性管理等。

5）对资本及流动性的综合监管。

监管者一方面会规定行业准入的资本底线以及日常维持的资本规模，另一方面也会要求一定的资本充足率，以保证投资银行的资本清偿能力，防止过度冒险。在流动性方面，各国监管者都会关注投资银行的资本流动性，规定各种流动性比例。

（3）市场退出监管。

投资银行业属于风险较大的金融行业，一旦出现危机，会直接对投资者的利益产生损害，同时投资银行的破产倒闭，会对整个金融市场乃至金融体系的稳定构成极大的威胁。因而，投资银行在出现困境的时候如何处理危机成为投资银行监管的重要课题。

一般说来，投资银行市场退出的方式可分为主动式退出和被动式退出两种。前者是由当事的投资银行自我选择退出市场，后者则是由监管者强制性要求退出。

主动式退出主要有两种情形，即解散和并购。解散是根据公司法和投资银行公司章程的规定，当营业期限届满或者公司章程规定的解散事由出现时所采取的措施，解散完毕后，原有的经营实体不再存在。而并购则是实力雄厚的投资银行或者其他金融机构购买陷入困境的投资银行的全部或大部分股权，从而取得原有投资银行的经营资源。在并购模式下，相关各方当事人所受的影响较小。这是较为平稳的退出方式，同时对整个市场的冲击也比较小。

被动式退出主要有三种方式，即接管、破产清算和行政关闭。在被动式退出情况下，监管者将主导退出的方案和进程，各方当事人所受的影响较大，但是可以对经营不良的投资银行形成警示作用，也有助于提高投资者的风险意识。

随着投资银行对金融市场和金融体系影响程度的加深，以及西方国家对经济干预程度的增大，投资银行退出已经成为监管者危机处理中的重要部分。经验表明，投资银行危机发现得越早、处理得越及时，对投资银行的伤害就越小，对金融市场的震荡也越小。而且，在具体处理过程中，监管者更倾向于存续式的退出，尽量保全原来的运营基础，减小投资者的损失。

2. 投资者保护监管

投资者保护监管是针对投资银行与投资者关系的保护政策，用于防止投资银行利用信息不对称和实力差异来损害投资者利益。一般而言，投资者保护监管可以分为信息披露制度、对不正当交易的监管和证券市场监管措施。

（1）信息披露制度。

信息披露制度是监管制度中最为重要的内容。美国大法官布兰代斯（Brandeis）曾经有一句名言："阳光是最好的消毒剂，灯光是最有效的警察。"通过完善的信息披露制度，可以减少上市公司、投资银行和投资者之间的信息不对称，提高市场的有效性。

根据信息披露制度的要求，投资银行必须以特定形式公布其财务信息和经营信息，除了符合通用的会计和审计准则外，还需要按照监管机构专门设计的表格和指标来披露信息。在具体业务方面，投资银行也需要披露其证券承销业务、并购业务、自营业务、基金管理业务方面的必要信息。

（2）对不正当交易的监管。

所谓的不正当交易，指的是投资银行利用其业务便利或者资金实力优势，进行市场操纵、内幕交易和关联交易等行为，从而损害投资者利益。

市场操纵是指某个人或组织利用其资金、信息等优势或者滥用业务便利操纵证券交易价格，制造假象从而诱使投资者作出错误判断进行交易，扰乱正常的证券市场秩序。

内幕交易是指某个人或组织利用内幕消息进行证券交易活动，从而获得不正当利益。投资银行在证券发行、公司并购、证券交易等过程中都会接触到内幕信息，内幕交易行为违反了证券市场"公平、公正、公开"的原则，侵犯了投资公众的平等知情权和财产权益。

关联交易是指某一公司或其附属公司与其关联方之间所进行的交易。所谓关联方，是指在该公司直接或者间接拥有权益或存在利益关系的公司。关联交易的存在，容易造成不等价交易或者虚假交易，从而操纵公司业绩、误导投资者、损害投资者利益。

各国对不正当交易均有相应的法律惩戒手段，但是，对这些不正当交易的发现和举证存在着一定的难度。因而，这是监管机构一项长期而艰巨的任务。

(3) 证券市场监管措施。

为了抑制证券市场的投机性交易，提高证券市场的效率，各国监管机构都会对证券市场采取一定的监管措施，主要包括价格涨跌幅限制、保证金管理制度等。这些措施对维持证券市场的正常交易起着重要的作用。不过，随着金融管制的放松，很多国家都在减少市场监管，比如，取消价格涨跌幅限制、放松保证金要求等。这些放松管制虽然可以提高市场效率，但是都必须建立在不影响投资者利益的基础上。

总之，一个良好的证券市场，必须由投资银行、监管者和投资者共同努力，才可以达到公平、公正和公开的要求，获得三方面利益的共赢。

10.3.4 我国投资银行的外部监管

1. 监管机构

我国证券业监管机构可划分为两大类：一类是由中国证券监督管理委员会及其地方派出机构组成的国务院证券监督管理机构；另一类是由证券交易所和证券业协会组成的自律性监管机构。

中国证监会是我国投资银行监管的最高机构。它负责我国资本市场的监督管理，其在各省份都有派出机构，称为地方证监局，负责区域性资本市场相关业务的监督管理。自律性监管机构起着辅助监督管理的作用。我国自律性监管机构受到中国证监会的指导。两类机构和投资银行的关系如图 10－4 所示。

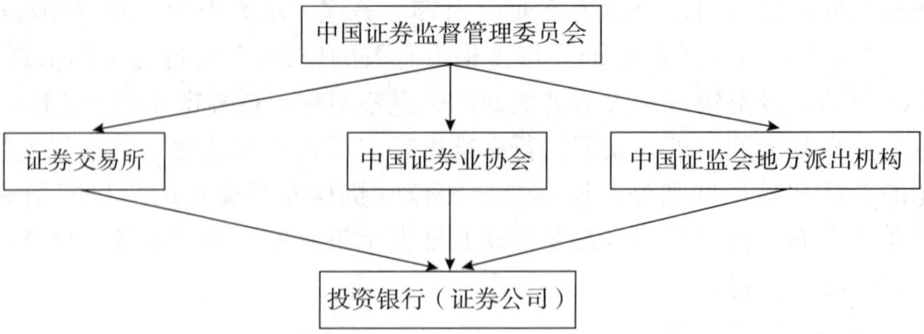

图 10－4　我国证券业监管机构

（1）中国证监会。

中国证监会是国务院直属机构，依法对资本市场进行监督管理。中国证监会的主要职责包括：

1）依法对证券业实行统一监督管理，强化资本市场监管职责。

2）研究编制证券期货基金市场的方针政策、发展规划。起草证券期货基金市场有关法律法规草案，提出制定和修改建议。制定证券期货基金市场有关监管规章、规则。

3）监管股票、可转换债券、存托凭证和国务院确定由中国证券监督管理委员会负责的其他权益类证券的发行、上市、交易、托管和结算，监管证券、股权、私募及基础设施领域不动产投资信托等投资基金活动。

4）监管公司（企业）债券、资产支持证券和国务院确定由中国证券监督管理委员会负责的其他固定收益类证券在交易所市场的发行、上市、挂牌、交易、托管和结算等工作，监管政府债券在交易所市场的上市交易活动，负责债券市场统一执法工作。

5）监管上市公司、非上市公众公司、债券发行人及其按法律法规必须履行有关义务的股东、实际控制人、一致行动人等的证券市场行为。

6）按分工监管境内期货合约和标准化期权合约的上市、交易、结算和交割，依法对证券期货基金经营机构开展的衍生产品业务实施监督管理。

7）监管证券期货交易所和国务院确定由中国证券监督管理委员会负责的其他全国性证券交易场所，按规定管理证券期货交易所和有关全国性证券交易场所的高级管理人员。

8）监管证券期货基金经营机构、证券登记结算公司、期货结算机构、证券金融公司、证券期货投资咨询机构、证券资信评级机构、基金托管机构、基金服务机构，制定有关机构董事、监事、高级管理人员及从业人员任职、执业的管理办法并组织实施。

9）监管境内企业到境外发行股票、存托凭证、可转换债券等证券及上市活动，监管在境外上市的公司到境外发行可转换债券和境内证券期货基金经营机构到境外设立分支机构。监管境外机构到境内设立证券期货基金机构及从事相关业务，境外企业到境内交易所市场发行证券上市，合格境外投资者的境内证券期货投资行为。

10）监管证券期货基金市场信息传播活动，负责证券期货基金市场的统计与信息资源管理。

11）与有关部门共同依法对会计师事务所、律师事务所以及从事资产评估、资信评级、财务顾问、信息技术系统服务等机构从事证券服务业务实施备案管理和持续监管。

12）负责证券期货基金业的科技监管，建立科技监管体系，制定科技监管政策，构建监管大数据平台，开展科技应用和安全等风险监测、分析、评价、预警、检查、处置。

13）依法对证券期货基金市场违法违规行为进行调查，采取相关措施或进行处罚。依法打击非法证券期货基金金融活动，组织风险监测分析，依法处置或协调推动处置证券期货基金市场风险。组织协调清理整顿各类交易场所，指导开展风险处置相关工作。

14）按照建立以中央金融管理部门地方派出机构为主的地方金融监管体制要求，指导和监督与证券期货基金相关的地方金融监管工作，指导协调地方政府履行相关金融风险处置属地责任。

15）开展证券期货基金业的对外交流和国际合作。

16）完成党中央、国务院交办的其他任务。

（2）中国证监会地方派出机构。

中国证监会地方派出机构，即地方证监局，根据中国证监会和当地政府的授权，管理当地的证券期货市场相关事务。其主要职责包括：对辖区内的上市公司和证券期货基金经营机构等以及律师事务所、会计师事务所、资产评估机构等中介机构进行监管；依法查处辖区内监管范围内的证券期货违法违规行为，处理相关投诉和举报，调解证券、期货纠纷或争议。

（3）证券交易所。

我国有三大证券交易所，即上海证券交易所、深圳证券交易所和北京证券交易所，前两者分别于 1990 年 12 月 19 日、1991 年 7 月 3 日开始正式营业，后者于 2021 年 9 月 3 日注册成立。沪、深证券交易所都采用会员制的组织形式，北交所则采用公司制的组织形式。证券交易所接受中国证监会的统一监管，承担着制定证券交易规则、监管上市公司、监管交易所会员、监管证券交易等重要职能。

（4）中国证券业协会。

中国证券业协会于 1991 年 8 月 28 日成立，属于非营利性社会团体法人。其设立是为了加强证券业机构间的联系、协调、合作和自我控制，以利于证券市场的健康发展。中国证券业协会采用会员制的组织形式，我国所有投资银行（证券公司）都是中国证券业协会的会员。中国证券业协会既要维护会员的合法权益，又要监督、检查会员的行为，对违反法律、法规或协会章程的行为给予纪律处分。

2. 监管模式

（1）集中监管。

我国设立了专门的证券监管机构——中国证监会，以实现对我国资本市场的监管。政府监管占据主导地位，证券交易所和中国证券业协会等自律性监管机构在监督管理中起到辅助作用。中国证监会根据《证券法》等法律法规，行使政府主导的集中监管的权力。

（2）分业监管。

根据 1995 年通过的《中华人民共和国商业银行法》，我国金融业采用分业经营制度，在金融监管上采用“一行三会”的分业监管模式。一行代表中国人民银行，三会代表中国银行业监督管理委员会（简称中国银监会）、中国证监会和中国保险监督管理委员会（简称中国保监会）。银监会和保监会于 2018 年 4 月合并，合并后全称为中国银行保险监督管理委员会，简称“银保监会”，属于国务院直属事业单位，整合中国银行业监督管理委员会和中国保险监督管理委员会的职责。2023 年，银保监会被取消，在其基础上成立国家金融监督管理总局。

1999 年 7 月 1 日，《证券法》正式实施，规定国家对证券公司实行分类管理，分为综合类证券公司和经纪类证券公司，并由国务院证券监督管理机构按照其分类颁发业务许可证。

2004 年之后，证券公司的分业监管模式产生了一定的变化。2004—2007 年是我国政府对证券公司综合治理阶段，建立了以风险管理能力为基础的分业监管体系。至此，我国确立了以风险管理能力为划分标准的证券公司分业监管模式。

3. 监管内容

(1) 对证券公司的监管。

1) 市场准入。

2) 市场退出。

3) 内部控制。内容包括控制环境、风险识别与评估、控制活动与措施、信息沟通与反馈、监督与评价等。

4) 风险管理。内容包括净资本指标、风险资本准备等。

5) 分类评级。中国证监会以证券公司风险管理能力为基础,结合公司市场竞争力和持续合规状况,从资本充足、公司治理与合规管理、动态风险监控、信息系统安全、客户权益保护、信息披露等六个方面进行评价打分,根据评价分数的高低,将证券公司分为A(AAA、AA、A)、B(BBB、BB、B)、C(CCC、CC、C)、D、E等五大类11个级别。

6) 信息披露。

(2) 对证券公司承销业务的监管。

1) 股票承销和保荐。

2) 债券承销。

3) 资产证券化。

(3) 对并购重组业务的监管。

1) 证券公司从事并购重组业务实行资格许可管理。

2) 证券公司担任上市公司独立财务顾问,应当保持独立性。

3) 对证券公司从事上市公司并购重组财务顾问业务进行监管。

案例 10-1

证监会连开10张"罚单",6家券商被点名

2022年6月10日,证监会网站连续公布10条处罚决定,涉及中金公司、光大证券、中信证券、信达证券、海通证券、国融证券等多家机构和相关人员,处罚内容包括出具警示函、责令整改、监管谈话等。

据证监会披露,这些机构大多在境外业务方面存在违规行为,涉及境外子公司、特殊目的载体(SPV)等,还有机构在担任上市公司重大资产重组财务顾问过程中未进行审慎核查。上述机构中,中金公司、光大证券、中信证券、海通证券都是上市券商。

1. 中金公司

中金公司方面,证监会主要指出以下违规行为:

返程子公司天津佳成投资管理有限公司从事中金公司自用房地产投资开发项目。有46家冗余的SPV未在规定期限内完成清理、22家SPV未在规定期限内完成层级上翻。

未按照《证券公司和证券投资基金管理公司境外设立、收购、参股经营机构管理办法》(以下简称《境外办法》)的规定修改境外子公司的章程。

证监会认为,上述情况违反了《境外办法》第十二条第一款、第十三条第一款、第三十七条第一款等规定。按照《境外办法》第三十二条的规定,证监会决定对中金公司采取出具警示函的行政监督管理措施。

2. 光大证券

光大证券方面，证监会主要指出以下违规行为：

境外子公司中国阳光富尊移民服务有限公司从事的移民服务不属于金融相关业务范畴，存量业务尚未完成清理。未督促境外子公司完成所持 OP EBS Fintech Investment Limited、东北特殊钢集团股份有限公司、齐齐哈尔国宏投资中心（有限合伙）股权（合伙份额）清理。未按期完成至少 1 家子公司、1 家 SPV 的注销以及 11 家子公司、3 家 SPV 的层级调整，未能有效压缩境外子公司层级架构。

证监会认为，上述情况违反了《境外办法》第十一条、第十二条、第三十七条第一款等规定。按照《境外办法》第三十二条的规定，证监会决定对光大证券采取责令改正的措施，光大证券需要在收到上述决定之日起 3 个月内向上海证监局提交整改报告。

3. 中信证券

中信证券方面，证监会主要指出以下违规行为：

2015 年设立中信证券海外投资有限公司，未按照当时《证券法》第一百二十九条的规定报中国证监会批准。未按期完成境外子公司股权架构调整工作，存在控股平台下设控股平台、专业子公司下设专业子公司、SPV 下设子公司、股权架构层级多达 8 层等问题。存在境外子公司从事房地产基金管理等非金融相关业务和返程子公司从事咨询、研究等业务的问题。

证监会认为，上述情况违反了《境外办法》第十一条、第十二条、第十三条第一款、第二十七条、第三十七条第一款等规定，反映出中信证券合规管理、内部控制存在一定缺失。按照《证券公司监督管理条例》第七十条、《境外办法》第三十二条的规定，证监会决定对中信证券采取责令改正的措施，中信证券需要在收到上述决定之日起 3 个月内，向深圳证监局提交整改报告。

4. 信达证券

信达证券方面，证监会主要指出以下违规行为：

未完成香港控股平台的设立。返程参股公司建信国贸（厦门）私募基金管理有限公司未完成清理。未按照《境外办法》的规定修改境外子公司的公司章程。此外，《境外办法》给予了长达 3 年的整改时限，但信达证券在整改时限内工作进展缓慢，对相关监管承诺事项的作出和执行较为随意，对监管相关规定的落实明显不够到位。

证监会认为，上述情况违反了《境外办法》第八条第（二）项、第十三条第一款、第二十七条、第三十七条第一款等规定，反映出信达证券合规管理、内部控制存在较大缺陷。根据《证券公司监督管理条例》第七十条和《境外办法》第三十二条的规定，证监会决定对信达证券采取责令改正的措施，信达证券需要在收到上述决定之日起 3 个月内向北京证监局提交整改报告。

5. 海通证券

海通证券是此次被证监会指出违规行为类目最多的机构，主要包括：

一是境外子公司海通恒信金融集团有限公司（以下简称恒信金融集团）下属至少 12 家机构［包括海恒资产管理有限公司、海通恒信商业保理有限公司、海通恒信小微融资租赁（上海）有限公司等 3 家子公司、9 家特殊目的载体等］的设立未按规定履行或者履行完毕备案程序。

二是海通恒信国际融资租赁股份有限公司通过子公司从事的商业保理业务未完成清理，上述业务不属于“融资租赁”业务范围，且与《境外办法》有关业务范围的要求不符。

三是境外经营机构股权架构梳理以及整改方案制订工作不认真，存在重大错漏，如恒信金融集团的相关层级调整计划直至2021年8月才报告，恒信金融集团间接参股维天运通的情况2021年9月才补充。

四是除涉及刑事案件或已提交上市申请项目外，海通开元国际投资有限公司以自有资金所投资（包括直接或者间接投资）境内项目未完成清理。

五是海通国际控股有限公司的公司章程未按照《境外办法》的规定完成修订。

证监会认为，上述情况违反了《境外办法》第十二条第三款、第十三条第一款、第二十七条、第三十七条等规定，反映出海通证券合规管理、内部控制存在较大缺陷。

根据《证券公司监督管理条例》第七十条和《境外办法》第三十二条的规定，证监会决定对海通证券采取责令改正的措施，海通证券需要在收到上述决定之日起3个月内向上海证监局提交整改报告。

6. 国融证券

国融证券方面，证监会主要指出以下违规行为：

在担任上海富控互动娱乐股份有限公司出售上海中技桩业股份有限公司重大资产重组财务顾问过程中，未对标的资产的收入、关联交易及上市公司的对外担保等情况进行审慎核查。

证监会认为，上述行为违反《上市公司重大资产重组管理办法》（证监会令第127号，以下简称《重组办法》）第六条和《上市公司并购重组财务顾问业务管理办法》（以下简称《财务顾问办法》）第二十一条的规定。

按照《重组办法》第五十八条、《财务顾问办法》第三十九条的规定，证监会决定对国融证券采取监管谈话的行政监管措施。

此外，证监会特别强调，国融证券应引以为戒，认真查找和整改问题，建立健全和严格执行投行业务内控制度、工作流程和操作规范，诚实守信、勤勉尽责，切实提升投行业务质量。应严格按照内部问责制度对负有责任的业务人员、内控人员和管理人员进行内部问责，并向证监会提交书面问责报告。

10.3.5 2008年金融危机后全球投资银行监管政策的变化

2008年金融危机爆发，全球经济和金融市场都受到了沉重的打击。这次全球性的金融危机，暴露了以美国为主的西方国家金融监管制度的缺陷，尤其集中在对金融衍生产品和投资银行的监管方面。

出于对分权和制衡的崇尚，美国此前一直坚持分散的分业监管模式。1999年通过的《金融服务现代化法》标志着美国金融业进入混业经营阶段，但是相应的监管还是停留在分业监管模式上，监管机构包括美联储、联邦存款保险公司和证券交易委员会等多家机构，从而引起了监管机构之间的监管标准不一致，造成监管重叠与监管真空现象并存。此外，监管机构对金融市场的反应比较迟钝和滞后，没有一个监管机构负责监控整个金融体系的全面市场风险状况。

在统一监管方面，英国的改革比较早。1997 年 5 月，为了适应金融机构混业经营日益壮大的发展趋势，英国成立了专门的金融监管机构——金融服务监管局（FSA），它于 1998 年 6 月从英格兰银行接管了对银行业的监管职责。2000 年，《2000 年金融服务与市场法》获得通过。根据该法，英国从 2001 年下半年开始，由 FSA 作为单一的金融监管机构，行使对商业银行、投资机构、证券公司、期货公司、保险公司等各类金融机构与金融市场的统一监管职责。这一改革意味着英国金融监管体制发生了重大转变，从自律监管转向立法规范，从机构性监管日益发展为基于金融体系基本功能而设计的功能性监管。

金融危机在很大程度上暴露了美国传统的分业监管体制存在的严重缺陷，即分业监管体制不能适应金融机构混业经营的现状、对飞速发展的金融衍生产品和结构化金融工具的监管缺失等。早在 2007 年 6 月，美国金融监管机构就开始酝酿金融监管体制改革。金融危机的爆发使美国金融监管体制改革的步伐得到加快。

2008 年 3 月 31 日，美国财政部正式公布了新的金融监管改革计划《现代化金融监管架构蓝皮书》，主要内容包括裁撤部分监管机构、重新确定部分监管机构的监管职能、突出美联储的地位等，旨在更好地顺应金融业的发展需要。该蓝皮书被视为自 20 世纪二三十年代经济大萧条以来美国规模最大的一次金融监管体制改革，是《金融服务现代化法》颁布实施以来美国金融监管体制改革的延续和深化。该蓝皮书提出了针对信贷和住房抵押市场的短期建议、提高金融监管有效性的中期建议以及将美国金融监管转向目标导向的监管模式的长期建议。中期建议主要致力于解决重复监管现象，构建新的金融监管架构。长期建议则为美国金融监管体制未来的深层次改革指引了方向，认为目标性监管模式是未来美国金融监管体制的最优选择，其三大监管目标分别是：①市场稳定性监管，即保障整个金融市场的稳定性。美联储担当市场稳定性监管机构，承担稳定宏观经济的传统职能。美联储履行市场稳定性监管职能的途径包括实施货币政策、向金融系统提供流动性、扮演与众不同的重要角色、拥有监管整个金融体系和所有特许金融机构的广泛权力、监管支付与结算系统等。②审慎性金融监管，即专门成立审慎金融监管局，负责对具有政府担保性质的特定金融市场进行监管。③商业行为监管，主要是为市场实务制定行为标准。在商业行为监管领域，商业行为监管局将取代美国证监会和商品期货交易委员会的大部分职能，联邦贸易委员会的部分职能，以及美联储、州立保险监管机构、其他联邦出席机构监管者的相应职能。

案例 10-2

中兴财光华会计师事务所及两名注册会计师被上海证监局出具警示函

继 2022 年 3 月被福建证监局出具警示函之后，中兴财光华会计师事务所（特殊普通合伙）（简称“中兴财光华”）及其注册会计师再度收到地方证监局罚单。

2022 年 5 月 30 日，上海证监局发布《关于对中兴财光华会计师事务所（特殊普通合伙）及注册会计师张磊、薛东升采取出具警示函措施的决定》。

公告显示，经调查，上海证监局发现中兴财光华、张磊、薛东升在执行鹏欣环球资源股份有限公司2020年度财务报表审计项目过程中存在两大问题：

第一大问题是海外资产相关审计程序执行不到位，主要有三方面表现：

一是对重要生产线转固、计价、折旧年限相关的审计程序不到位。在判断转固时点恰当性时未见获取该生产线整体达到预定可使用状态的审计证据，未关注同一子车间重复验收的合理性且未执行追查程序，未见对暂估转固整体价值的恰当性执行审计程序，未根据该生产线的期后运营情况考虑可能存在的减值迹象，未判断该生产线的房屋建筑物折旧年限超出土地使用权期限的合理性。

二是对重要在建工程计价准确性获取的审计证据不充分。在审计时未见关注在建工程相关合同实际履行情况，对2020年在建工程新增执行抽查程序时检查的附件均为领料单，无法验证入账金额的准确性。

三是对重要矿石存货的减值考虑和监盘程序执行不到位。在审计时未对金额重大、长期没有收发领用记录的矿石存货是否存在减值迹象进行判断并关注相关减值风险；在审计计划阶段未根据重要矿石存货的特征进行风险评估，未评价审计人员在监盘时的专业胜任能力以及判断是否需要利用专家工作，未评价公司盘点方法和选样方法的合理性、恰当性，未记录根据盘点结果计算出的存货数量并核对至账面。

上海证监局指出，上述情形不符合《中国注册会计师审计准则第1301号——审计证据》(2016) 第十条、第十一条、第十四条，《中国注册会计师审计准则第1101号——注册会计师的总体目标和审计工作的基本要求》(2019) 第二十八条，《中国注册会计师审计准则第1131号——审计工作底稿》(2016) 第十条第一项，《中国注册会计师审计准则第1314号——审计抽样》(2010) 第十五条、第十八条的规定。

第二大问题是贸易收入相关审计程序执行不到位，将金属品贸易收入识别为关键审计事项，部分审计应对存在不足。主要有四方面表现：

一是控制测试执行不到位。在审计时未对金额重大的在上海期货交易所开展的贸易业务执行控制测试，也未见不执行相关审计程序的理由，对其他途径开展的贸易业务执行控制测试时未见样本量的确定方法和样本选取方式。

二是函证程序执行不到位。在审计时未将函证的含税收入调整成不含税收入与账面进行核对，审计工作底稿中未见对大额回函不符事项执行进一步审计程序。

三是细节测试执行不到位。在审计时部分审计工作底稿测试目的不明确，抽样测试中未见样本选取标准，部分检查附件与测试目的不符，针对收入样本存在收入确认日期与签收单跨月的异常情况未执行追查程序。

四是截止测试执行不到位。在审计时未根据公司业务模式针对性设定选样标准，未选取期后样本进行测试。

上海证监局表示，上述情形不符合《中国注册会计师审计准则第1131号——审计工作底稿》(2016) 第十条，《中国注册会计师审计准则第1314号——审计抽样》(2010) 第十五条、第十八条、第二十一条，《中国注册会计师审计准则第1301号——审计证据》(2016) 第十条、第十一条、第十四条，《中国注册会计师审计准则第1312号——函证》(2010) 第二十一条，《中国注册会计师审计准则第1101号——注册会计师的总体目标和审计工作的基本要求》(2019) 第二十八条的规定。

此外，上海证监局指出，公司开展套期业务，中兴财光华、张磊、薛东升在审计时未获取公司关于套期关系和从事套期的风险管理策略和风险管理目标的书面文件，未见对公司相关业务是否适用套期会计方法、套期关系是否符合套期有效性作出审计判断。上述情形不符合《中国注册会计师审计准则第 1501 号——对财务报表形成审计意见和出具审计报告》（2019）第十四条第二项、《中国注册会计师审计准则第 1301 号——审计证据》（2016）第十条的规定。

上海证监局指出，中兴财光华、张磊、薛东升上述行为不符合《中国注册会计师执业准则》的有关要求，违反了《上市公司信息披露管理办法》（证监会令第 40 号）第五十二条、第五十三条的规定。依据《上市公司信息披露管理办法》（证监会令第 40 号）第六十五条的规定，由此，上海证监局决定对其采取出具警示函的行政监管措施。

《经济参考报》记者注意到，2022 年以来，中兴财光华多次收到罚单。2022 年 3 月 24 日，福建证监局发布关于对中兴财光华会计师事务所（特殊普通合伙）及注册会计师刘永、李铁庆采取出具警示函措施的决定。公告显示，福建证监局对其执行的福建本草春石斛股份有限公司 2017 年、2018 年年报审计项目开展了货币资金专题检查，发现在执业过程中存在多个问题。首先是 2017 年年报审计项目存在银行存款审计程序不到位、对舞弊风险评估程序不到位、风险评估程序流于形式、对印章保管和使用的穿行测试和控制测试不到位等四大问题；其次是 2018 年年报审计项目存在银行存款审计程序不到位、风险评估程序流于形式、采购与付款循环穿行测试执行不到位、关键审计事项确定前后不一致等问题。

10.4 大数据时代投资银行的风险管理优化、转型与升级

随着大数据时代的到来，人们对于传统数据处理的思路与方式都发生了较大转变，投资银行也需要革新自身的运营风险管理方法，积极利用大数据技术和网络技术，不断健全并完善运营风险管理模式，才能确保投资银行有效规避风险，最终实现科学转型与升级。因此，针对大数据视角下投资银行运营的风险管理展开研究，在当下具有十分重要的现实意义。

10.4.1 投资银行风险管理在大数据时代迎来的发展契机

随着投资银行业务范畴的不断扩大以及业务种类的不断丰富，风险管理工作面临着非常严峻的考验，将大数据应用于投资银行的风险管理工作中能够有效规避潜在风险。

（1）大数据在投资银行风险管理工作中的应用，能够显著促进其风险决策形式的不断变革。通过借助大数据技术来剖析研究对象信息变量之间的内在联系，能够准确地实现对各个变量间所存在的关联性的掌握，推动决策变革的发展。

（2）大数据在投资银行风险管理工作中的应用，能够显著提升投资银行信息发掘能力。依靠大数据的应用，投资银行能够有效防止数据不对称现象的发生，进而能够实现工作难度的不断降低，有利于投资银行风险防控水平的显著提升。

（3）大数据在银行风险管理工作中的应用，能够有助于优化其风险管理体系，投资银行可以充分地发挥大数据优势，积极构建以大数据应用为基础的投资银行客户核心风险控制体系，在信息授权不断完善以及安全控制体系积极构建的基础上实施分级授权、共享信息运作体制。

10.4.2 大数据视角下投资银行风险管理面临的挑战

1. 大数据安全方面

随着投资银行的业务范畴以及业务类型的不断发展，我国投资银行在组织风险管理工作中对大数据进行安全管控已经成为投资银行风险管理工作的重要挑战。大数据的应用有效地减少了信息数据不对称的情况，为投资银行的风险管理工作创造了非常有效的方法。但是造成大数据风险增加的现象出现很可能就是简单的管理不善问题。因此，不但要创新管控形式来构建有效的风险控制系统，还要建立有效的治理和监督机制。

2. 数据开发和存储方面

数据开发和存储方面是投资银行风险管理面临的又一挑战。在这样的形势下，努力克服技术弊端是国内投资银行风险管理工作的首要任务。数据的爆炸式增长趋势导致了社会来源和数据种类表现出多样化特点，现阶段原有的数据库已很难满足现代存储量要求。因此，投资银行要完成数据存储及开发的需求，需要建立自身的大数据基础设施来实现大数据的系统运行目标。

3. 专业大数据分析人才供需方面

在大数据视角下，投资银行要想更好地实现风险管理，就必须重视并积极解决现阶段专业大数据分析人才不足的问题。在传统的数据分析过程中，数据分析工作基本上是从样本数据开始的，在掌握数据之后才绘制出风险防范全景视图。随着我国经济的不断发展，不断丰富的业务类型以及不断拓展的业务规模都使得投资银行逐渐转变，其中零散市场信息和客户信息成为为风险决策提供支持的可利用信息。因此，投资银行业务因紧缺大量的专业大数据分析人才而在风险管理方面存在不足，很难满足现代投资银行的发展需求。

10.4.3 大数据视角下投资银行风险管理优化、转型与升级措施

1. 注重社交网络与投资银行的融合

风险管理工作是投资银行在经营管理中的重要工作内容，要依靠大数据应用实现风险管理工作的不断优化，就要对传统数据边缘进行彻底的打破，通过社交网络来丰富数据来源，实现客户信息的大规模获取。与此同时，要注重整合与客户接触和沟通的渠道，不断发挥网络优势，提高投资银行内部数据以及外部社会交往数据之间的关联性，构建完整的客户视图，与一些知名的社交媒体网站、媒体机构共享数据以及信息，并显著提升信息有效性，强化风险管理。

2. 以大数据安全为基础加强风险管控

数据安全问题是大数据时代必须重视的关键问题，投资银行在发展过程中要加强风险管控工作来保障大数据的安全。首先，投资银行要有意识地推动大数据链条机构之间的协调，用统一的数据安全标准来执行，并在日常工作中注重技术分享以及自我监督工作的展

开。其次，监管机构在投资银行风险管理工作中发挥着重要的作用。因此，要注重与其进行顺畅的合作交流，充分发挥监管机构优势，提升大数据安全性能。最后，就客户在数据安全以及使用安全方面的沟通也很重要，投资银行要加强这方面的沟通和引导，逐渐形成和大数据相关的风险管理合力。

3. 以大数据分析为基础构建风险分析平台

投资银行要注重构建以大数据分析为基础的风险分析平台，帮助银行加强风险建模，充分发挥大数据优势，提升降低风险的能力，综合评估客户及项目的存在风险以及潜在风险，通过大数据平台的搭建及应用实现对移动网络、互联网等传统渠道客户数据的获取，并通过关联、快速整合以及补充等工作实现与传统数据之间的相互关联，然后充分利用大数据“云计算”工具实现对客户行为的发现和分析，进而降低银行的管理风险。

4. 积极开展大数据相关的数据整合与集成

要依靠大数据帮助银行实施风险要素管控，就必须重视大数据集成与整合工作的开展，大数据具有多来源、多种类、多结构类型的信息特点，因此，大数据的集成和整合工作存在着一定难度。首先，投资银行要充分地认识到大数据集成与整合对于风险管理工作的重要作用，构建完善的大数据集成与整合工作机制；其次，要打造一个具有一定能力且表现出众的大数据集成与整合工作团队，以专业化、高效化来要求和规范这个团队，保障大数据集成与整合工作的高效展开。

5. 注重提升投资银行风险管理人员素养

投资银行风险管理人员素养的提升主要体现在以下几方面：一是要注重使投资银行风险管理人员构建大数据思维、提升个人能力，及时加大在风险管理工作中人才培养方面的投入，建立高级风险管理人员配套机制；二是要着力打造一支数量充足、经验丰富、结构合理的复合型风险管理工作人才队伍；三是要注重培养投资银行风险管理人员的风险判断能力、定性分析能力、动态风险预测能力、监测能力、潜在风险排查防控能力、数据信息整合挖掘能力等，从而进一步完善和提升大数据视角下的投资银行风险管理工作水平。

综上所述，在大数据视角下，投资银行的运营风险管理面临着前所未有的机遇和挑战，如何处理存在的问题，对大数据技术进行科学利用，在很大程度上决定着投资银行未来的发展方向。因此，投资银行应当增强运营风险大数据管理力度，推进大数据在运营风险管理体系中的应用，培育更多运营风险管理数据人才并将社交网络和投资银行妥善结合起来，带动投资银行在未来的持续、健康发展。

思考题

1. 系统性风险的概念是什么？非系统性风险的概念是什么？
2. 试举例分析投资银行业务中的风险是怎么体现的。
3. 企业风险管理的基本特点是什么？
4. 投资银行的监管包括哪些内容？如何进行监管？
5. VaR 值的定义是什么？主要有哪些参数？优缺点是什么？
6. 我国沪深 A 股经历了 2015 年中期的大幅波动后，在监管方面需要做哪些工作？

图书在版编目（CIP）数据

投资银行学/金虹主编；叶民，李佳俐，陈玉凤副主编. -- 北京：中国人民大学出版社，2024.11
普通高等学校应用型教材. 金融
ISBN 978-7-300-32780-8

Ⅰ.①投… Ⅱ.①金… ②叶… ③李… ④陈… Ⅲ.①投资银行-银行理论-高等学校-教材 Ⅳ.①F830.33

中国国家版本馆 CIP 数据核字（2024）第 089501 号

普通高等学校应用型教材·金融
投资银行学
金　虹　主　编
叶　民　李佳俐　陈玉凤　副主编
Touzi Yinhangxue

出版发行	中国人民大学出版社		
社　　址	北京中关村大街 31 号	**邮政编码**	100080
电　　话	010－62511242（总编室）		010－62511770（质管部）
	010－82501766（邮购部）		010－62514148（门市部）
	010－62515195（发行公司）		010－62515275（盗版举报）
网　　址	http://www.crup.com.cn		
经　　销	新华书店		
印　　刷	北京七色印务有限公司		
开　　本	787 mm×1092 mm　1/16	**版　　次**	2024 年 11 月第 1 版
印　　张	16.25	**印　　次**	2024 年 11 月第 1 次印刷
字　　数	376 000	**定　　价**	46.00 元

教学支持说明

1. 教辅资源获取方式

为秉承中国人民大学出版社对教材类产品一贯的教学支持，我们将向采纳本书作为教材的教师免费提供丰富的教辅资源。您可直接到中国人民大学出版社官网的教师服务中心注册下载——http://www.crup.com.cn/Teacher。

如遇到注册、搜索等技术问题，可咨询网页右下角在线 QQ 客服，周一到周五工作时间有专人负责处理。

注册成为我社教师会员后，您可长期根据您所属的课程类别申请纸质样书、电子样书和教辅资源，自行完成免费下载。您也可登录我社官网的“教师服务中心”，我们经常举办赠送纸质样书、赠送电子样书、线上直播、资源下载、全国各专业培训及会议信息共享等网上教材进校园活动，期待您的积极参与！

2. 高校教师可加入下述学科教师 QQ 交流群，获取更多教学服务

经济类教师交流群：809471792

财政金融教师交流群：766895628

国际贸易教师交流群：162921240

税收教师交流群：119667851

3. 购书联系方式

网上书店咨询电话：010－82501766

邮购咨询电话：010－62515351

团购咨询电话：010－62513136

中国人民大学出版社经济分社

地址：北京市海淀区中关村大街甲 59 号文化大厦 1506 室　100872

电话：010－62513572　010－62515803

传真：010－62514775

E-mail：jjfs@crup.com.cn